国家出版基金项目
NATIONAL PUBLICATION FOUNDATION

■ 中国现代市场利率通论

刘义圣 / 主编

The Linkage Trend of International Market Interest Rate and China Coping

国际市场利率联动性趋势与中国因应

赵东喜 / 著

長春出版社
国 家 一 级 出 版 社
全国百佳图书出版单位

图书在版编目(CIP)数据

国际市场利率联动性趋势与中国因应 / 赵东喜著
. — 长春 : 长春出版社, 2016.12
(中国现代市场利率通论 / 刘义圣主编)
ISBN 978-7-5445-4643-0

Ⅰ. ①国… Ⅱ. ①赵… Ⅲ. ①利率—研究—世界②利率—研究—中国 Ⅳ. ①F831.2②F832.22

中国版本图书馆 CIP 数据核字(2016)第 269845 号

国际市场利率联动性趋势与中国因应

著　　者: 赵东喜
责任编辑: 程秀梅
封面设计: 崔浩博

出版发行: 長春出版社
发行部电话: 0431-88561180　　总编室电话: 0431-88563443
地　　址: 吉林省长春市建设街 1377 号
邮　　编: 130061
网　　址: www.cccbs.net
制　　版: 长春市大航图文制作有限公司
印　　刷: 吉林省良原印业有限公司
经　　销: 新华书店

开　　本: 787 毫米×1092 毫米　1/16
字　　数: 245 千字
印　　张: 18.5
版　　次: 2016 年 12 月第 1 版
印　　次: 2016 年 12 月第 1 次印刷
定　　价: 40.00 元

编 委 会

主　编　刘义圣

副主编　黄建锋

编　委　（按姓氏笔画为序）

王世杰　王运钊　王春丽　刘义圣

苏天恩　陈　燕　林菁菁　赵东喜

黄启才　黄建锋　潘双庆

总　序

《中国现代市场利率通论》实则独立成书又连属成套的一部丛书，其中每一册书名均含蕴“中国”“市场”“利率”三个关键词语，尽显书中宏旨。丛书自古多有序言，旨在对全套丛书的编写意图、总体结构、内容大要等进行诠释。本序亦然。

在市场经济条件下，利率无论在理论上还是在实践上都极为重要，这是因为利率既是连接货币经济与实体经济的纽带，同时又是联系宏观经济与微观经济的中介，它影响着一国的储蓄、投资、货币供给和需求以及产出和国民收入的变动。通过利率与汇率联动，它不仅对一国经济具有极为重要的影响，还会对其他国家产生广泛的影响。

从 1996 年 Chibor 的诞生，到 1996—1998 年财政部第一次通过证券交易和公开招标发行债券，到 2007 年 Shibor 正式上线，再到 2013 年 7 月央行全面放开对金融机构贷款利率的管制，以及 2015 年 10 月对存款的管制全面放开，按照“先开放货币市场利率和债券市场利率，再逐步推进存贷款利率市场化”的政策方针，经过 20 年渐进的改革，我国利率市场化基本完成。利率市场化的完成，增强了中央银行对宏观经济形势的引导和调控作用，随之而来的是市场主导下的有关利率理论与实践问题日渐突出，并得到前所未有的关注。

市场利率体制改革作为中国金融体制改革需要攻克的难关之一，非常需要来自学界的理论支撑和指导，然而我国理论界对市场主导下的有关利率理论与实践问题的研究还很薄弱，从理论分析与实践结合上进行系统全面的研究的文章及专著实不多见。《中国现代市场利率通论》这套丛书，以市场利率为研究对象，正是贴合当下所需，及时送上的一份理论大餐。

这套丛书用“通论”来命名，不是要与凯恩斯的《就业、利息和货币通论》并比，而是要作为诠释我国市场利率管理和体制改革实践的学术著述，成为我国利率研究的一芹之献。这套丛书共八册，内容既包含对利息决定的基本问题认识，又包含规则与相机抉择，以及央行利率微调模式、市场基准利率选择等问题探讨；既包含商业银行等正规金融市场利率管理，又包含民间借贷市场利率探讨；既包含利率市场化改革，又包含利率汇率互动以及国际利率联动。

《市场利率的理论范式与中国实践探索》（刘义圣）以利息理论为主题，试图对两种具有代表性的利息理论——马克思利息理论和凯恩斯利息理论——进行深度比较，以探索理论真谛，丰富和发展社会主义利息理论的研究。本书首先对这两种流行的市场利率理论进行了详细的介绍，并探索了各自对中国特色社会主义市场经济体制的适用性分析；其次侧重介绍了在世界经济一体化国际金融市场相互关联度加深的背景下这两种理论在中国的最新发展的一些实践研究。

《利率规则对中国市场经济的可适性检思》（刘义圣、黄启才）从维克赛尔规则及扩展、泰勒规则及扩展、伊文思规则、最优利率规则等比较出发，分析了利率规则的适用条件与局限性，对其在中国市场经济的可适性进行了相关检验，并对利率规则在中国应用的相关制度要求与政策建议进行了分析。

《市场主导下的中国利率微调模式探索》（王春丽）对央行在“尊重市场规律、尊重市场选择”框架下的利率微调模式的相关问题进行系统分析，追溯其来源，考察其实践，并通过对其实施的前提条件以及我国宏微观环境进行深入比较剖析，同时借鉴国外利率微调的实践经验，以期探索出一个与我国国情相统一的利率微调目标模式（包括目标设构、决策规则、调控基准和操作工具等），进而为我国利率体制改革和政策环境重塑提供一种贴近经济现实的理论参照与政策建议。

《市场形成基准利率的国际比较与中国借鉴》（王世杰、刘义圣）对如何构建央行基准利率问题进行了探讨。本书首先阐述了基准利率与市场形成基准利率的概念，通过市场化前后基准利率选择的对比研究，得出结论：并不存在完全市场化的基准利率，只是中央银行对基准利率干预程度不同而已；其次，通过对发达市场经济国家和新兴市场经济国家在基准利率选择与培育的历史经验进行总结，归纳出一些能对我国基准利率选择提供参考的经验与借鉴；最后，通过对我国这些年基准利率建设实践进行梳理，剖析我国央行基准利率选择的机理，并利用实证方法检验现有备选利率，提出可能作为央行基准利率的最佳选项。

《利率市场化后中国商业银行利率管理》（黄建锋、林菁菁）立足理论知识，侧重实务探讨，重点从利率风险管理实务、内部资金转移定价实务、资产和负债端定价实务、商业银行中间业务定价实务等方面探究了利率管理的各类工具及其运用。本书认为，商业银行应该从战略高度审视利率定价管理体系的建设，应转变利率定价管理的理念，从被动接受向主动管理转变，从粗放定价向精细化定价转变，应该充分认识到精细化利率定价是关系到商业银行持续发展的核心能力。

《中国民间利率及其市场化的经济学分析》（陈燕）区分了民间借贷市场利率与正规金融市场利率的异同：相同点在于民间利率市场化与官方利率市场化改革是相互配套的，两个市场的利率改革都要坚持市场的定价机制，由资金供需双方自由协商并且结合具体的市场环境来实现利率的市场自主定价，完善市场对资金的更有效率配置的作用；不同点在于官方的利率市场化更多的是关注正规金融市场和宏观经济内的利率体系的市场化改革，而民间利率市场化更多的关注点在于民间金融市场本身的非市场性的缺陷。本书认为民间借贷市场的利率市场化与官方利率的市场化改革之间需要构建一个良性的市场互动机制；中国的民间借贷市场利率市场化改革应借鉴国外的利率市场化改革经验，要从其市场化程度高的市场利率出发；民间借贷市场的利率市场化需要结合国内的实际与官方利率的市场化改革，并且始终保持同步，注意自身的市场缺陷，进行相应的改革；在我国民间借贷市场发展比较充分的东部地区部分区域市场内的改革经验为全国的民间借贷市场改革提供了部分可借鉴的经验。

《国际市场利率联动性趋势与中国因应》（赵东喜）对国际经济政策协调中的国际利率联动问题进行了研究。随着中国融入全球经济程度的加深，中国利率的国际联动趋势日益显现，弱化了其对市场利率与经济的调控水平。本书运用数理推演与实证检验的方法探讨了国际利率联动性趋势、特征以及对中国经济与央行利率调控效率的影响，并建立了中国利率联动应对机制。国际利率联动性的本质是经济全球化，其来源有四个，即经济全球化、金融一体化、世界共同因素以及国际经济政策协调。在经济正常期，国际联动程度较低，而在经济异动时期则高。国际利率联动性与开放经济政策的“三元悖论”紧密相连。国际利率的联动性有不对称特征。美国利率政策调整对美国产出有明显促进作用，而对中国产出的促进作用较弱。国际利率联动性弱化了中国利率政策对市场利率的调控水平。

《中国金融市场利率与汇率关系研究》（潘双庆）对在人民币利率市场化与汇率形成机制改革后，利率与汇率存在着怎样的关系以及这种关系对中国目前正在进行的金融体制改革意味着什么等问题进行了研究。本书首先从利率与汇率关系的相关理论出发，揭示了理论上存在的利率与汇率关系，然后再运用计量经济学方法以及国内外经济数据对利率与汇率关系进行了实证研究。实证研究发现，人民币利率与汇率之间几乎是一种相互独立的关系，利率与汇率之间的互动关系还远远未达到理想状态，无法形成有效的人民币利率与汇率的自平衡联动协调机制。另外，实证研究还发现利率对汇率的影响与汇率对利率的影响是不对称的，利率对汇率的影响程度要远大于汇率对于利率的影响程度。这些发现的政策含义为，中国还必须进一步加大金融体制改革的力度，并且在改革中重视利率市场化与汇率形成机制改革的次序安排。

本套丛书力求广涉诸家，旁求博考，并自成机杼，期望能为金融决策提供有益的和贴近现实的理论参考，也希冀起到抛砖引玉之效果，引发思考，增进联想。但由于成书仓促，个别问题研究不够透彻，有些内容尽管写于事件发生过程中，具有即时分析色彩，但期间新现象新问题更生不断，难能至纤至悉，故难免管窥谬失，诚望学界前辈时贤不吝赐教。

是为序。

2016 年 10 月 3 日

目　录

第一章

绪　论

利息率是一个重要的经济范畴和经济指标，具有价格与工具双重性。利率是中央银行制定与实施宏观调控政策的中介目标与工具，又是厂商与金融机构等市场主体进行投资经营决策的经济变量。一方面在资本与货币市场中，利率表现为资本的价格；另一方面，在国家的宏观经济调控体系中，又表现为政策工具，是推行货币政策的重要工具。经济学研究者十分重视对利率的研究，甚至认为利率是一个国家经济文化水平的反映。经济社会发展水平越高，其利率水平越低。利息史研究者悉尼·霍默曾表示：任何一个工业化国家自由市场利率，只要收取得当，都能提供那个国家经济和政治健康状况的一种动态图。① 因此，利率是经济的重要变量，既是宏观经济的晴雨表，又是微观经济活动的信号。

众所周知，在经济发展过程中，经济运行总是伴随着经济发展总趋势上下波动而呈周期性变化特征。根据一般的宏观经济理论，利率发挥作用的趋势是：当经济运行过热，出现通货膨胀时，央行可通过提高利率来抑制投资与消费，控制总需求，从而抑制通货膨胀；而当经济衰退时，通过降低利率来刺激投资与消费，扩大总需求，促进国内产出增加，增加就业。当前，我国国内正处于中国特色社会主义市场经济建设的关键时期，利率市场化已基本实现，宏观经济运行的周期性波动不可避免，利率工具已成为重要的宏观调控工具。而国际上，经济全球化导致国际经济相互依存性日益增强，布雷顿森林体系后，人们试图通过浮动汇率制解决国际经济相互依存性问题的共识被 2008 年国际金融危机动摇。国家干预政策日益受到重视，通过国际经济政策协调解决国际经济相互依存性问题的途径的重要性在增强，从而作为国际经济政策协调的重要内容的国际利率联动性也成为各国央行面对的重要课题。

---

① 霍默，西勒．利率史［M］．4 版．肖新明，曹建海，译．北京：中信出版社，2010：引言．

过去二十年国际经济全球化、金融一体化的程度空前提高。生产要素跨境流动及国际经济融合程度显著增强。一国与其他国家经济的融合导致国内与国际经济周期的联动性加深，国际经济向国内传导的速度与强度增大。技术进步与资本跨境流动壁垒的大幅度减少与消除，激发了中国与其他国家跨国金融交易活动的快速增长，大大加强了国际金融市场的联系，国内金融市场对国际金融市场发展状况的敏感性日益增强，导致国内经济政策与国际经济政策联动调整，产生了国际利率联动性趋同现象。在经济全球化、金融一体化背景下，开放经济体央行的利率调控政策的制定与实施不但要考虑国际经济发展状况，而且要考虑国际经济形势。随着全球化的深入，开放经济体资本移动自由化程度加深，资本的跨境流动日益自由、迅速，央行利率调整政策的实施必然会引起资本的跨境流动方向与水平变化，从而引起利率的国内国际传导机制、利率政策效率效果改变。

2014 年以来，世界经济复苏缓慢，中国成为推动世界经济增长的生力军。世界主要发达经济体货币政策出现分化现象，新兴经济体与发达经济体之间的宏观政策协同性在降低，开放经济体宏观政策面临两难选择。随着美国启动利率正常化进程，美联储加息预期的升高，日本央行宣布实施“负利率”，欧盟进一步宽松货币的可能性在增大。① 日益凸显的主要经济体特别是美国货币政策溢出效应导致全球经济和金融市场的波动性增强的概率在扩大，引起国际社会高度关注国际货币政策协调问题。2016 年 2 月 G20 会议公报指出，各国要强化沟通协调以减少政策负面溢出效应，② 这必然导致国际利率联动性程度的增强。

① 2016 年首次二十国集团财长和央行行长会议联合公报［R］. 中国上海，2016－02－26—27.

② 2016 年首次二十国集团财长和央行行长会议联合公报［R］. 中国上海，2016－02－26—27.

由此可见，全球化对开放经济体央行来说是一把双刃剑，全球化对利率政策赖以操作的经济金融环境产生强大的影响，进而对利率政策的制定与实施产生影响，以致引起全球利率政策联动性趋势，最终弱化国内利率政策的独立性与调控水平。因此，分析与总结我国利率宏观调控政策及理论基础就成为宏观经济研究者的首要任务，只有厘清我国利率宏观调控的理论依据，明确国际利率联动性作用机制，才能对我国利率政策的制定与实施做出正确的理论指导，从而提高我国利率政策的调控水平。

第一节 世界经济环境

一、全球化与国际利率联动

（一）国际经济相互依存性日益增大

封闭经济体与其他经济体之间不存在贸易、劳务与资本等联系，其国民在该经济体所在的地理空间范围内发展经济，因此，该经济体与其他经济体的宏观经济变量之间不存在相互影响的问题。而对于一个开放的经济体而言，由于其与外部经济体之间的经济运行存在较高的相互依存性，国际宏观经济变量的变化会对该经济体国内的相关宏观经济变量产生重要影响，经济全球化与金融一体化加深了这种影响的深度并扩大了这种影响的范围。经济全球化在促进世界经济发展的同时，对各开放经济体的国内经济、金融活动产生了深远的影响。金融一体化在促进资源全球分配效率的同时，也放大了国际经济政策变动对国内经济的冲击，使国内经济与政策对国际经济政策的敏感性增强。外部经济体的经济政策特别是货币政策会通过国际传递对本国的经济政策与经济活动运行产生溢出效应，即经济政策的国际传递，导致国际经济政策出现一定程度的联动性调整，相应的，国际利率政策的国际传递会产生国际利率政策调整的某种程度的联动性趋势。由此可见，经济全球化与金融一体化加深了开放经济的国际相互依存性，进而导致经济政策的国际传递，从而出现了国际利率联动性现象。

（二）金融危机及其后世界经济艰难缓慢的增长态势促进国际经济政策协调

2008 年的国际金融危机，是在经济全球化与金融一体化深入发展的进程中爆发的严重经济危机，对全球经济造成了极大的破坏与损失。在应对金融危机过程中，世界各国进入了利率操作“高密度期”，利率成为反通胀与刺激经济增长的主要货币政策工具。由于国际经济的相互依存性与货币政策的协调，国际利率政策的联动性调整趋势大大增强，无论从联动性的程度上，还是作用效果上都达到前所未有的高度。2008 年金融危机以来，由于新兴经济体的快速发展及其在应对国际金融危机过程中显示出的巨大活力与影响力，新兴经济体不但在全球经济增长中的作用明显增强，世界经济也呈现出由主要发达国家和以金砖国家为代表的新兴经济体共同主导的多元化格局。新兴经济体处理国际问题的方式方法、思维模式，给长期“西方化”的国际机制注入了新概念，成为推动构建新型国际经济秩序的主要力量，成为推动世界经济增长的生力军。货币政策的发展史表明，在每一次重大事件如金融危机等发生后，人们对货币政策的传统认识会产生重大的改变，从而催生新的货币政策共识或理论，直到下一次类似事件发生而被打破。同样，2008 年的全球金融危机使许多被长期坚持的关于全球经济体系的观点受到质疑，使金融制度在全球与国家的不同水平上发生了重大变化。自由经济的信条被动摇，国家有效干预方式受到重视。其中最突出的就是，人们在布雷顿森林体系后寄望通过浮动汇率解决开放经济相互依存性问题的制度设计被日益打破，人们更重视利用国际经济利益与政策的协调来解决经济全球化带来的国际经济相互依存问题。2014 年以来，世界经济复苏缓慢的过程与世界主要经济体货币政策分化现象，增大了开放经济体宏观政策面临的两难选择，这引起国际社会高度关注国际货币政策协调问题。2016 年 2 月 G20 会议公报指出，各国要强化沟通协调以减少政策负面溢出效应，[①] 这必然导致国际利率联动性程度的增强。由此可见，2008 年金融危机后，中国等发展中国家将成为推进经济全球化与国际经济合作与协调的重要力量。国家干预经济方式受到重视，国际经济政策协调逐渐成为解决日益强化的国际经济依存性问题的重要途径。国际利率联动性作为国际利益与政策协调的重要内容，将会对国际经济相互依存问题的解决产生重要影响。

（三）国际利率联动性与一国经济的内部以及外部平衡目标不完全耦合

经济全球化与金融一体化极大地影响着各个国家的经济与政策。各个国家的经济相互依存，大大增强了对全球经济有着重要影响的国家的利率政策对其他国家的经济运行与货币政策的制定与实施产生的深刻的影响，主要经济体的利率政策调整的联动性有增强趋势。同时，美国货币在当前国际货币体系中处于主导地位，美联储基准利率是国际资本市场的主导利率。以美国利率为主导的国际利率会对世界经济产生重要影响。各国的利率政策调整不仅要考虑国内经济与资本市场的供求状况，还要关注国际金融市场资本流动的影响，结果导致国内利率政策的独立性减弱，而利率政策调整呈现出联动性增强趋势。国际利率同步性调整改变了相关国家利率政策的传导机制效应，使其在进行利率政策决策时以期望实现充分就业、价格稳定和外部均衡等目标上面临困难。利率

① 2016 年首次二十国集团财长和央行行长会议联合公报［R］. 中国上海，2016－02－26—27.

平价理论（Interest Rate Parity Theory）与开放经济政策的“三元悖论”理论提供了开放经济条件下国际利率联动性的理论基础。一般认为，经济越是开放，开放国家之间的利率联动性程度也越大。货币独立、汇率稳定和资本流动这三个目标只有其中两个可以同时实现。在固定汇率制和资本自由流动条件下，利率政策的独立性明显减弱或丧失；在浮动汇率制和资本不能自由流动的情况下，货币政策的独立性最强。然而，在经济全球化与金融一体化背景下，绝对的资本自由流动与完全汇率浮动不存在，现实的状况是一定程度上的浮动汇率制和允许资本不同程度地流动，也就是说，在现实世界里，没有哪个国家实行绝对固定或绝对浮动汇率制，也没有哪个国家允许资本无障碍地跨国流动或完全限制流动，而且不同国家的储备总量不同，具体货币政策操作框架存在差异。在这样的环境下，利率平价理论与“三元悖论”适用性受到一定限制，特别对经济大国而言其局限性更强。世界各国中央银行对根据本国经济状况控制各自国家的利率水平有极大偏好，都希望自主决定本国的利率水平与国际利率水平的偏离程度。国际利率联动性与国内稳定价格、充分就业的政策通常不是耦合的，存在通货膨胀的国家期求本国利率高于国际利率，与国际利率保持正向差异，而就业市场不景气的国家希望缩小本国利率与国际利率的差异甚至低于国际利率，与国际利率形成负向差异。因此，利率政策的独立性与联动性调整趋势成为经济研究者关注的热点。

（四）中国综合国力持续提升，融入全球化的程度不断提高

伴随着世界经济全球化的进程，中国经济融入全球化的程度不断提高。中国分别于2005年与2011年成为世界对外贸易与国内生产总值（GDP）总量第二大国家，且经济增长速度强劲。2015年国内生产总值已达67.67万亿元人民币，进出口总额245741亿元人民币。2010年成为股票市值最大国家。

中国已放开货币、债券市场以及境内外币存贷款利率管制。2013年中国实现金融机构贷款利率市场化。2012 年 6 月首次放开了银行存款利率的上限，允许 10%的上浮，2015 年 5 月金融机构存款利率浮动区间的上限由存款基准利率的 1.3 倍调整为 1.5 倍。2015 年 10 月 23 日，以人民银行决定对商业银行和农村合作金融机构等不再设置存款利率浮动上限为标志，中国利率管制基本放开，利率市场化基本实现。

人民币加入国际货币基金组织（IMF）特别提款权（SDR）货币篮子后，人民币成为可自由使用货币，人民币汇率双向浮动弹性增强。2005 年人民币汇率形成机制改革以来，人民币名义有效汇率升值 45.87%，实际有效汇率升值 56.15%。同时，人民币对美元汇率累计升值 27.46%。2015 年 8 月 11 日，中国人民银行完善了人民币兑换美元汇率中间价报价机制，发布人民币汇率指数，汇率形成的市场决定性作用增强。12 月 1 日，国际货币基金组织将人民币纳入特别提款权货币篮子，2016 年 10 月 1 日人民币正式成为可自由使用货币，标志着人民币成为第一个被纳入 SDR 货币篮子的新兴市场国家货币。资本项目可兑换程度持续提高。经常账户已完全开放，直接投资实现完全可兑换，人民币直接交易市场发展快，银行间外汇市场人民币直接交易成交活跃。2015 年，银行间外汇市场推出人民币对瑞士法郎直接交易。2015 年年末，在中国人民银行与境外货币当局签署的双边本币互换协议下，境外货币当局动用人民币余额 499.44 亿元，中国人民银行动用外币余额折合 4.34 亿美元。外汇储备 2015 年年末累计达 33303.62 亿美元。①

在中国综合国力大幅度提升的同时，中国融入世界金融市场的程度不断提高。2011 年 11 月 15 日胡锦涛总书记在亚太经合组织第十九次领导人非正式

---

① 中国货币政策执行报告（2015 年第 4 季度）相关数据来自中国人民银行、中国外汇管理局、中国国家统计局与 IMF 等统计数据库。

会议上发表重要讲话指出，中国将坚定不移地推动全球贸易和投资自由化便利化进程。党的十八大报告与“十三五”规划建议明确提出有序实现人民币资本项目可兑换，推进利率与汇率市场化。推动资本市场双向开放，逐步取消境内外投资额度限制。利率市场化的核心是央行调控下通过市场机制形成利率。① 在经济全球化深入发展、国际经济相互依存度增大、国际经济利益与政策协调日益受到重视以及国际利率联动性趋势明显的环境下，中国作为经济大国，随着利率和汇率实现市场化，资本项目逐步放开，中国利率政策调整与国际利率变化的关系如何？中国利率调整与国际利率变化的联动程度有多大？国际利率调整向中国传递的机制如何？中国人民银行如何通过国际联动性监测评估，采取前瞻性的政策措施，保持中国利率政策的相对独立性与有效性？如何提高中国人民银行调控市场利率的水平？建立什么样的国际宏观经济政策的沟通机制，以约束不同经济体的经济政策溢出效应，成为中国央行必须面对和亟待研究解决的重要问题。

二、国际利率联动与中国经济转型升级

一般而言，理论探索与准备是政策制定与成功实践的重要过程。开放经济条件下，经济快速发展的中国的利率政策的实践尤其需要理论的支撑和指导。充分认识国际利率联动性趋势的特征与变化规律以及国际利率变化向中国传递的机制与影响，有针对性地建立应对机制，有着重要的意义。

研究有利于分析解释国际经济波动如何在中国与国际之间传递，确定国际利率变化对中国经济的影响效应，而且可以对中国央行利用利率工具影响政策

① 《中共中央关于全面深化改革若干重大问题的决定》，2013 年 11 月 12 日中国共产党第十八届中央委员会第三次全体会议通过。《中共中央关于制定国民经济和社会发展第十三个五年规划的建议》，2015 年 10 月 29 日中国共产党第十八届中央委员会第五次全体会议通过。

变量与预测均衡利率变动，根据本国经济发展状况制定利率政策，以便前瞻性地采取应对措施，保持中国利率政策的相对独立性与有效性，提高中国央行对市场利率的调控水平。

研究有助于合理确定主要发达经济体货币政策通过利率联动对其他国家产生溢出效应的责任，促进国际经济政策沟通与协调。当前主要经济体货币当局对政策溢出影响的大小与方向存在争论，导致责任分摊困难，该研究可为货币政策溢出效应责任划分提供参考。比如美国就要实行负责任的货币政策，这就需要一定的机制进行监督和协调。

研究有助于中国敦促各国实行负责任的经济政策，同时提高中国央行宏观调控政策的有效性。这就需要各国央行明确货币政策溢出效应演变趋势与机理，有针对性地采取措施，减缓全球负向溢出效应冲击，提高货币政策的前瞻性。同时，加强与主要经济体政策沟通，维护开放利益，这关系到全球经济的复苏增长与中国开放宏观政策的效果提升。

研究有利于促进中国供给侧结构性改革与经济转型，促进国际社会认识与适应中国经济转型带来的变化，营造有利的经济调整制度环境。2015 年以来，国内外形势复杂态势延续，经济发展和结构调整面临挑战。从国际环境看，全球经济增长缓慢，发达国家增长疲弱，部分新兴国家经济形势严峻。世界主要经济体宏观政策特别是货币政策分化现象明显。美联储加息预期、英国脱欧，部分经济体的负利率等非常规政策，以及这些政策的溢出效应及其他经济体的“回溢”效应，增大了未来全球经济发展的不确定性与波动性，影响各经济体宏观政策协调性，世界经济与政策协调难度增大。从国内经济运行看，国内经济进入新常态，受国际经济缓慢的影响，下行压力增加，要通过供给侧结构性改革解决结构性矛盾，加快培育新的发展动能，政策调整多难态势明显，国际利率联动性对利率政策的决策与有效实施，提高利率调控水平，促进经济结构转型特别是供给侧结构性改革影响大。

由此可见，研究国际利率的联动性趋势与中国的因应机制，探讨中国利率政策的操作取向，不论从当前还是未来看都具有现实性和前瞻性。通过系统地针对国际利率变化的联动性趋势和影响以及因应机制等问题的研究，一方面，增进中国利率政策的有效性，保持利率调整的相对独立性，增强国家宏观调控能力，为主动适应经济发展新常态，保证利率政策调控模式与进一步推进利率市场化改革，沿着正确的方向和确定的目标推进，提供一种可信的和贴近金融运行现实的理论参照和应对策略，从而促进中国经济提质增效与供给侧结构性改革；另一方面，通过理论、数理论证以及计量经济分析，对国际利率调整的联动性趋势与利率国际传递规律的探索，对于丰富和发展宏观经济及社会主义利率理论具有重大的理论意义。此外，国际利率联动性是国际经济利益与政策协调的重要内容。研究国际利率联动性的演变特征对金融危机后形成新的解决国际经济相互依存性的货币政策共识或理论，合理确定货币政策溢出效应的责任，提升中国的国际话语权，促进国际经济政策沟通与协调也有重要意义。

第二节　国际利率联动性

一、国际利率联动性相关概念

（一）国际利率

当前，美国经济体对世界经济影响很大，其利率的变化会对国际经济产生重要影响，进而对各国市场利率与利率政策产生大的溢出效应；目前美国货币是全球主要的储备货币，决定了其利率政策有较强的独立性与外生性，其他国家常因美国利率政策的调整而被动做出相应调整。因此，本研究将国际利率界定为美国政策利率主导下的，反映国际经济金融运行态势和各国货币政策目标的平均利率水平，以示与世界利率即世界金融市场上的实际利率相区别。国际利率主要受国际经济金融的运行状况与国别货币当局特别是美联储的政策意图的影响，而世界利率则由整个世界的储蓄与投资均衡决定。①

(二) 国际利率联动性

国外当前对表述国际利率联动性所使用的词语主要是“linkage of international interest rate”，② 此外还有用“synchronization of international interest rate”或“interdependence of international interest rate”，即国际利率联动性、国际利率同步性与国际利率相互依存性。本书选择国内外学者使用频率最高的词“linkage of international interest rate”，即“国际利率联动性”来描述国际利率之间的联动性关系。③ 这是因为，考虑到同步性容易引起完全一致的歧义，而互动性又不能完全反映国际利率变化的不对称联动现实。因此，国际利率联动性指的是本国利率与外国利率在调整时机、幅度、方向与方式等方面一定程度上同步联动现象。由于利率可分为利率政策的目标利率与金融市场的市场利率，所以，可以将国际利率联动性分为国际利率政策联动性与国际

① 格里高利·曼昆. 宏观经济学 [M]. 6版. 张帆，等译. 北京：中国人民大学出版社，2009.

② Hiroshi Yamada. On the linkage of real interest rates between the US and Canada: some additional empirical evidence [J]. Journal of International Financial Markets, Institutions and Money, 2002, 12: 279—289.

③ Arouri M., Jawadi F., Nguyen D. K. What can we tell about monetary policy synchronization and interdependence over the 2007—2009 global financial crisis? [J]. Journal of Macroeconomics, 2013, 36: 175—187.

市场利率联动性两种。本书所指国际利率联动性专指国际利率政策相互联系意义上的联动性，而将国际市场利率联动性变化作为利率政策联动性的重要基础。本书认为国际利率联动性并不意味着国际利率调整完全同步，国际利率同步性只是国际利率联动性的极端形式。而国际利率互动性则强调国际利率联动调整的对称性。

（三）国际利率政策联动性与国际市场利率联动性的区别与联系

国际利率政策联动性指 20 世纪 90 年代以来开放经济体央行利率调整的一种操作方式，2008 年全球金融危机更强化了这种操作方式的国际性。国际货币基金组织主席拉加德（Christine Lagarde）2016 年 2 月 19 日表示，G20 财长和央行行长会议（上海）强调，应着重讨论各国政策决定以及现在正在实施的各项政策对全球经济的溢出效应，并认为美国、日本和欧洲正在实施的货币政策的“不一致”有待商榷，应加强协调。2016 年 2 月 G20 会议公报强调，国际政策协调特别是利率政策协调性的重要性。[①] 20 世纪 90 年代，由于金融创新与经济全球化的推进，传统的准备金制度的调控效果受到质疑，许多国家央行放弃了存款准备金制度，而代之以利率为宏观调整的主要政策工具。与此种变化同时表现出来的，是各国中央银行在制定与实施利率政策时出现了利率目标联动调整的趋势，即各国央行在利率政策目标调整上趋向于在同一时期、同一方向上，以大致相同的幅度、频率进行调整操作。因此，国际利率政策联动性指各国央行为平衡经济增长与通货膨胀，促使国内经济健康持续发展，对作为货币政策中介目标的目标利率趋于在同一时期、同一方向上，以相同的利率水平、变化幅度、频率进行调整操作，最终使国际利率政策出现联动调整现象。

① 2016 年首次二十国集团财长和央行行长会议联合公报［R］. 中国上海，2016－02－26—27.

国际市场利率联动性指外国市场利率的变化在利率平价机制作用下，传递到本国国内，引起本国市场利率产生相同的变化趋势，最终使两国市场利率产生联动变化的现象。

国际市场利率联动性与国际利率政策联动性两者会相互影响。国际市场利率联动性是国际利率政策联动性的重要影响因素与来源。因为一国利率政策的变动会首先引起该国国内利率变动，经过利息平价机制传导引起另一国国内市场利率出现联动，进而引起该国利率政策目标进行相应调整，即发生了利率政策的国际联动性。由此可见，国际市场利率联动性会引起国际利率政策联动性。国际利率政策的联动性也会引起国际市场利率发生趋同联动变化。如在国际合作机制下，为了共同的目标，各国可能协调一致进行利率政策目标联动操作，这将引起各国国内市场利率产生联动变化趋势。与此同时，由于世界经济体间的政策经济制度、经济发展水平、文化背景与当时的经济运行状况的差异，国际利率政策联动调整与国际市场利率的联动变化又会在调整时机、调整幅度、对称性与调整频率上存在差异，也就是说，各个国家的政策利率变动又存在相对独立性。

二、国际利率联动性本质

经济全球化与金融一体化使各国的利率政策存在溢出效应，从而弱化了各国对国内利率政策独立性的片面追求，国际利率联动性问题日益凸显。各开放经济体都面临着经济全球化与金融一体化带来的利率政策调整的独立性与联动性的协调问题。相关研究表明，在经济全球化的环境下，即使浮动汇率也不能为各开放经济体带来完全独立的利率政策操作空间。各国央行为了最大限度地提高利率政策的有效性，纷纷放弃了数量型宏观调控工具的主导地位，而选择利率作为调控经济的主导工具。面对全球化带来的各国经济发展的同期性，各开放经济体央行的利率调整呈现出国际联动调整的特征。

全球化是通过资本、贸易、信息的流通将世界各地结合成一体，作为统一市场，通过高效的分配与再分配，使各经济体的资源得到充分利用，这是经济全球化的有利一面。但与之俱来的是各种风险的传导机制全球化。传统的宏观经济理论认为宏观经济调节只是一个国家管理主权范围内经济的稳定运行。但在经济全球化条件下，各开放经济体致力于本国的宏观经济管理已不足以确保国内经济的稳定发展。经济全球化与金融一体化持续加深使开放经济体经济间的联系日益紧密，使世界各经济体之间的依存性在深度和广度上获得空前的加强，增强了各开放经济体经济波动的同步性，全球经济周期的同步性增强，联动程度加深，进而导致各经济体利率政策调整操作的协调性，即产生了国际利率联动性。因此，经济全球化下的经济同步性是国际利率联动性的基础。

经济全球化还形成了日益紧密的不同经济体的相互依存关系，进而出现政策溢出效应。各国的利率政策调整不仅要考虑国内因素，而且要考虑国际因素，利率政策的实施在影响本国经济运行的同时，也会在国际传递，进而在一定程度上影响国际利率政策的实施。国际金融危机强化了全球各主要经济体经济增长的同步性，国内利率调整不再简单地仅由国内经济决定，而是更易受到国际金融与经济活动的影响。正如中国人民银行行长周小川在 2012 年 3 月 12 日就“货币政策及金融改革”回答中外记者的提问时指出：根据传统的货币政策理论和实践，各国的货币政策通常都是以国内经济金融运行情况为基础的。但新世纪以来，随着经济全球化的发展，我国的货币政策与整个国际经济形势联系日益紧密。金融危机以来，中国货币政策的制定甚至主要取决于国际经济形势。2016 年 2 月周小川在 G20 分会上指出，中国经济在新常态下的中高速增长与不断涌现的新增长动力，将继续引领世界经济增长，中国的经济与宏观政策对世界经济有正的溢出效应。当前全球经济增长乏力、风险增大，G20 财长和央行行长会议将有助于改善和加强政策协调。① 因此，在此阶段，世界各主要经济体的利率政策调整呈现出高度的国际联动性。

三、国际利率联动性来源

国际利率联动性有以下主要来源：金融一体化、经济全球化、国际货币政策协调以及共同冲击。

（一）金融一体化

金融全球化的本质即国际资本的跨国流动。当一国限制资本的国际流动，使本国国内金融市场融入世界市场的一体化程度降低时，会弱化国内利率对国际利率的敏感性，即使在固定汇率制度下，不同国家的货币当局也能保持利率政策的独立性，进而维持不同的利率水平。相反，一国金融的高度全球化，会导致一国利率政策的调整通过资产价格渠道在本国与外国开放的国际资本市场中传递，此时，就会出现国际利率联动性现象。20 世纪 80 年代以来，新技术革命促使世界经济快速发展，促进各国金融业，如银行、证券与债券等迅速增长。同时，国际经济关联日益紧密，各国金融市场的开放程度持续提高，对资本流动的管制也在放松，从而提高了各国金融市场的一体化程度，进而逐渐融合为世界金融市场。然而，国际金融市场在促进资本在各经济体间流动的同时，也为各国之间利率政策调整提供了向国际传递的平台。资本的逐利性是其在金融市场上流动的内在动因。国与国之间资本的回报率差异是决定国际资本流动的重要因素。主要经济体如美国、欧元区、日本和中国的利率政策目标的调整，会影响到各国金融市场上资本的价格。而一国利率政策调整会影响金融市场的收益率变化，进而影响资本跨境流动，从而通过国际金融市场给世界经

① 2016 年首次二十国集团财长和央行行长会议联合公报［R］. 中国上海，2016－02－26—27.

济带来影响，使另一国利率政策产生联动调整。

（二）经济全球化

国际货币基金组织对经济全球化的定义是指通过正在日益增长的大量与多样的商品和劳务的广泛跨国流动、通过国际资本的大量而多样的流动、通过技术更快捷而广泛的传播所形成的世界各国经济相互依赖增强的现象。简而言之，即经济全球化是指不同国家经济之间相互联系日益紧密的过程。国际贸易与投资等推动了不同国家之间产品与要素市场的一体化程度的不断提高。经济全球化使一国利率政策的调整通过贸易、产出渠道传递给另一国，使其利率政策产生类似的调整趋势。世界技术的变革、国际贸易多边磋商以及贸易与投资自由化的发展，促进了统一的世界大市场形成，各国经济国际关系依存度空前提高。此时，若一国采取紧缩的货币政策即提高利率，本币将产生升值压力，这一方面会抑制需求；另一方面，本币的升值会造成本国贸易条件的恶化，也就是他国贸易条件的改善。同时，另一国也将产生货币贬值与通货膨胀压力，以至于其利率政策做出联动调整。

（三）国际货币政策协调

布雷顿森林体系崩溃后，习惯上认为浮动汇率能隔绝来源于国外的冲击信条也被近四十年的国际经济实践打破。浮动汇率制度仍不是一个完美或者有效解决经济全球化带来的国际经济相互依存的方法。[①] 这种现象在新千年以来尤为明显。通过经济政策发展史的考查，人们发现在每一次重大事件如经济大萧条等发生后，人们对货币政策的传统理解与认识总会产生重大的变化，从而形成新的货币政策共识或理论，直到下一次类似事件的发生才被动摇或打破。

① 多恩布什，费希尔，斯塔兹．宏观经济学［M］．10版．王志伟，译．北京：中国人民大学出版社，2009：472.

2008年的全球金融危机使人们更重视通过国际经济政策协调替代浮动汇率制以解决国际经济相互依存问题。各国为了寻求利益的最大化，在制定本国货币政策时，通过与其他国家协调、谈判等方式进行货币政策的共同制定与实施，或各国政府充分考虑国际经济联系，以相互最有利的方式调整各自的货币政策，以降低或避免国际货币政策在目标、时机、方式、方向上的相互冲突。国际货币政策协调的直接结果就是利率政策调整的联动性。需要说明的是，虽然央行的货币政策主要包括货币供给量与利率相互关联这两部分，但是，总的来看，央行更倾向于将短期名义利率作为政策工具。近几十年来，在理论与实践中，一般认为利率水平的调整是有效的货币政策工具。[①] 这一点，也可从20世纪80年代末以来，世界各国央行货币政策基本上采取短期利率目标而几乎放弃货币供应量目标的操作实践及众多与货币政策独立有关的理论与实证研究成果中得到证实。因此，利率政策常用名义利率作为表征变量，来测量利率政策或货币政策。

此外，各国如果面临共同的冲击如相同的商业周期、金融危机、石油危机与气候等，这些因素同各国某些随机事件所导致的经济波动不同，会同时影响许多国家的经济运行，在特定的金融与经济一体化下，反映到各国利率上即表现为各国利率变化的高相关性，结果是本国国内利率与外国利率政策将趋向同步调整。即使一国货币当局有能力实施独立的货币政策，在经济受到上述共同的冲击如商业循环时，会坚持采取相同的政策立场，进而产生了与外国相同的利率政策调整操作，这时就出现了国际利率联动性。

---

① Maurice Obstfeld, Jay C. Shambaugh, Alan M. Taylor. The trilemma in history: tradeoffs among exchange rates, monetary policies, and capital mobility [J]. The Review of Economics and Statistics, 2005, 87 (3): 423—438.

四、国际利率联动与国际利率政策的关系

当今世界，各国经济之间存在高度相互依存性，这是世界经济秩序历史演进的结果。没有哪个经济体能在完全封闭独立的环境中生存。而这种国际经济联系突出地表现为国际贸易与资本流动，表现为经济面临的共同因素如金融与石油危机，表现为经济周期与经济政策的国际传递，表现为国际经济与宏观政策的协调一致性。进入21世纪以来，由于以上因素，各国货币政策的主要方面利率政策常常出现联动调整现象。但由于国与国之间经济周期差异、开放程度的不同等因素的存在，国与国利率政策又有独立性的一面，使国际利率政策之间表现出独立性与联动性共存局面。利率政策独立是指一国中央银行不受外国经济形势影响而独立地制定和实施货币政策。利率政策独立性可以看作各个国家独立设定自己名义利率的能力。

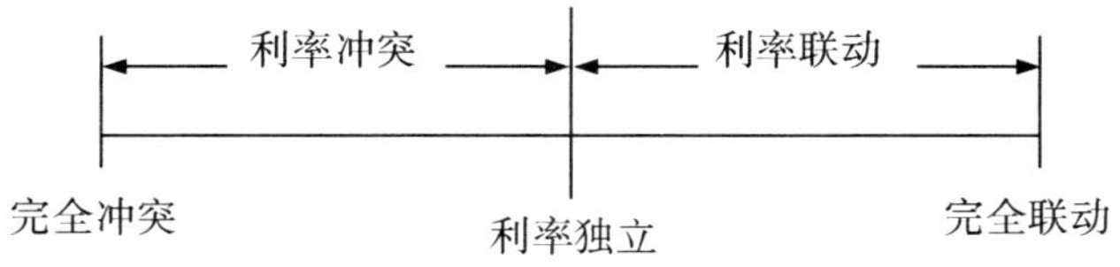

图 1－1　国际利率政策关系

一国的利率政策可用一个连续谱线图表示，如图1－1。在连续谱线的左端点是本国利率政策与外国利率政策完全相互冲突，发生了完全反向的联动；在其右端点是本国利率政策与外国利率政策完全同向联动调整，即执行与外国完全相同的利率政策，如欧盟；在谱线的中点是本国货币政策完全独立，既不随外国利率政策的变动而调整，也不对外国的政策行为施加影响；在政策独立与完全联动之间本国利率政策与外国利率政策存在不同调整幅度的联动性，而在完全冲突与政策独立之间，本国利率政策调整与外国利率变化存在不同程度

的冲突。①

（一）利率平价机制下的国际利率联动性

利率平价理论表明，在开放经济中，如果汇率稳定，一是在资本完全流动的情况下，外国市场利率变化会传递到本国国内，导致本国国内市场利率与外国市场利率的同步变化与趋同，这会直接导致本国利率政策与外国利率政策的联动调整，从而表现为国际利率联动性。具体来说，在国际资本市场均衡时，即利率平价条件下，外国央行针对国内经济形势，实行紧缩货币政策，上调目标利率，将引起外国市场利率上升，国际资本将从本国国内流向国外，直至两国市场利率达到平价条件才会停止。对于资本流出国而言，由于国内金融市场上资本外流而市场利率上升预期增强，将迫使本国央行同外国央行联动上调货币政策目标利率，以缓解本国资本流出趋势。因此，在金融国际化，即资本自由跨国流动，在利率平价机制的作用下，一国的货币政策即利率政策的调整，会产生政策溢出效应，从而引起另一国被迫进行利率政策相应的联动调整。二是在不完全流动的情况下，各国因经济运行状况不同，可根据经济状况协调资本流动、利率与汇率稳定，从而进行利率政策决策，也就是开放经济政策的“三元悖论”的中间道路。

（二）国际经济的共同冲击与国际货币政策协调

各国如果面临共同的冲击如相同的商业周期、金融危机、石油危机与气候等，以及国际货币政策协调机制，会引起本国与外国联动调整利率政策。

上述两种机制下，本国利率政策决策选择具体见图 1－2。从图上可以看出，由于外国利率政策变化，会通过国际传递影响到国内市场利率，国内观测

---

① 凯伯．国际经济学［M］．刘兴坤，刘志彬，李朝气，译．北京：中国人民大学出版社，2010：517.

到市场利率变化时，货币当局会综合分析国内经济，从而进行相应的利率政策操作，但这并不意味着会产生国际利率政策联动性。本国央行的政策操作可能是同向联动调整、不变或反向冲突调整，在调整程度上可有差异。在当前国际经济政策相互依存性高的环境下，一般应该选择联动操作，至少应尽量避免本国利率政策与外国利率政策的冲突状态出现。如果本国与外国面临共同因素、国际利率协调等时，各国央行会综合分析国内经济形势，本国不可避免地要与外国联动进行利率政策操作，这时国际利率联动现象即发生。

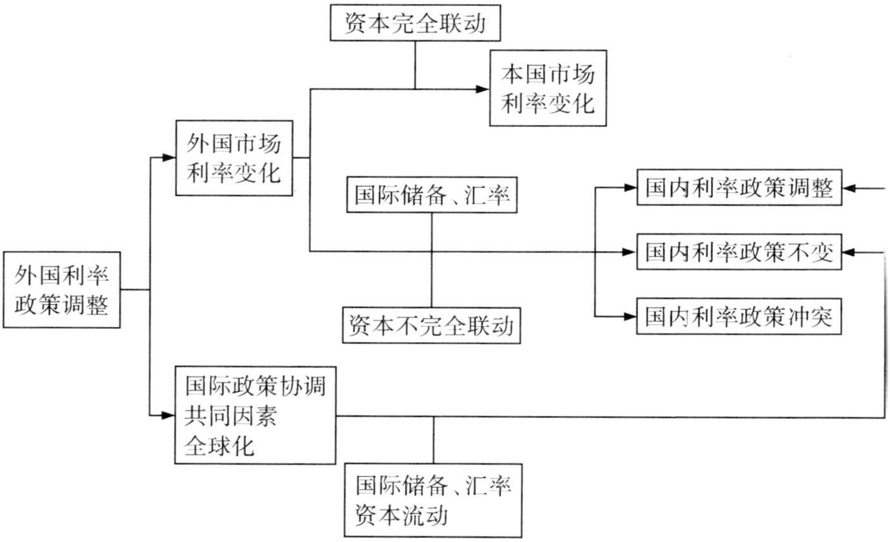

图 1－2 利率政策决策

第二章

国际利率联动性研究史演进与最新发展

国际利率联动性是描述在资本可跨国流动的条件下，外国利率调整会通过利率的国际传导影响本国的利率水平，以及本国与外国受到共同因素影响时，本国与外国货币当局协同进行利率政策操作的经济现象。这可从两方面来解释。当利率被当作货币资本价格时，其联动性可通过资本市场上的资本流动实现，这可由利率平价理论说明；当利率被当作货币政策工具时，其联动性由利率政策目标决定。这两方面的解释有一致性，因为当利率与利率平价偏离时，会引起利率向利率政策目标移动。同时，由于世界经济体间的政治制度、经济发展水平、文化背景与当时的经济运行状况的差异，引起各个国家的利率政策在调整时机、调整幅度、对称性与调整频率上存在差异，也就是说各个国家的利率变动存在相对独立性。伴随着经济全球化与金融一体化程度加深，国与国之间的经济与资本市场联系大大增强，利率政策操作的独立性弱化，国际利率调整的联动性趋势日益显现。

经济体之间利率联动性问题研究可追溯至18世纪大卫·休谟(1752)所提出的金本位体制下物价—硬币—流动机制理论。此后，随着国际经济贸易联系的加强，经济全球化步伐的加快，形成了日益紧密的不同经济体的相互依存关系，进而出现货币政策联动性趋势。近年来包括中国在内的世界主要经济体都高度关注货币政策的联动性及其对经济稳定发展的影响。研究者们从不同角度、不同切入点对货币政策联动性问题进行探索，形成了很多有价值的研究成果，这些成果均体现了人们对相关问题探索不断深入的过程。

第一节　国外研究动态

一、国际利率联系

关于本国与外国利率联系的理论研究主要是围绕利率平价理论及其发展的研究展开的。利率平价理论（或利率平价条件）是国际金融经济学中最重要的理论之一，描述的是在开放经济条件下，本国利率、外国利率与本币升值预期的联系。即本国与外国存在利率差，会引起资本跨境流动，投资者只有在汇率使得本国资产和外国资产的预期回报率相等时，才对持有本国资产与外国资产无差异，从而处于竞争均衡状态。凯恩斯（Keynes，1923）最早提出了古典利率平价理论框架。他认为当本国利率低于外国利率时，本国货币倾向于升水。本国货币存在下跌压力时，本国利率高于外国利率。即利率差与本币币值升贴水相互抵补。[①] 艾因齐格（Einizig，1937）用动态方法分析了本国利率、外国利率与汇率的动态均衡关系，完善了凯恩斯的利率平价理论。之后，经济学研究者在凯恩斯与艾因齐格利率平价理论的基础上，根据国际经济金融实践的发展演变，进一步进行修正完善，形成了现代的利率平价理论，包括抛补与非抛补的利率平价理论两部分。前者的含义是国内利率、外国利率及远期汇率的联系，后者指国内利率、外国利率与预期汇率的联系。利率平价理论以金融市场相互联系为基础，认为汇率的变动是由利率差异决定的。20 世纪 80 年代

---

① Keynes. A tract on Monetary Reform［M］. London：Macmillan，1923：110—156.

以来，研究者针对国际金融经济形势的发展，逐步放宽了利率平价理念的最初的资本完全流动、货币的完全替代假设，加入新的解释变量如货币的国家风险、交易成本、税收差异、国家储备、市场的不完全性、理性预期的偏离等对最初的利率平价理论进行了扩展，以探索解释现实国际利率联系与利率平价理论的偏离之谜。[①] 利率平价理论为研究国际利率关系提供了理论依据，激发了大量关于国际利率联动性调整的实证研究。但是，大量的关于国际利率联系的实证检验未能取得一致结论，国际利率变化的关系仍需根据不同的汇率制度、资本的流动程度、国家风险等因素以及国际金融经济的演进深入进行综合考察与解释。如 Bacchetta，Philippe and Eric van Wincoop（2007；2010）。

二、国际利率传递

关于利率的独立性与国际传导研究主要集中在蒙代尔－弗莱明模型（Mundell－Fleming Model，简称 M－F 模型）及其发展研究方面。利率是一国管理国内经济的重要货币政策工具。一国央行根据国内经济运行需要，适时地运用利率工具，对利率水平和利率结构进行调整，独立地进行利率政策操作，进而有效地调控社会经济运行态势，以平衡国内经济与物价变动。因此，进行利率政策操作独立问题的探讨必然涉及货币政策独立性的相关理论。货币政策的独立性（Monetary policy independence）是指一国中央银行既不受政府干预，更不受外国影响而独立地制定和实施货币政策。包括货币政策外部独立性与内部独立性。大量文献已就内部独立性进行了充分研究，而对货币政策外部独立性，特别是利率政策的独立性的研究较少。以下所指均为外部独立性，

① 多恩布什，费布尔，斯塔兹．宏观经济学［M］．10 版．王志伟，译．北京：中国人民大学出版社，2009：251.

它是指在开放经济条件下，一国中央银行可以根据国内经济发展制定和实施货币政策，而不受外国经济与政策变动的影响，即是对货币政策独立性的国际经济层面而言的。在封闭经济条件下，分析商品与货币市场均衡，国民收入与利率水平如何决定问题的研究主要是运用希克斯（Hicks，1937）依据凯恩斯的《就业、利息和货币通论》思想建立的 IS－LM 模型。IS－LM模型也因此成为各国政府利用财政与货币政策干预经济的理论基础。20 世纪 60 年代诺贝尔经济学奖获得者罗伯特·蒙代尔（Mundell，1963）和马科斯·弗莱明（Fleming，1962）将 IS－LM 模型推广到资本完全流动情况下的小型开放经济中，建立了开放经济条件下的蒙代尔－弗莱明模型。该模型虽然是在国际经济实行浮动汇率制度之前提出的，但是成为后来分析在资本完全流动的前提之下小国财政、货币政策的独立性以及不同效应的经典理论。[①②] 在固定汇率制与资本完全流动条件下，一国无独立性的货币政策，实行独立的货币政策操作都无收入效应；而在浮动汇率制下，才能保持货币政策独立性与有效性。此后，分别被多恩布什与保罗·克鲁格曼（Paul R. Krugma）进行了扩展和总结。前者于 1976 年对 M－F 模型进行了完全预期的扩展变形，形成蒙代尔－弗莱明－多恩布什模型（M－F－D 模型）。该模型最显著的特征是粘性名义产出价格可能导致汇率超调现象。[③] 后者，克鲁格曼于 1999 年将货币独立、汇率稳定和资本流动这三个目标只有其中两个可以同时实现的情况总结为著名的开放经济政策的“三元悖论”，清晰地展示了 M－F 模型的内涵。他指出，如果用三角形的三个顶点表示上述三个货币政策目标，任何国家只能选择三角形一条

① Mundell R. Capital mobility and stabilization policy under fixed and under flexible exchange rates [J]. Canadian Journal of Economics and Political Science，1963，29：475—485.

② Fleming M. Domestic financial policies under fixed and under floating exchange rates [C]. International Monetary Funds Staff Papers，1962 (9)：369—319.

③ 奥伯斯法尔德，罗戈夫. 国际宏观经济学基础 [M]. 北京：中国金融出版社，2010：545—551.

边上的两个顶点所表示的目标组合，而放弃对角的制度特征。但是，金融危机后，克鲁格曼又承认，“三元悖论”并不否定中间状态的存在，只不过资本部分自由流动与利率和汇率稳定组合的存在，需要更大的外汇市场干预力度。①据此，在钉住汇率制度下，一国的利率将不能独立设定。在弹性汇率制度下，其他条件不变时，国内利率应该对国际利率变动有较小的敏感度，而对于采用钉住与弹性制度之间的某种汇率制度的国家，其国内利率对国际利率变动的敏感程度应小于实行固定汇率制度的国家。

此外，伍德福德（2003）对货币政策理论与实践的论述，罗纳德·麦金农（1997）与爱德华·肖（1988）等对利率市场化改革与金融增长进程的描述和解释，以及根据发展中国家普遍情况所提出的“金融压制论”和“金融深化论”，都从不同侧面对利率政策的独立性进行了分析。

随着发展中国家与新兴市场国家特别是中国在国际经济中的影响增大，如这些国家的经济高速增长以及经济总量占到了全球经济总量的一半以上，西方一些经济学研究者如 Aizenman and Glick（2009），Aizenman，Menzie D. Chinn and Hiro Ito（2010）开始对“三元悖论”的结构合理性提出质疑，这些研究者认为经济金融全球化对“三元悖论”的稳定性带来了挑战。他们通过构建“四边形”框架，即金融开放、货币政策独立、汇率稳定与储备积累四目标组合模型，动态分析了发展中国家与新兴市场国家从 1971 年到 2006 年在“三元悖论”下政策组合的演进过程以及其与国家储备的关系。结果表明，货币政策独立性越高的国家，产出增长波动越小，汇率越稳定，但这种现象明显受到国家储备的影响。货币独立性高的国家通货膨胀水平通常也较高，资本开

① Paul R. Krugma，Maurice Obstfeld，Marc J. Melitz. International economics：theory and policy [M]. 9th ed. London：Pearson Education，2010：509—510.

放度高的国家实现了低的通货膨胀水平。他们认为高储备国家大量积累外汇的目的是弱化“三元悖论”约束。大量的外汇储备积累使这些国家能通过外汇市场干预，在稳定汇率的同时，实现资本流动与独立性高的利率政策。①②

此外，奥伯斯法尔德和罗戈夫（Obstfeld，Rogoff，2010）于1995年进一步发展了M-F-D模型。他们通过引入一个垄断生产者，以证明凯恩斯价格刚性假设的正确性，从而将跨期均衡分析引入M-F-D模型，并融入了微观经济基础（生产者与消费者的连续体）、名义价格刚性、不完全竞争等条件建立了国际货币政策传导的两国一般均衡模型即著名的新开放经济的一般均衡分析框架（NOEM)。③ 从此，国际宏观经济学研究进入了新开放经济宏观经济学时期。由于国际货币政策传导的一般均衡模型分析与特定的微观经济基础相联系，因此，这一模型为利率的国际传导影响评估与福利分析奠定了坚实的微观经济学基础。此后，NOEM模型被引入随机因素，形成了新开放宏观经济学动态随机一般均衡模型（DSGE-NOEM)。

三、国际利率联动性经验实证

从20世纪70年代开始，外国国际经济学研究者以利率平价理论与M-F模型为框架，对国际利率联动性问题进行了大量经验研究。这些研究主要集中在本国与外国利率的联系、利率的国际传导和国际利率联动性的影响因素三方面。

---

① Aizenman J.，Glick R. Sterilization，monetary policy，and global financial integration [J]. Review of International Economics，2009，17 (4)：816—840.

② Aizenman J.，Menzie D. Chinn，Hiro Ito. The emerging global financial Architecture：Tracing and evaluating new patterns of the trilemma configuration [J]. Journal of International Money and Finance，2010，29：615—641.

③ 奥伯斯法尔德，罗戈夫. 国际宏观经济学基础 [M]. 北京：中国金融出版社，2010：591—595.

（一）本国与外国利率联系与利率国际传导

20世纪60代美国资本市场未开放，美国利率形成受外部市场影响较小。Hendershott（1967），Kwack（1971）和Levin（1974）认为此时由于美国市场规模较大且存在资本限制导致美元利率对其离岸市场反应不敏感，而欧洲市场上资本限制较小而对美国国内市场反应敏感（Dufey and Min，1979）。此后，随着国际金融市场联系的日益紧密，发达国家的货币政策与利率操作呈现了趋同与联动调整趋势，以利率平价理论为基础的国际利率联动性实证成果开始涌现。Giddy，Dufey，Min（1979）；Schnitzel（1983）；Hartman（1984）；Kaen and Hachey（1983）；Swanson（1988）；Fung and Isberg（1992）分析了欧洲美元利率与美国美元利率的因果关系，结果表明从欧洲到美国美元利率间存在弱反馈效应，并认为欧洲市场规模持续扩大，创造了大量的套利机会，欧洲美元利率的变动会引起美国国内利率的相应变化。同时，其他研究（Fung and Isberg，1992；Swanson，1988；Hartman，1984；Schnitzel，1983；Kaen and Hachey，1983）一般认为美国国内利率主导其离岸市场的利率，而欧元区市场对美国国内利率有弱反馈现象。Karfakis and Moschos（1990）分析了欧洲货币组织（EMS）内部的利率具有同步性，这主要是由组织内部金融市场的开放、资本的自由流动造成的。Bhoocha－oom and Stansell（1990）认为1976—1984年的美元、亚洲美元与香港市场资本流动自由与高度一体化，并检验了每两个市场间的协整与因果关系。Katsimbris and Miller（1993）验证了欧洲货币组织利率与美国利率的联动性，并指出国际利率联动性不只是在欧洲的某些大国之间，而是具有明显的普遍性。Lo，Fung，Morse（1995）发现1984—1993年的伦敦日元市场与日本国内日元市场有长期稳定的均衡关系，而且两个市场间存在从伦敦到日本国内的单向因果关系。这两项研究也支持国际利率传递速度较快的观点，而且认为金融市场一体程度会越来越高。

Katsimbris and Miller（1997）发现因果关系检验明确了美国与发展中国家的货币冲击相互影响，而证明美国利率对国际利率的主导不存在。而 Awsd，Goodwin（1998）又用十国集团的名义利率数据证实了相关国家金融市场的一体化程度很高，特别是在长期，因此，他们认为在国际资本市场上美国处于主导地位。

以上研究多数是通过建立计量经济学协整模型、向量自回归（Vector Autoregression，简称 VAR）模型检验国际利率传导的 Granger 因果关系，研究者发现国际利率要用数周的时间才能完成，考虑到国际金融市场日益深入的一体化进展，这样长的传导时间受到研究者的质疑。这与上述分析建立的主要是随机变量的条件均值模型有关，模型要满足同方差的假设条件，而金融市场的波动性易受谣言、货币政策变化等影响，预测误差在某一时间内小而在另一时期内则相对大，然后，又变小，不能满足同方差条件，导致估计结果误差过大。Engle（1982），Bollerslev（1986）在变量条件方差或变量波动基础上建立的条件方差模型，为经济学各领域特别是对金融时间序列的分析提供了有效的分析工具。为了更准确地测量国际利率变动信息在国际的传递，克服条件均值模型的同方差限制，Hung－Gay Fung，Hoyoon Janc and Wailee（1997）采用广义自回归条件异方差（Generalized Autoregressive Conditional Heteroskedasticity，简称 GARCH）模型与脉冲响应方程分析了美国国内货币市场与离岸市场间利率的传递机制。他们发现，国际利率在这两个市场间的传递非常迅速，而且离岸市场对国内的影响更持久。随着美元离岸市场在欧洲、亚洲的范围扩展与规模扩大，美国国内美元与各离岸市场的联系日益紧密。对于以前的研究都关注的是双变量的两市场联系，容易漏失第三市场的影响问题，Daniel Wai－Wah Cheung，Bill Wan－Sing Hung（1998）构建了协整与误差修正模型三变量分析框架，结果表明三个市场的美元利率存在因果关系，并认为 1992 年 1 月至 1996

年 12 月，亚洲美元利率在国际利率传递中起了主导作用，新加坡成了亚洲美元市场中心。有趣的是，Zijun Wang，Jian Yang，Qi Li（2007）发现在欧元区美元利率不具主导作用，而日元的影响力更大，相比较欧元在该区的影响力最小。

（二）国际利率联动性的影响因素

国际利率联动性的影响因素实证研究主要以“三元悖论”为分析框架从汇率制度与资本流动影响两方面展开。如 J. Frankel，S. L. Schmukler and L. Serven（2004）用发达国家 1970—1999 年的大样本数据，分析了从完全弹性到完全固定之间最大可能多的制度谱系下，不同汇率制度对国内利率、对国际利率的敏感程度的影响。他们认为，任何国家包括浮动汇率制度下的国家都不能长期完全排除利率的国际传导，只有较大的工业化国家才能独立选择国内的长期利率。但是在短期，不同国家的实证结果有差异，即汇率浮动越完全的国家，国内利率对国际利率变化做出反应而进行调整的速度越慢，这从一个侧面说明了汇率浮动国家有一定的独立利率调整能力。Maurice Obstfeld，Jay C. Shambaugh and Alan M. Taylor（2005）通过大样本数据得出金本位制固定汇率制度下，利率冲击的国际传递速度快而且影响程度大；布雷顿森林体系国际利率传递不显著，相关国家的利率自主程度大；而后布雷顿森林体系时代，固定汇率制度明显增加了国际利率的传递速度与完全性。这些实证成果证实了“三元悖论”的正确性，“三元悖论”是重要的央行政策选择的指导框架，一国的政策选择必然受到其制约与限制。他们还指出，布雷顿森林体系实现了保持成员国一定货币政策自主空间的同时稳定汇率的目标。此外，Sebastian Edwards（2010）的实证成果也得到了类似结论。值得注意的是，Arouri M.，Jawadi F.，Nguyen D. K.（2012）利用 2007—2009 年金融危机期间主要经济体美国、英国与法国的利率政策调整数据进行研究，发现利率调整有较强的相互依存性和一定程度的联动性与一致性，并且发现 2005—2009 年整个样本期内国际利率调整的联动性有明显增强的趋势。但是有些研究者的实证成果则不支持“三元悖论”的合理性。[①] 如 Michael D. Bordo, Ronald MacDonald (2005), Sofiane H. Sekioua (2008) 等。

四、国际利率联动性预测

利率期限结构理论有助于预测短期利率的趋势与变化，从而对国际利率联动性进行预测。利率除受风险、流动性和税收影响之外，还受到期限的影响。利率期限结构表示风险结构相同的零息债券的到期收益率与期限之间的关系，反映了市场对利率水平的未来与货币政策预期。利率期限结构可用收益率曲线即同到期日债券的收益率连成的一条线表示。解释利率期限结构的理论主要有三种，即预期理论、分割市场理论以及流动性理论与期限优先理论。其中流动性理论与期限优先理论的解释能力较强。根据该理论，上升的收益曲线表明短期利率将上升，而相对平缓的收益曲线预期短期利率不变。如果收益曲线翻转预示未来短期利率较大的下降。[②] 利率期限结构包含了大量宏观经济变量信息，并通过收益曲线的特征反映出来。通过对各国短期利率与宏观经济状况的预测，即可对国际利率联动性变动趋势做出评估，从而为中央银行货币政策特别是利率政策的决策提供参考。

五、利率政策调控机制

国外相关研究集中在中央银行公开市场操作对市场利率的流动性效应与公

① Arouri M., Jawadi F., Nguyen D. K. What can we tell about monetary policy synchronization and interdependence over the 2007—2009 global financial crisis? [J]. Journal of Macroeconomics, 2013 (36): 175—187.

② 米什金. 货币金融学 [M]. 9版. 郑艳文，荆国勇，译. 北京：中国人民大学出版社，2010: 125—134.

告效应的理论与经验研究方面。支持流动性效应的研究者认为中央银行可通过调节市场流动性实现货币政策目标。如 M. Friedman（1968）指出，货币市场流动性与市场利率应存在反向变动的关系即流动性效应，为中央银行进行货币政策操作提供了理论基础。① S. Carpenter and S. Demiralp（2006），Hamilton（1997）通过实证考察发现货币政策维持期最后10个交易日与2个交易日内美联储的公开市场操作有显著的流动性效应，即隔夜联邦基金利率与联邦基金供给存在负向关系。S. Carpenter and S. Demiralp（2006）还认为就平均每天来说，每增加250亿美元联邦基金供给，会使联邦基金利率降低25个基点，并指出在联邦基金结算日即周三的流动性效应最显著。②③ Ruth A. Judson，Elizabeth Klee（2010）利用1998—2007年的美联储数据计量分析，其结果支持流动性效应的存在。④ Kopchak（2011）也证实了流动效应的存在，并指出流动性效应较以前相关研究结果大得多，联邦基金利率与政策利率目标的偏离，是联邦基金需求的波动冲击导致的。⑤ 与此相反，很多经验研究发现实证结果与理论不符，从而质疑流动性效应的存在。如 Campbell R. Harvey and Roger D. Huang（2002）的研究证实公开市场操作期间市场波动或者是游走低于非操作期，公开市场操作平滑了货币市场参与者预期。⑥

① Milton Friedman. The Role of Monetary Policy [J]. American Economic Review，1968，58 (1)：1—17.

② Seth Carpenter，Selve Demiralp. The liquidity effect in the federal funds market：evidence from daily open market operations [J]. Journal of Money，Credit，and Banking，2006，38 (4)：901—920.

③ J. D. Hamilton. Measuring the liquidity effect [J]. American Economic Review，1997，87 (1)：80—97.

④ Ruth A. Judson，Elizabeth Klee. Whither the liquidity effect：The impact of Federal Reserve open market operations in recent years [J]. Journal of Macroeconomics，2010，32：713—731.

⑤ S. J. Kopchak. The liquidity effect for open market operations [J]. Journal of Banking and Finance，2011，35 (12)：3292—3299.

⑥ Campbell R. Harvey，Roger D. Huang. The impact of the Federal Reserve Bank's open market operations [J]. Journal of Financial Market，2002，5 (2)：223—257.

20 世纪 90 年代以来，世界主要工业化国家央行根据理论预期理论，加强了政策意图沟通、公告货币政策目标利率、重视货币政策透明度对增强货币政策实效的重要性。中央银行通过公告效应即可引导市场预期，从而提高政策操作的有效性。也就是说，中央银行无须真实实施公开市场操作，不直接干预市场利率，只需公布货币政策意图与政策目标利率，改变市场对短期市场的预期，即可调控市场利率。这是因为市场相信市场流动性决定货币市场均衡利率水平，央行通过调整流动性让市场利率逼近政策目标利率并保持在目标水平上。然而，Daniel L. Thornton（2004）明确指出不能证明公开市场操作的流动性与公告效应的存在，支持联邦基金利率的变动是央行利率平滑操作的结果。①

第二节 国内研究动态与实践

随着中国开放程度的提高，贸易与资本项目持续开放，中国利率与汇率市场化持续推进，利率在宏观调控中的作用凸显。中国利率政策操作的独立性与调整的国际联动性近年来日益成为国内研究者关注的重要问题。国内研究者也从不同角度对中国利率与外国利率的联系与影响进行了探讨，涌现了一批有价值的研究成果。

---

① Daniel L. Thornton. The fed and short term rates: is it open market operations, open mouth operations, or interest rate smoothing? [J]. Journal of Banking and Finance, 2004, 28 (3): 475—498.

一、国际利率联系

新世纪以来，特别是2005年中国汇率改革以来，关于中国利率与国际利率的联系研究日益丰富。中国经济学研究者对利率平价理论与“三元悖论”理论也进行了不同程度的扩展与实证研究，中国人民银行还在汇率决策过程中对利率平价理论进行了实践应用。

（一）以利率平价理论为基础的国际利率联系与政策实践

中国人民银行在2006年第二季度中国货币政策执行报告中指出，2005年上半年，人民币与国际主要货币之间汇率联动关系明显，到当年6月末，基本稳定在按利率平价计算的远期贴水附近。受美联储连续加息、国际金融市场利率上升影响，境内外币贷款、大额存款利率水平继续上升。中国人民银行在经济全球化和金融市场日益一体化的大背景下，继续稳步推进利率市场化改革和人民币汇率形成机制改革，协调好本外币利率之间的关系。① 中国人民银行行长周小川在“2012财新峰会：中国与世界”发表的演讲中，阐释新世纪以来中国货币政策的特点时指出，开放程度日益提高，中国较长时间内仍存在双顺差，因此，利率政策要考虑利率平价问题，做好境内外的协调，以平衡利率调整、利差水平及利率市场化的关系。② 由此可见，央行已经将利率平价理论应用于中国汇率决策之中，以此平衡中国汇率、国内外利率的关系。

（二）利率平价理论与“三元悖论”的发展

在中国资本项目渐次开放，利率汇率市场化逐步推进的环境中，利率平价

① 中国人民银行货币政策分析小组. 中国货币政策执行报告（2006年第2季度）[M]. 北京：中国金融出版社，2006：16—44.

② 周小川. 新世纪以来中国货币政策的主要特点 [J]. 中国金融，2013（2）：9—14.

理论在中国的适用性有一定局限性，研究者通过对模型修改或完善来提高对中国的适用性。如薛宏立（2002）通过在模型中引入制度摩擦系数，构建了适合于中国国情的利率平价模型，并对中国利率、汇率、国际资本流动三者间的不均衡关系进行了理论分析。并指出，随着中国开放程度提高，三者间的平衡机制会逐步实现。金中夏、陈浩（2012）利用利率平价理论构建了人民币升值压力指标，通过经验研究发现压力指标不能理想地解释人民币即期汇率的变动，但一定程度上解释了中国外汇储备的变动。据此，他们认为利率平价在中国是以外汇储备积累速度的变化来体现的，而不是以汇率变化的形式表征的。同时，他们还指出，中外利差变化显著地影响中国的外汇供应水平，中国的资本账户已经处于准开放状态。易纲、汤弦（2001）在“三元悖论”基础上，提出中间道路的扩展三角形理论，2008 年金融危机以及中国政策组合的实践证明了其有一定正确性。国内关于国际利率联系的实证研究多集中在汇改以来，如刘威、吴宏（2010），李成、王彬、黎克俊（2010），林霞、秦磊（2010），但研究结果差异大。在中国对外开放下货币政策等相关的研究中也会引出关于国际利率联系的问题。如黄武俊（2010），庄佳（2009），贺铟漩（2011），胡成根（2010）。

二、国际利率联动性机制

开放条件下，各国经济周期的同步性或经济依存性、国际货币政策协调是产生国际利率联动性的重要原因。彭兴韵（2009）认为虽然 2008 年金融危机前人们对货币政策国际调控的益处讨论的时间较长，但在国际经济实践中政策协调较少，而 2008 年的金融危机却促进了货币政策国际协调的发展。这次政策协调的主要内容之一就是世界主要国家与地区的央行同步实施货币宽松政策而协调联动降低利率。① 巴曙松（2010）指出，中国钉住美元的汇率制度与金融危机发生后全球的普遍的低利率限制了中国利率政策的独立性，从而利率独立调整的空间小，被迫与国际低利率保持政策协调。② 尹继志（2012）认为利率政策同步联动调整是金融危机以来国际货币政策协调的主要措施与形式。王胜（2015）通过向开放经济中的货币政策模型中引入国际货币和不完全汇率传递假设，研究了国际货币的存在和不完全汇率传递能为两国的货币政策合作提供更多的福利改进空间。③ 陈桂军（2015）则认为只有从源头上，即在本国货币政策制定时考虑他国利益，利率政策协调才能带来大的收益。④ 张理安，周心怡，胡昌生（2015）采用贝叶斯方法通过估计 DSGE 模型验证了中美两国利率的短期联动性，并指出两国利率政策对经济相互影响，均会对对方产生溢出效应。⑤

三、利率政策独立性

利率政策独立性是指央行在制定与实施货币政策的过程中不受外国经济与政策的影响。彭小泉（1997）提出了判断一国利率水平是否合理的三个基本标准：利率是否反映了资金供求状况，是否体现了一国经济政策意图及是否有利于一国经济的增长。巴曙松（2001）认为中国有管理的浮动汇率制度下，对外经济活动必然会影响国内利率的独立性。中国与美国较大的正的利率差异存

---

① 彭兴韵. 金融危机管理中的货币政策操作——美联储的若干工具创新及货币政策的国际协调 [J]. 金融研究，2009（4）：20—34.

② 巴曙松. 全球复苏分化下中国金融政策的基调 [J]. 财经问题研究，2010（8）：3—8.

③ 王胜. 国际货币、汇率传递与货币政策 [J]. 金融研究，2015（3）：18—35.

④ 陈桂军. 国际货币政策动态合作和中国的选择——基于新开放宏观经济学理论 [J]. 现代管理科学，2015（3）：69—71.

⑤ 张理安，周心怡，胡昌生. 基于两国 DSGE 模型的中美间货币政策的传导机制 [J]. 亚太经济，2015（2）：21—27.

在，使中国利率政策的决策不得不考虑主要国际货币特别是美元利率变动的影响。① 范小云，陈雷，祝哲（2015）认为通过增强汇率的浮动程度增强货币政策的独立性，但二者不是线性关系，对于货币政策独立性目标而言，存在最优汇率制度。

四、国际利率联动性预测

国际利率之间是极其复杂的非线性关系，再加上国际经济因素的不确定性，仅依赖传统的统计分析与经验估计不能有效预测这种变化并采取前瞻性的政策措施加以应对。对国际利率联动性监测多集中在国家金融风险预警系统与跨境资本监测预警系统的研究与实践中，专门系统研究少。如关于货币政策反应函数研究与汇率预测。前者主要是依据泰勒规则通过构造适当的前瞻性货币政策反应函数，为货币政策制定提供参考，而后者主要是采用经济模型预测汇率。② 这样一来，线性系统预测问题已经得到比较满意的解决，而对国际利率联动性这样的非线性系统的参数模型估计，在理论研究与实际应用上仍存在不足。这些研究对建立国际利率联动性监测体系与应对机制有一定指导意义。③

五、利率政策操作机制

尽管中国金融管制的放松以及利率与汇率市场化程度迅速提高使货币政策利率渠道越发重要，中央银行公开市场操作调控市场利率已取得了相当经验，但国内对央行如何通过公开市场操作调控利率的研究不多。已有的研究主要集

① 巴曙松．开放经济条件下中国金融调控的有效性问题［J］．中国金融，2001（2）：18—20.

② 谢赤，欧阳亮．汇率预测的神经网络方法及其比较［J］．财经科学，2008（5）：47—53.

③ 李宏瑾，钟正生，李晓嘉．利率期限结构、通货膨胀预测与实际利率［J］．世界经济，2010（10）：120—138.

中在基准利率选择与体系构建、公开市场操作工具等方面，近来对上海银行间同业拆借利率（Shanghai Interbank Offered Rate，简称 Shibor）的货币市场基准地位的探讨日益增多。如姚余栋与谭海鸣（2011）认为，央行利率与货币政策目标利率之间有强相关性，央票利率可以作为货币政策的综合性指标。① 梁琪，张孝岩与过新伟（2010）；时光与高珂（2012）；戴金平与陈汉鹏（2012）；王晋忠、赵杰强与王茜（2014）指出中国的央行票据是重要的货币政策工具。Shibor、银行间同业拆借利率、银行间质押式回购利率不同程度地取得了货币市场基准利率的地位。② 梁琪，等（2010）借鉴国外基准利率形成的经验，通过定性分析后认为，中国同业拆借市场不断壮大，以银行间同业拆借利率作为整个利率体系中基准利率较为合适。③ 李宏瑾与项卫星（2010）、叶永刚与陈勃特（2012）认为公开市场操作对短期利率有较强流动性效应。④ 中国人民银行营业管理部课题组（2013）利用理论模型经验分析表明中国已具备开展利率引导的条件。⑤

---

① 姚余栋，谭海鸣．央票利率可以作为货币政策的综合性指标［J］．经济研究，2011（S2）：63—74．

② 戴金平，陈汉鹏．中国利率市场化中基准利率的选择——Shibor 作为基准利率的可行性研究［J］．财经科学，2012（10）：1—10．

③ 梁琪，张孝岩，过新伟．中国金融市场基准利率的培育——基于构建完整基准收益率曲线的实证研究［J］．金融研究，2010（9）：87—105．

④ 叶永刚，陈勃特．中国政策利率调控对市场基准利率的影响研究［J］．管理世界，2012（4）：169—170．

⑤ 中国人民银行营业管理部课题组．中央银行利率引导——理论、经验分析与中国的政策选择［J］．金融研究，2013（9）：44—55．

第三节 学术史发展简评

目前，中国与世界及市场融合程度日益提高，国际利率的变化必然会随着国际经济周期波动对中国经济运行产生的冲击传导到中国，影响中国利率政策的决策与实施。正如马克思在《资本论》第三卷中指出，“世界市场不以一个国家的生产条件为转移而对利息率的确定所产生的直接影响，比它对利润率的影响大得多”。① 中国人民银行行长周小川在 2012 年 3 月 12 日十一届全国人大五次会议新闻中心举行记者会上，就“货币政策及金融改革”回答中外记者的提问时指出，根据传统的货币政策理论，各国的货币政策操作应以国内经济形势为基础。② 而 2008 年金融危机以来，中国货币政策的制定，与国际经济形势的发展变化关系密切，甚至主要取决于国际经济形势。但 21 世纪以来，随着经济全球化的深入发展，货币政策和整个国际经济形势联系日益紧密。以上这些研究，将中国国内经济置身于国际经济运行背景之中，所得研究成果为国际利率联动性研究提供了重要参考。

国外研究紧密结合国际利率联动性理论与利率政策实践发展，随着国际经济形势的演进与现实需要，从不同角度，采用各具特色的方法对国际利率联动性与监测问题进行了理论与实证两方面多层次的探讨并取得了一些有启发、有价值的研究成果与结论。现代西方经济学各流派的利率理论，如凯恩斯的利率

① 马克思. 资本论：第三卷［M］. 北京：人民出版社，2004：412.

② 中国人民银行行长周小川等在 2012 年 3 月 12 日十一届全国人大五次会议新闻中心就“货币政策及金融改革”回答中外记者的提问。

平价理论、蒙代尔与弗莱明的货币政策独立与利率决定理论、伍德福德的货币政策理论基础以及克鲁格曼、奥伯斯法尔德等经济学家对利率国际传递机制的论述，以及一些金融学家如罗纳德·麦金农、爱德华·肖等对中国利率市场化改革与金融增长进程的描述和解释，以及根据发展中国家普遍情况所提出的“金融压制论”和“金融深化论”，提出发展中国家金融改革的核心是利率市场化等观点，为国际利率联动研究提供了重要基础。此外，大量关于利率传递与货币政策独立性的实证工作（如 Obstfeld，1984；H. Janc and Wailee，1997；Frankel，1999；Kim and Kim，2006；Sebastian Edwards，2010；Lothian，Liuren Wu，2011；Arouri M.，Jawadi F.，Nguyen D. K.，2012）以及少数研究者关于国际利率对 GDP 的影响（如 Giovanni，Shambaugh，2008）取得的有价值的实证成果还为探索国际利率传递的方式、速度、程度及影响提供了先进的经济计量方法借鉴。这些理论研究是本研究的思想源泉，实证研究也为本研究提供了有价值的方法论指导，为国际利率联系性、独立性与应对研究提供了有益的借鉴。然而，从上面的文献回顾可知，虽然国外研究者关于国际利率联动性与独立性研究涉及多个方面，但是基本上是在市场经济基础上，基于利率平价理论与 M-F 模型进行的逻辑推理或实证分析。其中，有的研究是针对利率平价理论以及从 M-F 模型研究中引申出来的利率联动性与独立性问题；有的是在资本完全流动前提下得出的结论；有的研究结果还存在争议或相互冲突，相关研究结果不稳定。而对于经济全球化与金融一体化深入发展，特别是金融危机以来，国际利率联动性出现的新情况新问题研究少，专门针对中国转型期的国际利率联动性与应对的研究更是鲜有涉猎。

国内研究成果扩展了中国社会主义市场经济利率政策的研究领域。但对汇改以来，尤其是金融危机以来国际利率联动性调整趋势增强的新形势下中国利率与国际利率的关系的研究少。专门、系统地针对国际利率联系与利率政策操作的研究还不丰富，实际问题的分析和论证也略显不足。这些研究成果虽然为深入研究国际利率联动性与利率政策操作提供了一定基础，但在国际利率联动性调整趋势增强的形势下，国际利率联动性以及监测与应对不仅涉及国内利率政策的调整时间、调整幅度、调整方式等具体问题，还涉及国际经济政策的相互影响与相互依存。因而，为中国利率政策操作提供理论指导和政策支持尚有差距。

与西方经济学有关国际利率联系、联动性等理论相比，马克思主义经济学者们对国际利率联系、传导以及利率政策变动的分析对指导中国利率政策的操作取向选择会更有意义。从本质上看，马克思主义利息利率理论和西方利息利率理论在本质上是不同的甚至是对立的思想体系。马克思在对利息进行质的规定性分析的基础上，还对利息率的决定、利息的外生性、利息对经济的作用以及利率的下降趋势、国际市场对利率的影响进行了科学预见。马克思对资本主义市场经济中的利息与利息率问题进行科学的分析研究与所得的科学论断，不仅深刻地阐明了资本主义市场经济中利息特殊运动规律，而且也揭示了市场经济中利息运动的一般规律。正如陈征教授所指出的，《资本论》研究的是自由资本主义时期的自由市场经济，包含市场经济的一般原理，这些原理也适合中国社会主义市场经济。① 因此，马克思关于利率的相关论述对中国利率问题研究仍然具有巨大的指导意义。②

当前，国际利率联动调整趋势日益显现，弱化了一国利率政策独立性甚至是宏观经济调控效率。国内利率作为反映经济运行状况的重要变量，是均衡汇率形成的基础。国际利率变化对中国利率、汇率、金融与经济的影响以及随之

① 陈征，李建平，李建建.《资本论》与当代中国经济［M］. 北京：社会科学文献出版社，2008：2.

② 吴宣恭. 关于“生产要素按贡献分配的理论”［J］. 当代经济研究，2003（12）：13—19.

而来的风险会随着资本项目开放、汇率与利率市场化程度提高而增大。全球范围降低利率应对金融危机问题正得到前所未有的重视，激发了国内外研究者对国际利率联动性问题的关注。中国资本项目开放、利率汇率市场化、中国外汇储备政策的协调配合、中国利率政策的独立性与有效性问题，成为经济进入新常态后，中国进一步改革开放中所面临的新情况、新问题。鉴于此，很有必要对国际利率联动性趋势以及预测与中国应对操作问题进一步审思明辨，深入探讨。这就要求研究中要以马克思利率理论为基础，坚持批判吸收的思想，借鉴西方利率政策研究的正确理论与利率实践的成功经验，“面向经济主战场”,①注重对我国转型时期利率政策制定与实施中出现的新情况、新问题进行考察,② 明确国际利率联动性调整的本质与发展变化趋势，探索中国利率政策与国际利率政策的联系，提出适合我国国情的国际利率联动趋势下中国利率政策调控的应对策略与建议，以促进供给侧结构性改革，促进中国经济提质增效转型升级。

① 习近平. 全国科技创新大会讲话，2016－5－30.

② 胡培兆. 经济学本质论：三论三别［M］. 北京：经济科学出版社，2006：1—30.

第三章

国际利率联动性相关理论演化

国际利率联动性理论可追溯至18世纪大卫·休谟（1752）所提出的金本位体制下物价—硬币—流动机制理论。此后，随着国际经济贸易联系加强与经济全球化的发展，世界不同经济体的相互依存关系日益紧密，利率政策理论研究与实践相互促进，促使研究者们从不同角度、不同切入点对货币政策特别是利率联动调整问题进行探索，形成了丰富而有价值的理论成果。

马克思通过对资本主义市场经济中的利息、利息率进行科学的分析研究，形成了经典的和科学的利息理论，不但揭示了市场经济中利息和利率的一般运动规律，而且对国际利率联动性趋势做出了科学分析。马克思指出国内利率会受到世界市场共同因素的影响，产生同步联动现象。凯恩斯的流动性偏好利息理论论述了一国利息政策独立性以及国际利率政策联动对国内与外国充分就业的益处。凯恩斯认为利息率政策的国际协调联动可以使国际范围内经济实现充分就业，其利率平价理论为国际利率联动提供了理论分析框架。蒙代尔-弗莱明模型通过假设一个国际资本完全流动的小型开放经济，论述了国际利率变动必然引起小型开放经济利率与国际利率联动调整，从而呈现国际利率联动性趋势。以上理论为明确国际利率联动机制提供了理论基础。

第一节　马克思利息理论与国际利率联动

一、马克思利息问题经典论断

马克思利息理论是以劳动价值和剩余价值理论为基础，在批判与继承资产阶级古典政治经济学利息理论，并对其进行发展而建立起来的，研究的是典型的资本主义市场经济中的利息运动规律。由于资产阶级利息理论是以资本主义生产方式永恒不变为前提，从不研究利息的产生与起源等本质问题，因此，资产阶级的利息理论只是分析利息现象量的变化及其与其他经济变量表面的联系。“只是在表面的联系内兜圈子，它为了对可以说是最粗浅的现象做的似是而非的解释”。① 所以资产阶级利息理论的相关论述没有科学的基础，只有马克思揭示了利息的剩余价值本质，具有客观性与本质性。马克思利息理论是在分析平均利润率形成的基础上，通过对生息资本历史发展与现实运动的研究，形成的科学的利息理论。马克思写道：“只有资本家分为货币资本家和产业资本家，才使一部分利润转化为利息，一般地说，才产生利息的范畴。”② 利息不过是一部分平均利润。货币资本家和产业资本家，在对同一剩余价值的纯粹的量的分割中产生了利息的质的分割。利润分割为利润的两种不同的范畴：企业主收入与利息。③ 马克思在对利息进行质的规定性分析的基础上，还对利息

① 马克思．资本论：第一卷［M］．北京：人民出版社，2004：99.
② 马克思．资本论：第三卷［M］．北京：人民出版社，2004：415.
③ 马克思．资本论：第三卷［M］．北京：人民出版社，2004：420—423.

率的决定、利息的外生性、利息对经济的作用以及利率的下降趋势、国际利率的联动性进行了科学预见。

现代国际经济在20世纪90年代以来的发展历程，似乎正在应验马克思一百多年以前的预见：国际利率不管是在工业化国家或发展中国家，国家间利差都在大幅度缩小，出现趋同并且呈现低利率趋势。随着各国放松金融管制，松绑金融市场，取消资本跨境流动限制，国际金融市场实现了整合。但是，由于各国的记账本位币及通货膨胀等风险的存在，这种金融市场融合未达到完全的程度。尽管存在以上局限性，20世纪末，工业化国家的国债市场还是表现了融合的现象。2000年后，许多国家的债券收益率进一步趋同。对这些国家来说，上述现象表现在利率上即出现趋同联动现象。

（一）利息形成的起点与来源

马克思对利息起点与来源的研究是从生息资本的分析开始的。马克思认为，生产资本作为历史形式出现在产业资本之前，其古老形式——高利贷资本同产业资本并存，只是在资本主义生产方式下，才从属于产业资本。生息资本在资本主义生产方式下呈现借贷资本的具体形态。利息形成的实际起点是资本家分为在法律上有不同身份、在生产中起不同作用的货币资本家与产业资本家。前者把资本贷出去，后者把资本投入生产，这时，一部分利润转化为利息，进而产生了两个不同的范畴：利息与企业主收入。相互对立的货币与职能资本家对总利润的量的分割都转变为质的分割，前者表现为资本执行职能、处在过程中的果实，而利息表现为资本所有权的果实。这样，利息就得以固定下来，即使产业资本家用自有资本从事生产运营，其总利润也要分为利息与企业主收入，不管职能资本家是不是自己的资本所有者，总利润都会在资本所有者与资本的非所有者即职能资本家之间进行分割。进而，通过货币资本家和产业资本家利润之间的竞争，产生利息率。利息率不能由任何规律决定，在货币市场上，借贷资本的利息率对所有借款人都一样，总是表现为同一的、既定的量。资本的贷出与借入者都将同一货币作为资本支出，而在后者手中执行了资本的职能，但并不能产生双倍的利润。资本的借贷双方对于资本支出的意义仅限于同一剩余价值（平均利润）的分割，分给资本贷出者的平均利润为利息，而留给产业资本家即资本借入者的扣除了利息后的纯利润称为企业主收入。资本的借入者必须将资本的价值加上剩余价值（利息）偿还。① 由此可见，马克思利息理论中，货币与产业资本家相分离、生息资本转化为借贷资本并附属于产业资本是利息产生的起点。当借贷资本家把其拥有的资本贷给职能资本家，资本的所有权与使用权分离时，利息形成。利息来源于剩余价值，它是资本借入者为了取得资本使用权而让给资本贷出者的一部分剩余价值，是平均利润的一部分。利息从本质上是资本的所有权在与生产过程相分离的情况下提供的剩余价值；在量上，利息率将形成利息的那部分利润与货币资本关系固定。

（二）利息率的决定

第一，利息的界限。马克思认为，利息作为利润的一部分，总利润就自然构成了利息的上限。借贷资本家把货币资本贷给职能资本家，职能资本家利用借入的货币资本取得平均利润。他把平均利润的一部分作为利息交给货币资本家，平均利润的剩余部分即是企业的纯利润，这样，平均利润就分割为利息和企业利润，利息只是平均利润的一部分。② 而且，一般情况下，职能资本家不可能将平均利润全部支付给借贷资本家，平均利润构成了利息的上限。相反，借贷资本家也不可能在无利息所得的条件下贷出资本。事实上，利息的下限也不能为零。因此，利息的变化范围在零与平均利润之间，并受平均利润的

---

① 马克思．资本论：第三卷［M］．北京：人民出版社，2004：401—429．

② 马克思．资本论：第三卷［M］．北京：人民出版社，2004：417．

调节。

第二，利息率的决定与变动趋势。马克思在决定利息界限的基础上，提出了利息率的概念：利息率为使用资本而支付的金额和这个资本本身的比率。一般地，利息率由一般利润率与利息占总利润的比例决定。他又将利息率区分为平均利息率和市场利息率，分别研究这两种利息率的变动与决定问题。马克思指出，在市场经济中占统治地位的平均利息率受习惯、法律等的作用，不能由一般规律决定。同一资本在贷出与借入主体手中只执行了一次职能，生产一次利润。资本的所有权与经营权对利润的分割，“纯粹是经验的、属于偶然王国的事情”。① 它们在这同一剩余价值的量的分割中，平均利润的一部分作为资本所有权提供的纯利润即利息产生。由于平均利润率具有相对稳定不变性，一个时期内是个稳定的量，经常以既定的经验事实表现在利率上。因此，平均利息率在一定时期内也是个相对稳定的量，表现为“同一的、确定的、明确的量”。

由此可以看出，平均利息率不是由资本市场供求内生决定的。利息对平均利润的分割是货币资本家与职能资本家竞争的结果，这种竞争的结果最终表现在中央银行对利息率的决定上。即“英格兰银行的权力，在它对市场利息率的调节上显示出来”。② 而在市场上，不断变动的市场利率，由借贷资本的供求决定，此时，市场利率表现为借贷资本价格。市场利率会随着借贷资本的供求状况的变动而变动。在货币市场上，无数市场主体作为资本借入者或贷出者，一起构成资本商品的供给者与需求者，参与市场竞争，形成资本价格，即市场利率。市场利率的这种决定不通过任何中介，由市场供求竞争机制直接决定。这个市场利率固然也变动，但对所有的借款人同时同等程度地发生变动，每个

① 马克思．资本论：第三卷［M］．北京：人民出版社，2004：408.
② 马克思．资本论：第三卷［M］．北京：人民出版社，2004：613.

参与者个体都不会对市场利率水平产生任何影响。市场利率表现为客观存在的量，参与者却只能被动地接受。马克思这一理论有重要的理论与现实意义。按照马克思市场利息率理论，实现利息率市场化是我国利息率改革的方向。在发达的市场经济中，市场利息率是一个不可缺少的宏观变量之一，是重要的经济杠杆，引导资本合理有效配置。这对当前我国利率市场化改革有重要的指导意义。① 社会主义市场经济中，借贷资本主要是由银行等金融机构提供，中央银行可以通过公开市场业务调节市场上的货币供给量，进而影响市场利率，稳定国民经济。

综上所述，平均利息率是由职能产业资本家和借贷资本家之间的竞争决定的，竞争过程的结果是由中央银行决定平均利息率，是外生变量。而市场利率是由市场上资本的供求机制决定的内生变量。因此，中央银行的货币政策工具应该是利率（平均利率）。央行决定政策利率水平，通过公开市场业务引导市场利率逼近利率目标，从而实现央行为宏观经济的调控目标。20 世纪 90 年代以来，美联储以利率为货币政策工具进行宏观调控，使经济得以平稳发展，在很大程度上正是采用了正确的利率为目标的调控操作机制。这也正是我国利率市场改革与利率政策改革的方向。央行利用其决定利率的权力，根据国外经济形势决定政策利率目标（平均利率），在市场上由资本供求决定市场利率，并通过公开市场业务间接引导市场利率接近政策利率，以达到有效调控目的。此外，随着社会主义市场经济的逐步完善，要渐进推动利率市场化改革，以提高央行对市场利率的调控水平，充分发挥宏观调控作用。市场利率作为货币这种特殊商品的价格，是由货币供给与需求均衡机制决定的。

利率的变动趋势。马克思认为，由于平均利润率是由一般利润率调节的，

---

① 李建建. 马克思利息理论与中国利率市场化的改革实践［J］. 当代经济研究，2006：44—48.

平均利润率趋向下降的趋势会导致平均利息率也会呈现下降趋势。并且经济社会的发展，食利者阶层的人数呈增长趋势，再加上信用制度的发展，银行的媒介功能增大，这些因素都会促使借贷资本供给趋向增加，起着压低利率的作用。这对正确认识现代国际金融经济中的全球低利率与趋同现象、中国利率政策的取向有重要意义。20 世纪 90 年代以来，各国放松金融管制，取消资本流动限制，国际金融市场实现了很好的整合。尽管这种整合存在某些局限性，但对这些国家来说，国际利率呈现低利率趋同趋势。进入 21 世纪以来，为了遏制全球性的经济衰退，各经济体央行几乎不约而同地采取了频繁的、大幅度的降息操作。这一趋势一直持续到 2004 年年初，有力地遏制了 21 世纪初全球可能的经济衰退。2007 年美国的次贷危机以及其后演化为全球性的金融危机，又将世界经济带到了一致降息操作的浪潮中。全球低利率已成为当今世界经济的一个重要特点。

（三）利息、利息率对经济的作用

利息是市场主体配置资本的硬约束。马克思认为将平均利率分割为企业收入与利息这两个不同质的范畴后，不管是借入资本还是自有资本，对于从事经营的产业资本家来说，资本的产物——剩余价值不是其利润，而扣除利息后的才是执行职能资本的产物，即企业收入才是其企业利润。利息对职能资本家来说是一种费用，是对总利润的扣除。在职能资本家面前，利息就成为其从事生产经营过程中一个预先独立存在的要素。尽管利息在量上有波动，但在任何一个具体时刻，对任何一个资本借入者来说，总是作为一个已定的量，计入商品的成本价格。由此可见，利息对资本借出者而言，是一种报酬收入，是利润的一部分；而对资本借入者来说，利息是企业在创造利润的生产活动中必须支付的成本或机会成本。[1] 这样不但有利于真实地反映市场主体的经营成果与费用，而且有利于发挥利息和利润的经济功能，有利于国家运用利率工具适时地调节经济。这为企业进行科学决策以及国家制定与实施有效的利率政策调节经济提供了科学的理论基础。利率市场化是有中国特色社会主义市场经济体制的重要组成部分。让市场利率作为非常重要的资本价格，在资本的有效配置中起到基础性调节作用，以实现资本的优化配置。让利息成为市场主体配置资本的硬约束，为企业实现财务硬约束和自主经营、自担风险提供正向激励机制，更好地推动利率市场化。

利率与经济增长的关系。马克思认为市场利息率受借贷资本供求状况决定并受产业周期的影响，国内市场利率同产业发展水平成反向的变动关系。这说明国家的经济运行状况决定着利息率，反之，市场利息率也对经济运行产生影响。市场利率既是经济的“晴雨表”，也是调节经济的重要调控工具。马克思认为，不同的利率水平与经济运行的不同状况相适应。经济运行的萧条、复苏期分别与低利息率、相对高的利息率相联系。此后，随着借贷资本的充裕与产业资本的显著扩大，利息率必然表现为平均利率，即利率处于利率的下限与上限的中间水平。而在经济周期的末尾，则有高利息率和过度扩张的产业资本相适应。此时，一旦经济出现危机，利息率急剧下降至较低水平以适应经济的停滞状态。由此可见，马克思认为市场利率变动是产业经济变化的结果。借贷资本供求状况直接决定市场利率的背后，有深层次的产业发展与经济运行状况做基础。在经济扩张期，经济中的投资持续扩大，新开工项目急剧增加，经济快速增长，同时，实体对资本的需求急剧攀升，资本的供给会相对缺少，在市场机制作用下，利息率上升。在经济紧缩期，投资加速缩减，新开工项目持续减

① 马克思. 资本论：第三卷［M］. 北京：人民出版社，2004：417—419.

少，经济增长进入下行通道，会减少对资本的需求，相应的资本供给相对过剩，市场机制导致利息率下降。因此，市场经济中，中央银行必须根据经济运行状况适时地进行利率调节。在经济出现异常波动的紧急时期，央行要担负起稳定经济增长的任务。央行要通过最终控制资本供给的权力，影响市场利率，使市场利率逼近政策利息率目标，以稳定经济增长。

因此可以说，马克思关于央行调节利息率以影响经济的论述较凯恩斯的利息率对经济的论述更早，更深刻。马克思在自由资本主义时期，就已发现中央银行对利率的调节，特别强调了中央银行要根据货币市场的供求状况来确定市场利率水平。① 此外，马克思关于市场利息与经济关系的论断，也在近百年的世界经济运行中得以验证。近三十年来，世界各国高密度地利用利率工具进行经济调控，稳定经济的实践，也证明了马克思的利息理论的科学性。进入新千年起，包括美国在内的主要国家经济同步放缓。为了刺激经济增长，主要经济体央行普遍采用了利率工具调控经济。各国根据国内经济运行的态势，调整市场利率以平衡国内经济增长与通货膨胀，为各国国内经济的稳定增长创造良性环境。美国、欧元区和日本等国央行都大幅度调低利率。从 2001 年 5 月起，美联储连续 13 次降息，将联邦基金利率调到 1%。同时，欧洲中央银行不断下调再融资利率。日本银行的隔夜拆借利率也降低到 0.1%，创下历史最低水平。上述全球性的扩张性货币政策使世界经济从 2004 年年初出现全面复苏势头。此后，随着美国经济的全面高涨，美国自 2004 年 6 月到 2006 年 6 月，连续 17 次以 0.25 的速度上调联邦基金利率，为日益过热的经济降温。而在 2007 年，美国经济受次贷危机影响，经济增速明显放缓时，美联储又连续 7

① 马克思. 资本论：第三卷［M］. 北京：人民出版社，2004：587.

次降息，及时遏制了美国经济的全面衰退。①

二、共同因素与国际利率联动

国内利率会受到世界市场共同因素的影响，产生同步联动现象。马克思写道："世界市场不以一个国家的生产条件为转移而对利息率的确定所产生的直接影响，比它对利润率的影响大得多。"② 近三十年来，经济全球化与金融一体化使世界各经济体之间的依存性加强，增强了各开放经济体经济波动的联动性与经济周期的联动性。世界市场的共同因素导致各经济体利率政策调整操作的协调性，各国市场利率出现了趋同与联动。与此同时，各国经济政策间的溢出效应也日益增大，利率政策的实施在影响本国经济运行的同时，也会在国际传递。各国利率在国际上的传递，也使国内利率产生趋同联动。2008 年金融危机的爆发和复苏过程更加剧了这种市场利率趋同联动变化趋势。此外，经济周期也趋向于国际传导，一国经济的扩张或收缩，相应的导致其对外国的商品需求增加或减少，进而影响到外国的经济运行状况，因此，经济周期对市场利率的影响，就会以国内外市场利率同步联动的形式表现出来。这从美国市场利率对 20 世纪 80 年代以来国际利率的主导作用可见一斑。

马克思的利息理论是对资本主义市场经济中的利息、利息率进行科学的分析研究，所得出的经典式的和高度概括的科学论断和结论，不仅深刻地阐明了资本主义市场经济中利息和利率的特殊运动规律，揭示了市场经济中利息和利率的一般运动规律，而且也对国际利率联动性趋势做出了科学分析。这对中国社会主义市场经济完善金融调控机制，稳步推进利率市场化改革，提高货币资

---

① 相关数据来自中国人民银行、美联储、日本央行等网站的统计数据库。

② 马克思．资本论：第三卷［M］．北京：人民出版社，2004：412．

本配置效率，提高央行市场利率调控的有效性有很强的现实与理论意义。

第二节　凯恩斯利率理论与国际利率联动

一、凯恩斯的流动性偏好利息理论

面对1929年西方爆发的严重经济危机，传统的西方经济学者信奉萨伊定律，以至于无法解释危机，也提不出有效治理危机的对策。因此，凯恩斯撰写了著名的《就业、利息和货币通论》（下称《通论》）一书，企图推翻萨伊定律以及关于资本主义经济能自动实现充分就业的传统西方经济学的失业理论所赖以构成的劳动市场论、利息论与货币论，并且提出其应对危机的政策建议。在《通论》中凯恩斯提出了流动性偏好利息理论，并指出了一国利息政策独立性以及国际利率政策联动对国内与外国充分就业的益处。

传统的西方经济学利息理论认为利率决定于市场力量作用下的投资与储蓄的均衡，利率是能使投资与储蓄达到均衡的资金价格。利息率能自动调整经济，并使其达到均衡。也就是说，利率是由市场上借贷资本的供给需求决定的，是内生的。而且通过利息率的作用，使储蓄自动转化为投资。社会全部产品要么被消费，要么被投资，不存在生产过剩的失业现象，社会总处于充分就业的均衡状态。因此，传统的西方经济学家主张利率自由，反对国家干预，认为国家干预政策对经济无效。而凯恩斯则认为投资与储蓄是由经济制度决定的，而不是利率决定经济制度，在金本位制度下更是如此。因为在金本位制度下，黄金的产量相对小，而且国家不能发行纸质货币。另外，古典利率理论存在一个暗含的假设条件即充分就业。在充分就业假设下，古典利息理论有其合理性，而现实是充分就业的假设前提很少或根本没有达到过。他还指出，如果政府能成功地将经济推进到充分就业水平或者假设社会产出是既定的充分就业下的产出，那么，古典经济学的利息理论仍然是正确的，但是萨伊定律所描述的仅是资本主义宏观经济运行的一个特例。恰恰相反经济现实是：由于有效需求不足常常导致社会经济处于非充分就业的状态。① 由此可见，凯恩斯并没有真正抛弃传统西方经济学包括利息论在内的任何一个理论，他认为传统的利息理论是在充分就业条件下的特例，而凯恩斯自己的利息理论则是适用于包括充分与不充分就业在内所有经济运行情况的“通论”。

（一）利息率的决定

凯恩斯认为由于货币的流动性，人们持有货币可以满足交易动机、谨慎动机与投机动机的需要。因此，人们普遍具有对货币的流动性偏好，即人们愿意牺牲利息收入而持有货币的心理倾向。利息率就是放弃流动性的报酬。利息率高低不是由储蓄与投资的对比关系决定，而是取决于货币数量（货币供给）与流动性偏好（货币需求）的对比关系。其中货币数量即货币供给量（m）一般是由国家中央银行控制的外生变量。货币需求的流动性偏好中交易动机、谨慎动机所吸收的货币数量主要取决于整个经济制度的一般活动与货币收入水平，而对利率变动的弹性小。从货币供给总量中减去二者吸收的数量后的货币供给余额，即可满足来自投机动机的流动性偏好，而且它与利息率呈反向变动的关系。因此，在其他条件不变的情况下，货币当局所供给的一定数量的货币，就有一个确定的利息率数值与其对应。又由于短期内收入以及交易函数一般比较稳定，因而，短期内货币需求与利息率呈反向变动的关系，货币需求曲线是一

---

① 凯恩斯．就业、利息和货币通论［M］．北京：商务印书馆，2011：393—394.

条向右下方倾斜的曲线，利率是货币市场上货币供求均衡的结果，它决定于货币需求和货币供给均衡点。

（二）利息率对经济的影响与政策主张

在凯恩斯的收入决定理论中，利息率是影响宏观经济运行的重要变量。利息率既会对货币需求产生影响，又会影响经济运行均衡态势。他认为，国民收入由消费与投资组成，而消费与投资分别决定于消费倾向与资本边际效率与利率。资本边际效率又取决于预期收益和资产供给价格，而利息率由货币数量与流动性偏好决定。他指出，当经济处于萧条期时，利息率低于某一数值时，政府将失去通过增发货币控制利息率的能力，这时，经济中存在“流动性陷阱”，扩张的货币政策将无效。在经济危机萧条持续期内，利息率的下降有助于复苏。即使是经济繁荣期，也要执行低利率政策，维持经济持续繁荣，从而使经济接近充分就业状态。① 凯恩斯反对通过提高利息率以消除投资过度状态。他认为危机是由于资本边际效率的崩溃以及随之而来的利息率的提高引起的，利息率升高会妨碍有效投资，并且进一步降低消费倾向，从而抑制消费。因此，利率是决定国民收入的重要宏观经济变量，要想增加国民收入，国家就要用政策干预经济，即改变货币供给量控制利息率于低水平，推动投资规模至充分就业点以外，从而最终实现充分就业。

二、利率政策的独立性与联动性

在《通论》中，凯恩斯还指出，利息率政策的国别独立与国际联动调整，会实现国际范围内的经济健康发展。不受国际经济运行态势影响的独立自主的利息率政策对本国及与之相关的外国经济达到充分就业水平均有益处。如果一

① 凯恩斯．就业、利息和货币通论［M］．北京：商务印书馆，2011：328—333．

国不受国际事态影响，而自主独立地制定并实施利息率政策，加上国内以实现充分就业为目的的投资政策将会使本国与邻国同时受益。如果本国与外国一起联动协调同时实施以上政策，那么，国际范围内充分就业的健康经济就得以实现。① 他认为，重商主义对外贸顺差的追求、古代与中古世界反对高利贷的规定均有其科学成分。重商主义的科学成分就在于：国内利息率决定了国内长期投资水平。在国家不能直接干预国内投资的经济中，外贸顺差所引起资本（贵金融）流入减少了国内利息率，从而刺激国内投资，最终增加国民财富。同样，古代与中古世界反对高利贷的规定也是通过压低国内利息率，促进经济趋向充分就业水平。凯恩斯指出，这些做法，无非是想使本国利息率按照自己的意愿独立自主地变动，以促进本国经济发展。如果各国都能通过自主独立地利用国内利息率政策，甚至同时实施这些政策来维持国内充分就业，那么也就不存在本国与外国利益的国际对立。②

在凯恩斯的《通论》出版一年后，英国经济学家希克斯（Hicks，1937）首先根据《通论》提出了IS－LM模型，后经其追随者改进与整理，被萨缪尔森写入其经济学教科书后，IS－LM模型作为凯恩斯经济理论的最流行解释，成为政府制定与实施经济政策的经典分析工具。③

由此可见，凯恩斯的利息理论是一种为政府宏观经济政策实践提供指导的理论，即中央银行可通过逆周期操作稳定经济，主张国家增发货币量，压低利息率，刺激投资。但在经济处于衰退时，货币政策的作用有限，政府要重视财政政策。凯恩斯的利息理论与传统西方经济学利息理论的最主要的区别是他的利息理论的起点是人们的流动性偏好，利息率是由货币供给与投机动机引起的

① 凯恩斯．就业、利息和货币通论［M］．北京：商务印书馆，2011：344—360．

② 凯恩斯．就业、利息和货币通论［M］．北京：商务印书馆，2011：395．

③《西方经济学》编写组．西方经济学：下［M］．北京：高等教育出版社，2011：82—113．

货币需求对比关系决定的，其中货币供给是由货币当局控制的外生变量，而货币需求则是由利息率决定的内生变量。政府通过货币政策控制利息率于低水平，可以促进投资，进而增加国民收入，从而实现充分就业。而且利息率政策的国际协调联动可以使国际范围内经济实现充分就业而共同受益。

与传统西方经济学利息理论不同，凯恩斯利息理论是以有效需求不足导致经济常常处于非充分就业状态为假设前提，而充分就业只是一般经济运行态势的一个特例。因此政府要通过政策干预与控制来对经济进行矫正，解决资本主义经济的失业问题以及由此而产生的经济危机。因此，他通过提出流动偏好利率理论，在理论上说明国民收入是由哪些宏观变量决定的，并主张国家用政策来控制这些变量，最终实现充分就业。此外，他还提出了通过国际经济政策协调与利率政策联动调整以实现国际范围内的充分就业，避免各国因“以邻为壑”的利息率政策而导致本国与外国利益的对立局面出现的设想。这为以后世界各国干预经济运行与通过利率政策的国际协调联动调整提供了思想来源。由此可见，凯恩斯坚信政府能够利用利率调控与管理宏观经济的运行状态，以实现本国甚至是国际范围内的充分就业。凯恩斯利息率理论以及国家干预的政策与国际利息率政策联动调整的主张对各国宏观经济调控有一定借鉴意义，特别是在经济全球化、金融一体化增强的趋势中以及 2008 年金融危机以来更显示出其重要性。即便如此，凯恩斯利息率理论所具有的表面性与主观性也是不可否认的。凯恩斯忽视了利率的本质和来源问题，否定了利息率和利润率之间的本质联系，而只分析宏观经济变量之间的数量关系，与马克思的利息理论相比明显是肤浅的，具有表面性。凯恩斯用流动偏好等人们的心理因素来解释利息的存在和利率的决定，有明显的主观性，这也是不可取的。因此，对于当前中国正在进行的利率市场化改革，一方面应坚持以马克思利息理论为指导，并结合实际情况，不断丰富和发展马克思利息理论；另一方面，在马克思利息理论指导下，批判地吸收与借鉴凯恩斯利息理论的合理成分用于中国利率市场化改革，从而提高中国利率政策调控市场利率的水平。

第三节 蒙代尔-弗莱明模型与国际利率联动

在开放经济下，各国经济彼此紧密依存，一国利率政策与其他国家的利率政策间存在溢出与溢入效应，因此，一国利率政策有效性不只取决于本国政策，而且还受国际经济金融运行的约束。20 世纪 60 年代，罗伯特·蒙代尔（Robert A. Mundell）指出，随着地区与国家的日益开放，产品、服务与资本的国际流动会深刻地影响一国经济，由此导致的国际经济金融全球化会对经济政策产生重要影响，决策者在制定与实施宏观政策时必须考虑国际经济金融态势。因此，蒙代尔（Mundell，1963）和弗莱明（Fleming，1962）扩展了米德开放经济条件下不同政策效应的分析，以凯恩斯宏观经济模型为基础，把对封闭经济总需求分析的 IS－LM 模型扩展到开放经济中，形成开放经济理论模型，建立了被描述为“研究开放货币和财政政策的主导政策范式”的蒙代尔-弗莱明模型。模型假设在一个资本完全流动的小型开放经济中，该经济中的利率等于世界利率。模型由 IS^* 曲线与 LM^* 两条曲线构成，[①] 即

商品市场均衡与 IS^* 曲线：$y=C(y)+I(r_w)+G+NX(e)$ (3－1)

货币市场均衡与 LM^* 曲线：$\frac{M}{P}=L(y, r_w)$ (3－2)

① 《西方经济学》编写组. 西方经济学：下［M］. 北京：高等教育出版社，2011：268—279.

上式中，外生变量是财政变量 G、货币变量 M、物价水平 P 以及世界利率 r_w，内生变量是收入 y 和汇率 e。式（3－1）描述了产品市场的均衡，式（3－2）描述了货币市场的均衡。模型见图 3－1。开放经济均衡处于 IS^* 曲线与 LM^* 曲线交点，该交点表示产品与货币市场都均衡时的汇率与收入水平。

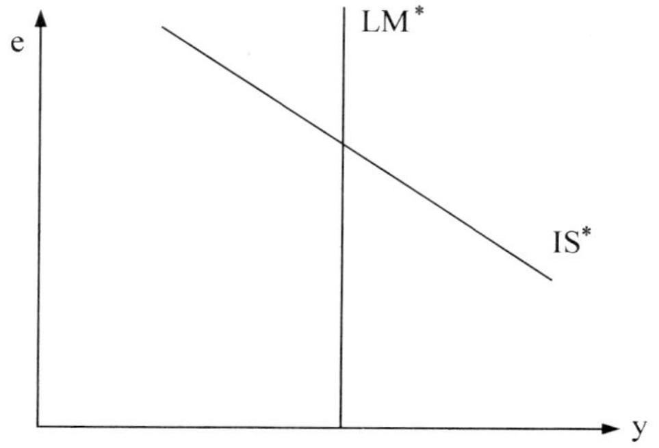

图 3－1　蒙代尔－弗莱明模型

蒙代尔－弗莱明模型最重要的应用是考察了国际资本完全流动的开放经济中，不同汇率制度下，货币与财政政策的效果，即在浮动汇率制度下，货币政策有效。而在固定汇率制度下，财政政策有效。蒙代尔－弗莱明模型中假设了一个国际资本完全流动的小型开放经济，即国际资本可自由进出该国，居民能自由进入世界金融市场，但其本身对世界利息率的影响较小。这时，该国国内利率必然等于世界利率，即世界金融市场上投资与储蓄均衡时的利率。在现实世界中，世界利率常常表现为以美国利率为主导的国际利率。由此可知，美国利率的变动也就是说国际利率变动，必然引起小型开放经济利率与国际利率联动调整，从而呈现国际利率联动性趋势。

第四节　利率平价理论与国际利率联动

一、利率平价理论

利率平价理论的基本框架是由凯恩斯于 1923 年在《货币改革论》中建立的，该框架为国际利率联动提供了理论基础。利率平价理论指用相同货币衡量的持有国内资产与外国资产的预期收益率相等时外汇市场处于均衡状态的条件。利率平价反映了国内利率、外国利率与本国货币预期升值率的关系。[①] 在当今经济全球化环境下，一国与外国经济的依存关系紧密，金融市场融合度高，资本具有国际流动性。外国人很容易获得本国资产，本国人也可以轻松地购买外国资产。资本国际流动阻碍的减少，提高了本国与外国资产的替代性。如果风险与流动性完全相同，则本国资产与外国资产可以完全替代。只要完全可替代的资本可以自由跨国流动，则会出现如下结果：当市场对外国资产的预期回报率高于本国资产时，国内与国外市场对持有外国资产的意愿高于本国资产，市场对国外资产的需求就会增加，从而减少对本国资产的需求；相反，如果市场对外国资产的预期回报率低于本国资产，国内与国外市场对国外资产的需求就会减少，从而相应增加对本国资产的需求；如果两者的预期回报率相等，则本国与外国市场对持有本国或是外国资产的意愿就会无差异。如果有 i^d

---

① 米什金. 货币金融学［M］. 9 版. 郑艳文，荆国勇，译. 北京：中国人民大学出版社，2010：428—430.

表示本国资产的利率，则本国资产以本国货币支付时的预期回报率即为 i^d。同理，i^f 表示外国资产的利率，它就是外国资产以外国货币支付时的预期回报率。E_t 表示本国货币第 t 期的即期 t 的汇率（间接标价），即一单位本国货币可兑换的外国货币的数量，这样汇率上升，表示本国货币升值。

用 E^e_{t+1} 表示 t 期下一期即 t+1 期市场对预期汇率，则

本国货币的预期升值率可写成 $\frac{E^e_{t+1}-E_t}{E_t}$ (3－3)

以外国货币表示的本国资产的预期回报率即为本国资产的利率与本国货币的预期升值率之和，即

$$i^d+\frac{E^e_{t+1}-E_t}{E_t} \tag{3－4}$$

此时，以外国货币表示的外国资产的预期回报率就是其利率 i^f。当市场对两国的预期回报率相同时，有

$$i^f=i^d+\frac{E^e_{t+1}-E_t}{E_t} \tag{3－5}$$

此时，本国与外国市场对持有两种资产的意愿是无差异的，从而达到市场均衡。市场均衡时的条件式（3－5），被称为利率平价条件。这个条件直观地说明，外国利率等于本国利率加上本国货币的预期升值率。如果外国利率高于本国利率，则本国货币的预期升值率为正，以此来补偿相对较低的本国利率。均衡时，方程左边以外国货币表示的外国资产的预期回报率与右边以外国货币表示的本国资产的预期回报率相同。①

从利率平价条件我们可以看出，本国利率与外国利率政策调整的联动关系。在开放经济中，资本可以在国际自由流动，如果本国实行固定汇率，本国

① 米什金. 货币金融学［M］. 9版. 郑艳文，荆国勇，译. 北京：中国人民大学出版社，2010：428—430.

货币的升值预期为零，那么，国内利率等于外国利率，从而外国货币政策的调整即利率变动会直接传递到本国，引起本国利率被动调整，本国利率表现出同外国利率相同的调整方向、调整幅度，出现本国利率与外国利率同步、完全联动调整现象。并且，本国央行不能使本国利率偏离外国利率，所以本国也就不能通过货币政策的调整即改变利率以影响本国经济运行状况，以至于本国利率调整政策完全失去独立性。

如果实行完全浮动汇率制度，汇率会均等化资产回报率，在升值预期稳定但不为零时，本国利率与外国利率存在固定的利率差，但外国利率的变动同样会完全传到国内，同样本国利率会跟随外国利率调整出现联动现象，并且本国利率与外国利率调整的方向与幅度相同，以至于本国利率调整政策同样完全失去独立性。如果升值预期不稳定，汇率会均等部分资产回报率，本国利率与外国利率间存在一定的联动性，但本国利率被动调整的方向、幅度会同外国利率在调整方式上出现差异性，即这种外国利率调整向本国国内的传递是不完全的，但传递弱化了本国货币政策的独立性。相反，在封闭经济中，资本完全不能流动，本国与外国也不发生贸易关系，此时，本国货币利率对外国货币利率的调整完全“免疫”，外国利率调整变动完全不会传递到本国国内，不会出现国际利率联动性现象，外国利率的变动不会对本国利率产生任何影响。这样，本国货币当局可以完全根据本国国内的经济运行状况自主决定其利率政策，货币政策表现出高度的独立性。

由此可见，在开放经济中，各国的汇率固定不变、税负相同、资本跨国流动无障碍、无政治风险，资本市场一体化程度高，没有任何一国的国内利率脱离国际市场利率较多，否则就会出现资本流动，进而资产收益率向世界水平恢复。也就是说，本国与外国市场中资产持有者会选择收益最高的资产，导致世界各国的资产市场的资产预期收益率都相等，没有哪一个国家的资产持有人能以较低的利率得到贷款。这种情况表现在本国与外国利率的关系上，即外国利率变化会完全传递到本国国内，出现本国利率与外国利率的完全联动。事实上，这在开放的工业化国家间表现得相当明显，经排除汇率变动的风险后，各国间利率差别非常小。[①] 相反，如果一国经济虽然开放，但各国的汇率可以变动、税负不相同、资本跨国流动存在障碍、存在政治风险，就会出现外国利率变化对本国国内利率的不完全传递，出现本国利率与外国利率不完全，导致国家间利率不一致。

二、利息平价机制下的国际利率联动

利息平价理论表明，在开放经济中，外国市场利率变化会传递到本国国内，导致本国国内市场利率与外国市场利率的同步变化与趋同。市场利率变化的这种利息平价的国际传递机制，会直接导致本国与外国利率政策的联动调整。具体来说，在国际资本市场均衡时，即利息平价条件下，外国央行针对国内经济形势，实行紧缩的货币政策，上调目标利率，将引起外国市场利率上升。在利息平价机制作用下，国际资本将从本国国内流入外国，直至两国市场利率达到平价条件才会停止。对于资本流出国而言，由于国内金融市场上资本外流而市场利率上升预期增强，将迫使本国央行跟随外国央行同步上调货币政策目标利率，以缓解本国资本流出趋势。由此可见，在资本自由跨国流动下，在利率平价机制的作用下，一国的货币政策主要是利率政策的调整，会产生政策溢出效应，从而引起另一国被迫进行利率政策相应的联动调整，即产生国际利率联动性趋势。

① 多恩布什，费希尔，斯塔兹．宏观经济学［M］．10版．王志伟，译．北京：中国人民大学出版社，2009：252.

进入新世纪以来，世界各国经济联系出现日益紧密趋势，国际经济问题在宏观经济领域中日益重要起来，经济全球化日益深入人心。各国的经济相互依存，本国经济在影响外国经济的同时，也受到外国利率政策的影响。一个国家的利率发生变化，会立刻引起其他国家的利率变动，一国利率政策的变动，不但影响本国利率，而且会改变外国利率。同时，金融一体化也加深了国与国之间在金融领域的联系。国际投资者在世界各处优化其资产配置，将本国资产与外国资产市场密切联系在一起，从而影响一国货币政策与利率调控的能力，弱化了各国央行对本国利率水平的调控有效性，进而失去或完全丧失其货币政策独立性。从国内外国际经济学研究者的文献看，自从进入 20 世纪 80 年代以来，各国政府纷纷放松或解除对资本市场的管制，对于资本市场开放的工业化国家来说，当今国际市场上国际资本的流动比国际商品流动的规模更大，一国国内利率的预期变化会导致大规模的资本国际流动。这种国际资本能够通过高度发达的金融市场迅速实现国家间的转移，使得各国的利率呈现同步调整、利率水平趋同的趋势。

第四章

国际利率联动性作用机理

开放经济货币政策分析的主要框架有两个，即新开放经济的一般均衡模型与 IS－LM－BP 模型，这两者均是从 IS－LM 模型发展而来的。从上一章的分析可知，希克斯（Hicks，1937）依据凯恩斯的《就业、利息和货币通论》思想，提出了 IS－LM 模型，分析了封闭经济中国内商品与货币市场同时达到均衡时，该国国民收入与利率水平如何决定的问题。经济学研究者可用这一模型分析宏观经济政策的影响效应，IS－LM 模型也因此成为各国政府利用宏观政策干预经济的经典分析框架。此后，诺贝尔经济学奖获得者罗伯特·蒙代尔（Mundell，1963）和马科斯·弗莱明（Fleming，1962）在全球实行浮动汇率制度之前的 20 年世纪 60 年代，将 IS－LM 模型推广到资本完全流动情况下的小型开放经济中。①②经过多恩布什完全预期的扩展变形，形成了蒙代尔－弗莱明－多恩布什模型。根据瓦尔拉斯的一般均衡原理，在开放经济中，产品与货币市场同时均衡时，其他市场如外汇市场也同时达到了均衡，或者称国际收支平衡，平衡条件被称为国际收支平衡曲线，即 BP 曲线。③④ 也就是说，开放经济的平衡由 BP 曲线与国内产品市场均衡条件 IS 曲线和货币市场均衡条件 LM 曲线共同决定，这构成了开放宏观经济政策分析重要分析框架，即经济学上所称的 IS－LM－BP 模型。奥伯斯法尔德和罗戈夫于 1995 年将跨期均衡分析引入 M－F－D 模型，对其进一步发展建立了国际货币政策传导的两国一般均衡模型，即著名的新开放经济的一般均衡分析框架。⑤

---

① Mundell R. Capital mobility and stabilization policy under fixed and under flexible exchange rates [J]. Canadian Journal of Economics and Political Science，1963，29：475—485.

② Fleming M. Domestic financial policies under fixed and under floating exchange rates [C]. International Monetary Funds Staff Papers，1962（9）：369—319.

③ 王弟海．宏观经济学数理模型基础［M］．上海：上海人民出版社，2010：28—42.

④ 蒋中一，凯尔文·温赖特．数理经济学的基本方法［M］．4 版．刘学，顾佳峰，译．北京：北京大学出版社，2006：259—261.

⑤ 奥伯斯法尔德，罗戈夫．国际宏观经济学基础［M］．北京：中国金融出版社，2010：591—595.

由此可见，新开放经济的两国货币政策传导一般均衡模型与 IS－LM－BP 模型均为开放经济条件下经济政策传导提供了分析框架，但两者有明显的区别。新开放经济的一般均衡模型有最优化微观经济学基础，而且有跨期分析，从而使该模型适合于短期以及中长期分析。而 IS－LM－BP 模型则缺乏微观经济学基础与跨期分析，也就意味着用该模型对中长期的预测将不具有可信性。但是，IS－LM－BP 模型为开放宏观经济分析提供了简单便于操作的表达方式。它不但可用于固定汇率制度的分析，也可用于浮动汇率制度的各种模型中。它作为跨境资本流动一般情况的考察，除了适用于不完全资本流动条件下的货币政策传导分析之外，模型也包括了资本完全流动与资本完全不流动的情况。资本完全流动与资本完全不流动货币政策传导分析可以看作 IS－LM－BP 模型的特殊情况。相比较而言，新开放经济的两国货币政策传导模型过于复杂，不利于理论与经验分析。这也正是 IS－LM－BP 模型至今仍被大量运用的主要原因。因此，本章将在开放经济的小国 IS－LM－BP 模型基础上，通过放开国际利率不变的假设，考虑外生变量国际利率（外国）的变化对本国利率以及产出与汇率的影响，以明确国际利率联动性的作用机理。在不变价格的假设下，根据资本不同的流动程度（完全流动、完全不流动、不完全流动），分别讨论固定与浮动汇率制度下的国际利率（外国）的变化对本国利率、产出、汇率的影响。①

① 王弟海. 宏观经济学数理模型基础［M］. 上海：上海人民出版社，2010：28—42.

第一节 开放经济中的IS－LM－BP模型

开放经济包括贸易与资本金融开放两部分。本国在向外国出口商品与劳务时，也伴随着对外国产品与劳务的进口以及在国际金融市场上买卖外国的股票与债券等资产引起的资本跨境流动。经济开放打破了在封闭经济中支出与产出平衡的约束，本国与外国经济紧密相连，本国与外国的经济相互依存性增强。①

一、产品市场均衡与IS曲线

（一）主要假设

假设经济中存在四个部门：消费者、企业、政府部门与国外部门。在经济中，企业生产的产品即产出（Y），产品可用于消费者消费（C）、企业投资（I）、政府购买（G）与对外贸易净额NX即（X－M）。国内产品市场均衡时Y＝C＋I＋G＋（X－M）。本国与外国商品价格P与P^f不变。如果用π表示通货膨胀率，则真实利率i＝r－π。

（二）产品市场均衡与IS曲线

一般地，消费者消费取决于居民可支配收入（Y^d），并且同收入成正向的关系。消费函数可表示为：

① 王弟海．宏观经济学数理模型基础［M］．上海：上海人民出版社，2010：28—42．

$$C=C(Y^d)$$

其中，居民可支配收入为 $Y^d=Y-T+T_r$，T、T_r 分别表示税收与政府对居民的转移支付。消费者的边际消费倾向为：

$$C_Y=dC/dY^d$$

其中，一般 $0<C_Y<1$，表示消费随收入增加而增加，但增加的幅度小于收入的增加。

企业的投资与利率成反向变动的关系，则投资方程可表示为：

$$I=I(r)$$

其中，投资对利率的导数 $I_r=dI/dr$ 小于零，表示投资与利率反向变动。

本国的出口决定于外国消费者对本国国内的商品需求，由外国居民的可支配收入（Y^f）以及本国与外国的相对价格即两国的真实汇率 e 决定。E 为间接标价法表示的本国货币对外国货币的名义汇率，即用外国货币表示的一单位本币的价格。P^f 与 P 分别表示外国与本国商品价格。外国居民可支配收入越高、本国商品价格相对越低，本国出口就越多。本国进口取决于本国居民对外国商品的需求，一般由本国居民的可支配收入（Y^d）与两国商品的相对价格即两国的真实汇率 e 决定。本国居民可支配收入越高、外国商品价格相对越低，本国进口就越多。如果本国与外国只有商品贸易关系，则本国经常账户余额（CA）就由净出口决定，即 CA＝X－M，则本国净出口也就是经常账户余额方程就可表示为：

$$CA=CA(Y-T+T_r,\ Y^f,\ EP^f/P)，且\ CA_Y<0,\ CA_{Y^f}>0,\ CA_E<0$$

当本国国内产品市场均衡时，利率水平与国民收入的关系即 IS 曲线方程为：

$$Y=C(Y-T+T_r)+I(i-\pi)+G+CA(Y-T+T_r,\ Y^f,\ EP^f/P) \tag{4-1}$$

二、国际收支均衡与 BP 曲线

（一）主要假设

在开放经济中，一国国际收支平衡表主要包括经常账户与资本金融账户。一国与外国的经济关系主要是通过对外贸易与国际投资和国际金融资产交易两方面进行的。对外贸易会影响国际收支平衡表的经常项目，而国际投资与国际金融资产的交易决定国际收支平衡表的资本金融账户余额，即国际收支余额（BP）等于经常项目余额即贸易余额（CA）与资本项目余额（CF）之和。①

（二）国际收支均衡与 BP 曲线

由利率平价理论与国际利率联动性分析可知，一般情况下，国际投资与国际金融交易引起的国际资本流动都是流向收益高的地方。如果以外国货币表示的本国货币的升值预期与货币风险分别用 θ 与 η 表示，以外国货币表示的本国资产与外国资产的预期回报率差为：

$$[(i-\pi+\theta-\eta)-(i^f-\pi^f)]$$

两国资产的预期报酬率之差将通过国际直接投资与国际金融资产的交易引起国际资本向国际资本收益率相对高的方向流动，因此，可以将资本项目余额表示为：

$$CF=CF[(i-\pi+\theta-\eta)-(i^f-\pi^f)]$$

由此，国际收支平衡的 BP 曲线方程可表示为：

$$BP=CA(Y-T+T_r, T^f, EP^f/P)+CF[(i-\pi+\theta-\eta)-(i^f-\pi^f)]=0 \tag{4-2}$$

① 王弟海. 宏观经济学数理模型基础［M］. 上海：上海人民出版社，2010：28—42.

其中，$CA_Y < 0$，$CA_E < 0$，国际收支余额对资产预期回报率差（$r-\pi-r^f+\pi^f$）的导数 $CF' > 0$。

三、货币市场均衡与 LM 曲线

假设国内货币需求（L）由交易需求与投机需求两部分构成，一般认为前者与收入（Y）同向变动，而后者与名义利率（i）反向变动。而货币的供给（M）由本国央行决定。由此可将货币市场均衡的 LM 曲线表示为：

$$M/P = L(Y, i), (L_i < 0, L_Y > 0) \qquad (4-3)$$

开放经济达到一般均衡，产品市场、货币市场与国际收支即外汇市场同时达到均衡，即 IS 曲线、LM 曲线与 BP 曲线相交于一点。

第二节　资本不完全流动下的国际利率联动性

一、浮动汇率制度下的国际利率联动性

（一）基本模型

在资本不完全流动的浮动汇率制度下，本国产出 Y、国内利率水平 i 与汇率 E 都是内生的，由方程（4－1）、（4－2）与（4－3）组成的浮动汇率制度下的国际利率联动性模型决定了均衡时，这三个内生变量取得均衡解。而外国利率 i^f、M、G、η、θ 均为外生变量，不能由模型决定，由模型以外的因素决定。

（二）国际利率联动性的比较静态分析

对模型的三个方程（4－1）、（4－2）、（4－3）全微分可得：

$$dY = C_Y dY + I' di + dG + CA_Y dY + CA_E (P^f/P) dE \quad (4-4)$$

$$CA_Y dY + CA_E (P^f/P) dE + CF' di + CF' d\theta - CF' d\eta - CF' di^f = 0 \quad (4-5)$$

$$L_Y dY + L_i di = dM/P \quad (4-6)$$

1. **外国利率变化对国内利率、产出与汇率的影响**

假设国内货币政策、财政政策不变，则 M 与 G 均不变，则 dM 与 dG 均为零。如果本币的预期升值率及其他风险不变，则 $d\eta$ 与 $d\theta$ 也均为零，而 di^f 不为零。

第一，当外国利率政策调整引起外国市场利率发生改变时，由方程（4－4）、(4－5)、(4－6) 可得：

$$di/di^f = CF'/[CF' - I' - (1 - C_Y) L_i/L_Y] \quad (4-7)$$

若 $\Delta = CF' - I' - (1 - C_Y) L_i/L_Y$，则有 $di/di^f = CF'/\Delta$。因为 $CF' > 0$，$0 < C_Y < 1$，$I' < 0$，$L_i < 0$，$L_Y > 0$，所以方程（4－7）>0。

第二，当外国利率政策调整引起汇率发生改变时，由方程（4－4）、(4－5)、(4－6)可得：

$$dE/di^f = -CF'[(1 - C_Y - CA_Y) L_i/L_Y + I']/\Delta * CA_E * P^f/P \quad (4-8)$$

其中，$CA_E < 0$，$CF' > 0$，$CA_Y < 0$，$0 < C_Y < 1$，$I' < 0$，所以方程（4－8）<0。

第三，当外国利率政策调整引起本国产出改变时，由方程（4－4）、(4－5)、(4－6)可得：

$$dY/di^f = (-di/di^f) * L_i/L_Y = (-CF'/\Delta) * L_i/L_Y \quad (4-9)$$

其中，$0 < di/di^f < 1$，$0 < C_Y < 1$，$I' < 0$，所以方程（4－9）>0。

方程（4－7）表明外国市场利率与国内市场利率水平呈同向的变动关系，外国市场利率提高，将会引起国内利率上升，外国利率的变化会传递到国内，国际利率上升，从而产生同向的联动调整。反之亦然。方程（4－8）表明在浮动汇率下，本国与外国货币的汇率与外国利率的变化呈反向的变动关系，外国利率上升，会引起汇率（间接标价法）下降，导致本国货币贬值，外国货币升值。反之，则汇率上升，本国货币升值，外国货币贬值。方程（4－9）表明，本国产出与外国利率呈同向的变动关系，外国利率上升会引起本国产出增长，反之，引起本国产出下降。

根据方程（4－7），均衡时，国外利率的上升客观上增加了本国国内资产的预期回报率，直接导致本国国内资本的外流，纷纷抛售本国货币与资产，进而使本国货币贬值，出口增加，国民收入增加，最终增加货币需求，致使国内利率上升。而且方程（4－7）还表明在国内财政与货币政策不变时，外国利率变动对本国利率影响主要受资本流动程度 CF'、私人投资的利率影响系数 I'、LM 曲线的斜率 L_Y/L_i 的大小的影响。下面对这些因素的影响进行具体分析。

第一，分析资本流动程度对国际利率传递效果的影响。根据方程（4－7）可知，其他因素不变，资本的流动程度越大，即 CF' 越大，外国利率对国内利率的影响程度越大，利率的国际传递越完全。当 CF' 无穷大时，也即在资本完全自由流动的极端状态下，方程（4－7）趋近于 1。此时，外国利率对国内利率的国际传递是一对一的完全传递，此时，满足利息平价的条件，两国真实利率差异为零。相反，CF' 趋近于零时，方程（4－7）趋近于零，此时，资本完全不流动，外国利率变化完全不能传递到本国国内，对本国利率不会产生任何影响。

第二，分析私人投资的利率影响系数 I' 与货币投机需求的利率对系数 L_i 的影响。这里分三种情形进行分析。情形一，根据方程（4－7）可知，当其他因素不变，私人投资的利率影响系数 I' 的绝对值 $-I'$ 越大，IS 曲线越平坦，利率的传递程度越低，外国利率变化向本国国内利率的传递也就越不完全；当 $-I'$ 无穷大时，也就是在开放经济中的 LM 曲线呈水平的极端状态下，方程（4－7）

趋近于零，此时，由于本国国内私人投资对利率极度敏感，外国利率提高会引起资本从本国流出，进而引起本国利率上升，但本国利率极小的上升，就会引起私人投资大幅度减少，直至本国利率恢复至原来水平，产生完全“挤出效应”，以至于外国利率的变化完全不能传递到本国国内，对本国利率不会产生任何影响。情形二，根据方程（4－7）可知，其他因素不变，货币投机需求的利率影响系数 L_i 的绝对值 $-L_i$ 越大，LM 曲线越平坦，利率的传递程度越低，外国利率变化向本国国内传递也就越不完全；当 $-L_i$ 无穷大时，也就是在开放经济中的 LM 曲线呈水平的极端状态下，方程（4－7）趋近于零，此时，国内的货币市场处于“凯恩斯区域”，货币需求对利率的敏感程度无限大，外国利率的提高会引起资本从本国流出，货币市场货币供给的减少使利率上升极小，就是说并不会使利率上升，以至于外国利率的变化完全不能传递到本国国内，对本国利率不会产生任何影响。情形三，考虑 I' 与 L_i 的绝对值的共同影响。I' 与 L_i 的绝对值 $-I'$、$-L_i$ 越小，外国利率变化向本国国内传递的完全性越高。当 $-L_i$ 与 $-I'$ 同时趋于零时，方程（4－7）趋近于 1。此时，外国利率变化会引起国内利率一对一的变化，而国际利率呈现完全传递的联动性。

2．本国货币的升值预期

假设当国内货币政策、财政政策不变，则 M 与 G 均不变，则 dM 与 dG 均为零。如果外国的利率与本币风险不变，则 di^f 与 $d\eta$ 也均为零，而 $d\theta$ 不为零，当本币升值预期 θ 增加时，由方程（4－4）、（4－5）、（4－6）可得：

$$di/d\theta = -CF'/[CF' - I' - (1-C_Y)L_i/L_Y] \qquad (4-10)$$

$$dE/d\theta = CF'[(1-C_Y-CA_Y)L_i/L_Y + I']/\Delta * CA_E * P^f/P \qquad (4-11)$$

$$dY/d\theta = (CF'/\Delta) * L_i/L_Y \qquad (4-12)$$

由 $CF'>0$，$CA_Y<0$，$0<C_Y<1$，$I'<0$，通过分析可知，$di/d\theta<0$、$dE/d\theta>0$、$dY/d\theta<0$。这也可从方程中 i^f 与 θ 的对称性看出。方程（4－10）表

明，本国货币的升值预期增加，会引起本国利率水平呈反向的变动，本国货币升值预期增加，会引起本国国内利率下降，反之，引起国内利率上升。方程(4－11)、(4－12)表明，本国货币的升值预期增加，还会引起汇率上升与国内产出下降。反之，则引起汇率下降与产出的上升。这可能是因为，本国货币升值预期增加，直接引起国际资本流入，本国货币汇率升值，使国内产出减少，进而压低利率。

3. 货币风险的影响

从升值预期 θ 与货币风险 η 的对称性可知，本国货币风险的增加，会产生与货币升值相反的效果。本国货币风险 η 增加，会引起本国利率水平呈同向变动。本国货币风险增加，会引起本国国内利率上升，反之，引起国内利率下降。此外，本国货币风险增加，还会引起汇率下降与国内产出上升。这是因为，本国货币风险增加，引起本国货币贬值，使本国国内产出增加。

二、固定汇率制度下的国际利率联动

（一）基本假设

在资本不完全流动的固定汇率制度下，本国央行会通过外汇市场干预维持已确定的固定不变的汇率。此时，本国产出 Y、国内利率水平 i 是内生的，而央行的基础货币供给 M 由外生变量转化为内生变量，汇率 E 变成不变的外生变量。由本国央行决定，均衡时，内生变量本国产出 Y、国内利率水平 i 以及货币供给 M 由方程（4－1)、(4－2)、(4－3）组成的固定汇率制度下的国际利率联动模型。而外国利率 i^f、E、G、η、θ 均为外生变量，不能由模型决定，由模型以外的因素决定。

（二）国际利率联动性的比较静态分析

1. 外国利率变化对国内利率的影响

假设国内财政政策不变，则 dG 为零。如果本币的预期升值率及其他风险不变，则 $d\eta$ 与 $d\theta$ 也均为零，而 di^f 不为零。同时，加上 dE 为零的固定汇率条件，当外国利率政策调整引起外国市场利率发生改变时，由方程（4－4）、（4－5）、（4－6）可得：

$$di/di^f = CF'(1-C_Y-CA_Y)/\Delta = 1/[1+CA_Y * I'/CF'(1-C_Y-CA_Y)] \tag{4-13}$$

$$dY/di^f = CF' * I'/\Delta \tag{4-14}$$

$$dM/di^f = P * CF'[L_Y * I' + L_i(1-C_Y-CA_Y)]/\Delta \tag{4-15}$$

其中，$\Delta = CA_Y * I' + CF'(1-C_Y-CA_Y) > 0$。

由 $CF'>0$，$CA_Y<0$，$0<C_Y<1$，$I'<0$，通过分析可知，$0<di/di^f<1$、$dY/di^f<0$、$dM/di^f<0$。

方程（4－13）表明，在固定汇率制度下，外国利率与国内市场利率水平呈同向的变动关系，外国市场利率提高，将会引起国内利率上升，外国利率的变化会传递到国内，使国内利率提高，产生国际利率联动。反之亦然。方程（4－14）表明，在固定汇率制度下，本国国内产出与外国利率的变化呈反向的变动关系，外国利率上升，会引起国内产出下降。反之，国内产出增加。方程（4－15）表明，在固定汇率制度下，本国货币供给量与外国利率呈反向的变动关系，外国利率上升会使得本国减少货币供给，央行进行货币政策紧缩。这是因为，在固定汇率制度下，外国提高利率，会使资本从本国流出，货币当局为了维持固定不变的汇率，而以既定汇率卖出外国货币，买入本国货币，产生货币紧缩，从而国内利率上升，挤出私人投资，产出下降，最终使国内货币政策失去独立性。

此外，方程（4－13）还表明，在固定汇率制度下，在国内财政不变，货币政策独立性减弱的同时，外国利率变动对本国利率影响的程度主要受资本流动程度 CF'、本国进口倾向 CA_Y、私人投资的利率影响系数 I'的大小的影响。下面进行具体分析。

第一，资本流动程度对国际利率传递效果的影响。由方程（4－13）可知，其他因素不变，资本的流动程度越大，即 CF'越大，外国利率对国内利率的影响程度就越大，利率的国际传递越完全；当 CF'无穷大时，即在资本完全自由流动的状态下，方程（4－13）趋近于 1，此时，外国利率会完全传递到国内，使国内利率产生与外国利率相同幅度的变动。此时，满足利息平价的条件；CF'趋近于零时，方程（4－13）趋近于零，此时，资本完全不流动，本国利率不会随外国利率的变化而联动。

第二，私人投资的利率影响系数 I'的大小的影响。由方程（4－13）可知，其他因素不变，私人投资的利率影响系数 I'的绝对值$-I'$越大，也即 IS 曲线越平坦，利率的国际传递越不完全；当$-I'$无穷大时，也就是开放经济中的 LM 曲线水平时，方程（4－13）趋近于零，此时，外国利率提高会引起资本从本国流出，货币当局为维持不变的汇率，要买进本国货币，出售外国货币，引起通货紧缩，进而引起本国利率上升，然而本国利率极小的上升，就会引起私人投资大幅度减少，直至本国利率恢复至原来水平，产生完全“挤出效应”，以至于外国利率的变化完全不能传递到本国国内。相反，私人投资的利率影响系数 I'的绝对值越小，也即 IS 曲线越陡峭，利率的传递越完全，当 I'绝对值为零时，此时，IS 曲线垂直，外国利率变化会完全一对一地传递到国内。

第三，本国进口倾向 CA_Y的影响。由方程（4－13）可知，其他因素不变，本国进口倾向 CA_Y的绝对值越大，外国利率变化向本国国内传递也就越不完全；当 CA_Y的绝对值趋于无穷大时，方程（4－13）趋近于零，本国利率完全不随外国利率的变化而变动。这是因为，当外国利率提高会引起资本从本国流出，国内为维持固定的利率而紧缩货币，从而导致国内产出下降，任何较小产出下降，都会引起国内对外国的进口大幅度减少，抵销了国内资本的流出，而使国内货币供给恢复原状，最终利率不变。相反，当 CA_Y 的绝对值趋于零时，方程（4－13）趋近于 1，外国利率变化会完全一对一地传递到国内。这是因为，外国利率提高会引起国内产出下降，不会引起国内对外国的进口减少，不能抵销任何国内资本的流出。最终因为国内货币紧缩，而使利率上升。

2. 本国货币的升值预期与风险的影响

假设国内财政政策不变，汇率固定，则 dG 与 dE 均为零。如果外国的利率与本币风险不变，则 di^f 与 $d\eta$ 也均为零，而 $d\theta$ 不为零。从方程中 i^f 与 θ 的对称性可知，θ 的影响与 i^f 相反，也就是说，本国货币的升值预期增加，将会引起国内利率下降，国内产出上升，本国货币供给增加，本国出现货币宽松。同理，本国货币风险的影响 η 与升值预期相反。

第三节　资本完全流动下的国际利率联动性

从前面的分析可知，国际利率联动程度与资本的国际流动性呈正向的变动关系，与资本流动性的两个极端即资本完全流动与完全不流动相对的是国际利率完全同步与完全不同步。资本完全不流动是这样的情况：政府完全限制本国私人投资者在国际金融市场上交易资产，或是国内与国外私人投资者不管预期回报率有多大都不愿持有外国资产。在所有的国内利率水平上，国际资本流入或流出净额都为零，此时，CF＝0，这多见于完全封闭的经济中，本国利率完全由国内经济内生决定或央行决定。而当本国与外国私人投资者仅以预期回报率高就决定持有，并且外国资本可以足够规模的数量自由进出本国时，就会出现资本完全流动情况。如果不考虑本国货币的风险与汇率预期升值，模型就退化到蒙代尔-弗莱明模型的情况。①

一、资本完全流动时经济的均衡决定

由于在资本完全流动下，本国资产与外国资产如果存在相对预期回报率，本国与外国市场持有外国资产的意愿高于本国资产，市场对国外资产的需求就会增加，从而减少对本国资产的需求，这将引起国际资本流入，直到相对回报差异消失。相反，如果市场对外国资产的预期回报率低于本国资产，会引起资本流出，最终也导致回报率差异消失。如果市场对持有两国资产的预期回报率相等，那么国际市场对持有本国或是外国资产是无差异的。如果本国货币的预期升值与风险分别用 θ 与 η 表示，此时，本国与外国资产的预期回报率差为零，即 $i-\pi+\theta-\eta=i^f-\pi^f$。国际利率联动性数理分析框架将变为：

$$Y=C(Y-T+T_r)+I(i-\pi)+G+CA\ (Y-T+T_r,\ Y^f,\ EP^f/P) \tag{4-16}$$

$$i-\pi+\theta-\eta=i^f-\pi^f \tag{4-17}$$

$$M/P=L(Y,\ i) \tag{4-18}$$

二、浮动汇率制度下国际利率联动性的比较静态分析

浮动汇率制度下，本国产出 Y、国内利率水平 i 与汇率 E 都是内生的，由方程（4－16）、（4－17）、（4－18）决定的经济，均衡时，这三个内生变量取

① 王弟海. 宏观经济学数理模型基础［M］. 上海：上海人民出版社，2010：28—42.

得均衡解。而外国利率 i^f、M、G、η、θ 均为外生变量。对模型的三个方程全微分可得：

$$dY = C_Y dY + I' di + dG + CA_Y dY + CA_E (P^f/P) dE \quad (4-19)$$

$$di + d\theta - d\eta - di^f = 0 \quad (4-20)$$

$$L_Y dY + L_i di = dM/P \quad (4-21)$$

(一) 外国利率变化对国内利率的影响

假设外生变量 di^f 变动，即 di^f 不为零，由方程（4－19）、(4－20)、(4－21)可得：

$$di/di^f = 1 \quad (4-22)$$

$$dY/di^f = -L_i/L_Y \quad (4-23)$$

$$dE/di^f = -[(1-C_Y-CA_Y)L_i/L_Y + I']/CA_E * P^f/P \quad (4-24)$$

通过分析可知，$dY/di^f > 0$、$dE/di^f < 0$。

由方程（4－22）可得，外国市场利率变化会引起国内市场利率水平同方向一对一的完全联动调整。但进一步分析 $i - i^f = \eta - \theta + \pi - \pi^f$ 可知，当两国利率完全联动，并不意味着两国利率一定相等。只有在两国通货膨胀率相等，本国汇率不存在升值预期以及无国家风险时，两国利率才完全相等。如果两国通货膨胀率不相等，本国货币存在升值预期以及国家风险，并且这些因素稳定不变时，两国利率存在一个稳定不变的差额。否则，外国利率向国内传递的效果会受到这些因素的影响而不完全。可以看到，外国利率的变化与本国产出与汇率分别呈同向与反向变化。其原因或是紧缩财政如政府支出增加，或是减少货币供给而引起外国利率的上升，导致外国提供的货币减少，减少了国际上的可贷资本数量。在资本完全流动时，以及两国通货膨胀率、本国货币升值预期与相关风险稳定不变时，通货膨胀水平稳定，不存在升值预期与其他风险，减少外国的资本流出，导致本国资本流出增加，进而出现本国货币贬值，产出增加。在国内货币供给不变时，交易需求的增加，会直接抬升利率，直至本国利率产生了与外国利率相同的调整幅度。此外，由方程（4－23）和(4－24)可得，外国利率变化对产出与汇率的影响分别呈正与负。这与资本不完全流动下的情况类似。

（二）本国货币的升值预期

从方程中 i^f 与 θ 的对称性可知，当本币升值预期 θ 增加，其他因素不变时，$di/d\theta=-1$、$dE/d\theta>0$、$dY/d\theta<0$。这表明，本国货币的升值预期变化，会引起本国利率一对一的反向调整。本国货币升值预期增加，会引起本国国内利率与货币升值预期同等幅度的下降，反之，则引起国内利率上升。由 $i-i^f=\eta-\theta+\pi-\pi^f$ 可知，在本国货币风险不变或不存在时，升值预期增强，会减少两国的利率差额。此外，本币升值预期 θ 增加时，还会引起汇率上升与国内产出下降。反之，则引起汇率下降与产出的上升。这可能是因为，本国货币升值预期增加，在资本完全流动，以及两国通货膨胀率、国家风险稳定不变时，增大了本国与外国资产的预期回报率差，加速资本从外国流向国内，进而出现本国货币升值，经常项目恶化，产出下降。在国内货币供给不变时，货币的交易需求的下降，会直接压低利率，直至本国利率下降到与升值预期相同的幅度。

（三）货币风险的影响

从升值预期 θ 与货币风险 η 的对称性可知，本国货币风险的增加，会产生与货币升值相反的效果。$di/d\eta=1$、$dE/d\eta<0$、$dY/d\eta>0$。本国货币风险 η 变化，会引起本国利率水平呈同方向变动。本国货币风险增加，会引起本国国内利率上升，反之，则引起国内利率下降。此外，本国货币风险增加，还会引起汇率下降与国内产出上升。这是因为，本国货币风险增加，引起本国货币贬值，引起国际资本流出，使本国国内产出增加，引起货币需求增加。在货币供给不变的情况下，进而抬升利率。

三、固定汇率制度下国际利率联动性的比较静态分析

（一）基本模型

在资本完全流动的固定汇率制度下，本国央行需要干预以维持汇率固定。此时，本国产出 Y、国内利率水平 i 与基础货币供给 M 是内生的，而外国利率 i^f、G、η、θ 均为外生变量，且汇率 E 外生于本国央行。

（二）国际利率联动性的比较静态分析

1. 外国利率变化对国内利率的影响

假设外生变量 di^f 变动，其他外生变量不变，即 di^f 不为零，由方程(4－19)、(4－20)、(4－21) 可得：

$$di/di^f=1$$

$$dY/di^f=(C_i+I')/(1-C_Y-CA_Y) \qquad (4-25)$$

$$dM/di^f=P*[L_Y(C_i+I')/(1-C_Y-CA_Y)+L_i] \qquad (4-26)$$

通过分析可知，$di/di^f=1$、$dY/di^f<0$、$dM/di^f<0$。

在固定汇率制度下，资本完全流动、其他因素不变时，外国利率变化会完全传递到本国国内，引起本国利率一对一的变化，产生完全同步的国际利率联动调整现象。同时，本国国内产出与货币供给量同外国利率的变化呈反向的变动关系，外国利率上升，货币供给减少，引起国内产出下降。这是因为，在固定汇率制度下，外国提高利率，会使资本从本国流出，货币当局为了维持固定不变的汇率，而以既定汇率卖出外国货币，买入本国货币，产生货币紧缩，从而国内利率上升，在资本完全流动的情况下，这种情况会直接持续到本国与外国资产的相对回报差为零，最终，在国家风险不存在或稳定不变时，使本国利

率产生了完全联动调整。提高的利率挤出私人投资，产出下降，最终使国内货币政策完全失去独立性。

2. 本国货币的升值预期与风险的影响

假设国内财政政策不变，汇率固定，则 dG 与 dE 均为零。如果外国的利率与本币风险不变，则 di^f 与 $d\eta$ 也均为零，本国货币升值预期变化即 $d\theta$ 不为零。从方程中 i^f 与 θ 的对称性可知，θ 的影响与 i^f 相反，即 $di/d\theta=-1$、$dY/d\theta>0$、$dM/d\theta>0$。也就是说，本国货币的升值预期增加，会引起本国利率一对一的反向调整。由 $i-i^f=\eta-\theta+\pi-\pi^f$ 可知，在本国货币风险不变或不存在时，本国货币的升值预期增加，导致国内利率下降，这时会缩小两国的利率差额，此外，本币升值预期 θ 增加时，还会引起基础货币供给增加与国内产出上升，本国出现货币宽松。这是因为，在本国货币的升值预期增加，外国大量增发货币的情况下，外国资本流向本国，本国资本流出减少，本国汇率升值压力增大，此时，货币当局有稳定汇率的义务，不得不持续买入外国货币，卖出本币，以保持汇率固定。增加货币供给，将引起产出增加，利率下降，社会流动性增强。同理，本国货币风险 η 的影响与升值预期相反。

第五章

国际利率联动性的历史演进与新趋势

国际利率联动性与“不可能三角形”紧密相连。人们选择不同国际金融体系，也就是选择了“三元悖论”中反映不同的本国利率政策与国际利率政策关系的宏观政策目标组合。在现代开放的国际经济关系中，先后在三个时期出现过三种典型的汇率制度安排：金本位制度、布雷顿森林体系下的固定汇率制度与后布雷顿森林体系的浮动汇率。这三种汇率制度下国际利率联动性呈现出不同的演进特征。

第一节　“不可能三角形”与国际利率联动性

在开放经济中，政策制定者总是力图实现经济的内部与外部平衡。因为各国的宏观经济政策相互影响，所以一个国家的宏观经济政策能否实现内外平衡目标，一定程度上取决于本国与外国的经济政策对比关系。

本国与外国利率政策的关系存在三种关系，即冲突、独立与联动。这与各国在“三元悖论”中的政策目标选择组合密切相联系，与此相关的国与国之间货币政策关系问题也长期受到研究者与货币当局关注。随着国际经济政策实践的发展变化，国际利率联动性的理论得以不断演进与发展。罗伯特·蒙代尔(Mundell，1963）和马科斯·弗莱明（Fleming，1962）在其开放经济的小国模型（M－F模型）中就指出，对于开放经济体而言，资本完全自由流动时，小国的国内利率与国际利率完全相等，小国的利率与国际（大国）利率完全联动，这时小国不存在独立的利率政策。而且，在固定汇率制度下，为了维持汇率的稳定，小国还会失去独立控制国内货币供应量的能力。只有在浮动汇率制度下，才能保持小国对货币供应量的独立控制。在M－F模型的基础上，美国经济学家保罗·克鲁格曼（1999）进一步提出了开放经济政策的“三难选择”或“三元悖论”。也就是在亚洲金融危机后，他将开放经济环境下货币政策独立性、汇率稳定、资本流动三者间的制衡关系归纳为“三元悖论”。根据此理论，对于多数国家来说，货币独立、汇率稳定和资本流动这三个目标只有其中两个可以同时实现。如果用三角形的三个顶点表示上述三个货币政策目标，任何国家都只能选择三角形一条边上的两个顶点所表示的目标，而放弃对角的制度特征。世界经济发展史上世界各国曾经选择过的政策体系有：金本位制度、布雷顿森林体系以及布雷顿森林体系后的浮动汇率体系，其中的任意一种与其在三角形所在边的两个顶点代表的目标相一致，具体见图 5－1。2008 年世界金融危机后，克鲁格曼又指出，“三元悖论”并不否定中间状态的存在，只不过资本部分自由流动与利率和汇率稳定组合的存在，需要更大外汇市场干预力度。① 这里需要说明的是：“三元悖论”理论所指的货币政策独立性，实质上主要是指利率政策的独立性或联动性。这是因为，金融创新与货币需求的不稳定，货币政策的数量目标被普遍认为不具有可操作性与合理性，而对数量工具产生怀疑，各国央行更倾向于将短期利率作为政策工具，并认为利率水平的调整是唯一有效的货币政策工具。即使利率不是主要的政策工具，它也直接受到货币政策调整的影响，从而起到对货币政策效应的测量作用。② 这正是 20 世纪 80 年代末以来，世界各国央行货币政策基本上采取短期利率目标而几乎放弃货币供应量目标的操作实践的原因。

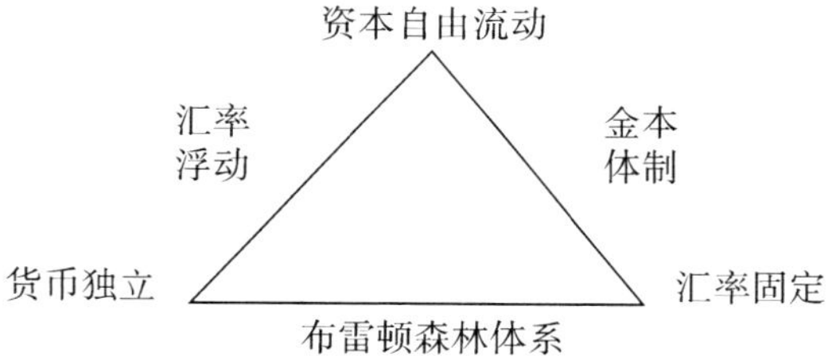

图 5－1　开放经济政策的三难选择③

① Paul R. Krugma, Maurice Obstfeld, Marc J. Melitz. International economics: theory and policy [M]. 9th ed. London: Pearson Education, 2010: 509—510.

② Maurice Obstfeld, Jay C. Shambaugh, Alan M. Taylor. The trilemma in history: tradeoffs among exchange rates, monetary policies, and capital mobility [J]. The Review of Economics and Statistics, 2005, 87 (3): 423—438.

③ Paul R. Krugma, Maurice Obstfeld, Marc J. Melitz. International economics: theory and policy [M]. 9th ed. London: Pearson Education, 2010: 509—510.

由此可见，随着国际经济金融实践的发展变化，国际货币关系也在发生改变。人们在选择不同的国际金融体系的同时，也就选择了“三元悖论”中宏观经济政策三个目标中的某两个政策目标的组合。不同的宏观政策目标组合，相应的货币政策目标就表现为货币政策独立或完全联动或者是二者之间的某种状态，最终呈现出本国利率政策与国际利率（主导国家利率政策）不同的国际利率联动性特征。需要说明的是，不存在最优的经济政策目标的组合。针对“三元悖论”中每条边的选择，都是一把双刃剑。如一国利率政策的独立性越高，货币政策制定者通过利率政策稳定国内经济的能力就越高，受外国经济管理的冲击就越小，从而也就保证了经济增长的稳定与可持续性。这样货币政策制定者就可以利用独立的利率政策使国内经济在不受国际宏观经济影响的情况下平衡通胀与经济增长，实现经济的稳定可持续发展。然而，由于价格与工资刚性的存在，央行利用利率政策操纵产出的同时，也增加了通胀风险。而且，货币当局还可能滥用政策刺激经济，导致经济不稳定与通货膨胀。重要的是根据一国经济金融发展阶段，选择与之相适宜的政策目标组合。

历史已经证明，一个国家在不同的历史时期可以而且确实选择了“三元悖论”三角形中的不同边。① 从国际金融体系发展历史过程来看，国际利率联动性与“不可能三角形”紧密相连。当代美国选择了资本自由移动与利率政策独立，必须放弃固定的汇率。而香港选择了资本自由与汇率固定，失去了利率政策的独立性，从而货币政策表现出很强的国际利率联动性。中国在 2005 年以前选择货币独立与汇率固定，同时限制资本移动。但 2005 年 7 月汇率改革后，资本在放开、汇率在浮动、货币政策独立性在弱化，利率的国际联动性在增

① 格里高利·曼昆. 宏观经济学［M］. 6 版. 张帆，等译. 北京：中国人民大学出版社，2009：335.

强，总体上呈现出向中间状态过渡的趋势。因为一国的货币政策主要表现为利率政策，这将导致在开放经济条件下，一国利率政策与国外利率政策调整呈现出一定程度的协调联动性，即国际利率联动性。

第二节　国际利率联动性的历史演进

开放条件下，一国在利用利率政策调整以实现其宏观经济目标的过程中不可避免地对国际上其他国家的宏观经济目标的实现产生影响。除非一国在国际经济中的影响无足轻重，否则，一国利率的任何变动都将导致其他国家的宏观经济变量的相应变化，导致各国利率政策呈现一定程度的联动性。这种开放经济下一国利率变化与另一国利率变化内在的相互依存关系使一国利用利率实现调控经济的目标出现困难。在现代开放的国际经济关系中，先后在三个时期出现过三种典型的汇率制度安排，即金本位时期（1870—1914）、布雷顿森林体系下的固定汇率时期（1944—1973）与后布雷顿森林体系的浮动汇率时期（1973—现在）。这三个时期，国际利率联动性呈现出不同的特征。①

现在从金本位制度开始，考察国际利率联动性演变特征。国际利率联动性始于金本位时期的国际利率自发形成的联动机制。但是，正是国际利率相互关系中出现的这种自动调整机制给后人深刻的启迪。国际利率政策出现或为了避免出现“以邻为壑”调整时，人们就会设想来源于金本位制度下的国际利率自

① 克鲁格曼，奥伯斯法尔德. 国际经济学：理论与政策［M］. 8版. 黄卫平，等译. 北京：中国人民大学出版社，2010：491—508.

发联动调整机制。如 2008 年世界主要经济体通过协调联动降低利率操作应对国际金融危机。通过追溯现代国际货币政策中，国际利率联动性变化发展趋势与特征的历史轨迹，可以让人们从历史的角度认识国际利率联动性变化的历史背景与实践经验，分别探究不同历史时期国际利率联动性的历史作用与启示，以期为经济全球化与金融一体化背景下的国际利率联动性趋势研究提供借鉴和指导。

一、金本位制时期

（一）金本位制下国际利率完全联动

1. 金本位制度

金本位制作为法定制度诞生于 1819 年的英国，全盛于 1870—1914 年。至 19 世纪末，美国、德国、日本等国先后加入了金本位制体系，从而形成了世界上第一个国际货币制度即国际金本位制。国际金本位制是以黄金作为本位货币的货币制度。金本位制度下，要求每个国家都允许黄金自由流动。中央银行维持黄金与通货之间的官方平价关系，国际货币调整具有内在的对称性，官方储备主要采取黄金形式，并以黄金进行国际结算。因此，各种货币之间形成了固定汇率制度。金本位制度中存在一种可以实现外部均衡的有力机制即物价—硬币—流动机制。各国货币的国内价值和国外价值趋于一致，限制了国内货币政策调节经济的可能，客观上各国利率政策呈现出一种高度联动调整的特征，一国利率调整会完全地传递给另一国。总之，在实行国际金本位制时期（1870—1914），由于各国对本币的含金量都有严格的限定，资本国际流动自由、汇率固定、国内货币政策完全没有独立性，该阶段几乎没有出现过基于货币即通过利率调整经济而出现的国家经济利益冲突。这一时期，内部平衡在各国政府经济政策中的地位低于外国平衡。

2. 金本位制下的国际利率联动性

假设英国央行下调利率，从而使得外国货币比本国货币更具吸引力。不愿持有英镑的人可出售给英格兰银行以换取黄金，再出售黄金给其他国家的央行以换取外币，然后用这些外币购买比英镑利率更高的外币存款。结果导致英国私人资本外流，相应的外国会出现资本流入，英国的官方外汇储备减少，外国中央银行因购买黄金而获得储备。在金本位制下，各国在国际收支调整上都承担同样的义务。央行被迫按固定汇率购买英镑出售黄金，英国货币供给降低，会推动英国利率反弹；同时，外国货币供给增加，外国利率下降。最终导致两国一旦国内外利率再一次相等，资产市场就会恢复均衡，英格兰银行售出黄金而外国中央银行购入黄金的趋势将消失。① 这样，英国的利率调整将会通过国际传递而传入外国国内，使外国利率产生联动调整，从而各国货币政策呈现出高的国际利率联动性。

1914 年以后，由于各国备战的需要，开始限制黄金的跨境流动，破坏了金本位制赖以存在的基础，导致了金本位制的崩溃，从而国际利率联动性由于资本流动限制而大大降低或消失。

（二）金本位制下国际利率联动性的优缺点

金本位制下，汇率稳定，消除了汇率波动风险，促进了世界贸易的发展。物价—硬币—流动机制自动实现了一国的外部平衡。同时，由于世界各国都固定其货币的黄金价格，它们的货币供给是由黄金的跨境流动决定的，不存在货币供给超过其货币需求的增长。这就限制了各国央行通过扩张政策引起国内价格水平上涨的操作，从而保证了国际价格水平的稳定。金本位在保证国际价格水平稳定的同时，也有其局限性：一是限制了各国利率政策的独立性，央行利

① 克鲁格曼，奥伯斯法尔德. 国际经济学：理论与政策［M］. 8 版. 黄卫平，等译. 北京：中国人民学出版社，2010：460—461，493.

用利率工具调节经济的能力大大弱化；二是黄金生产与经济发展的不平衡与不协调，使金本位制存在的基础不稳定。

（三）金本位制下国际利率联动性的启示

金本位制下，国际利率联动性没有国际压力，不会产生争议和不满。国际货币关系的协调体现为高度的国际利率联动性，外部平衡的目标高于内部平衡。贸易逆差国会被迫减少货币供应量而贸易顺差国则相应增加货币供给，从而实现国际收支平衡。这主要是由于，当时英国是世界上资本主要输出国，而且是自由经济的理论主导者，国家经济政策中外部平衡的地位高于内部平衡。经济理论研究者一般都反对重商主义时期的国家干预政策，很少提及通过货币政策调整经常项目平衡问题。同时，当时资本主义经济还处于上升时期，各国经济周期基本同步，世界范围内的经济基本稳定，各国也倾向于执行与英国相同的利率政策。这些主观与客观因素决定了当时国际经济政策呈现出高的国际利率联动性特征。

总之，国际金本位制时期（1870—1914），各国普遍选择了“三元悖论”三角形中国际资本流动与汇率固定政策组合所在的那条边，完全放弃了国内货币政策的独立性，从而保持了国际利率联动性特征。这样，在金本位制下，国际利率高的联动性既稳定了国际经济增长，又限制了各国利率政策的独立性，这意味着各国不能控制自己的货币政策。在国际经济金融一体化的今天，国际利率联动性失去了其自发实现的基础。在国际金融危机等经济异动时期，只有通过国际经济协调才能实现国际利率强的联动性，但在金币本位制下，这种协调联动性会自发实现。而在正常经济时期，人们往往忽视国际经济协调的积极作用，从而导致国际利率联动性大大降低。由此可见，在当今经济全球化的环境中，既要重视市场的作用，又要充分发挥政府对国内经济的干预调控职能。各国既要避免出现金本位时期完全放弃国内货币政策独立性而保持国际利率完全联动的情形出现，又要防止国内利率政策与国际经济政策的冲突。各国要坚持以国内经济平衡为立足点，积极参与国际货币政策协调，保持利率政策的相对独立与一定程度的联动，以稳定国内经济乃至世界经济。

二、布雷顿森林体系时期

（一）以美元储备为中心的布雷顿森林体系

布雷顿森林体系是1944年第二次世界大战后战胜国的代表在美国新罕布什尔州的布雷顿森林达成的《布雷顿森林协议》下所建立的固定汇率国际货币体系。该体系是以美元为基本储备货币的金汇兑本位制，各成员国货币对美元保持可调整的固定汇率，即可调整的钉住汇率，使得对各国外部平衡的要求有充分的灵活性，以使各国以内部平衡为基础，在不损害内部平衡目标实现的同时，实现外国平衡目标。美元与黄金挂钩，并规定1盎司黄金等于35美元，即实行双挂钩制度。美元既是本国货币也是国际货币，美国成为储备货币国。在1973年，因为贸易顺差国不愿意升值其货币而该体系也无法调整，布雷顿森林体系最终崩溃。

这一体系在实践中表现出这样的特点：通过双挂钩制度使各国货币与美元之间的汇率固定。多数国家不能实现本国货币的全面自由兑换。一般是经常项目下的收支管制较宽松，而资本与金融项目下的兑换管制较严。国际经济政策目标组合从国际金本位制所在的“三元悖论”三角形中的那条边过渡到另一条边。资本跨境流动特别是黄金流动受到一定程度的限制。货币调整有不对称性，储备货币国家可以无限制地发行货币，能控制或影响本国与世界货币供应，而非货币储备国则不然。① 正是由于这种不对称性，美国以外的国家常被迫放弃货币政策工具，而“进口”美国的货币政策。

---

① 克鲁格曼，奥伯斯法尔德．国际经济学：理论与政策［M］．8版．黄卫平，等译．北京：中国人民大学出版社，2010：460—461．

(二) 布雷顿森林体系下的国际利率联动性

布雷顿森林体系下虽然各国的汇率对美元是固定的，但经 IMF 同意可以调整。随着该体系的日趋成熟，各国货币可兑换制度逐渐恢复，加强了不同国家金融市场的联系。由于国际资本跨境流动的增加，紧密了各国利率之间的相互关系，从而国际利率联动性有向金本位制下的情况趋近的态势。① 但是，国际金融市场的联系并未达到金本位制下的完全一体化程度，多数国家仍限制金融交易，资本跨境流动也受到一定的管制。IMF 允许各国对金融项目的交易限制，但这一限制也常被私人资本流动限制突破。与资本管制相伴的是，隐性资本流动的迅速增加，以及由于各国所采取的支出转换政策即间断式的汇率调整引起的资本投机造成的货币收支危机。在实践中，各国确实也会调整汇率以使经济向内部与外部平衡逼近。同时，资本与金融项目的管制也能在一定程度上将国内利率与外国利率分离，以增强国家利率政策独立性，从而提高调控国内产出的水平。但是，由于布雷顿森林体系内在的控制货币的不对称性，这些实践只在部分范围内取得了成功。更多的情况是美国以外的成员国家“进口”美国的货币政策，保持与美国利率较高联动性，而放弃独立的利率政策调控内部平衡工具的操作。

由此可见，虽然布雷顿森林体系下国际利率联动的条件不如金本位制下完全，但随着体系的日益成熟，各国利率间的联系也在加强。不连续的汇率调整与资本金融项目的管制，实现了国内利率与外国利率一定程度的分离，限制了国内外利率的联系，成员国以货币政策调控经济内部平衡有一定成效。货币调整的不对称性，也就是储备货币国家即美国对本国与世界货币供应的控制，造

① 克鲁格曼，奥伯斯法尔德. 国际经济学：理论与政策［M］. 8 版. 黄卫平，等译. 北京：中国人民大学出版社，2010：493.

成了此时国际利率联动性不对称特征。

三、后布雷顿森林体系时期

布雷顿森林体系崩溃后，即 1973 年之后到现在这一段时期，世界上多数国家放弃了固定汇率制度，而代之以浮动汇率制度。跨境资本流动管制逐步放松或取消。各国对货币的控制能力日益增强，相应的增强了各国调控经济实现内部平衡的能力。国际经济政策的目标组合从布雷顿森林体系所在的“三元悖论”三角形上的那一边向中间状态过渡，以寻求汇率浮动、资本流动与货币独立之间的动态均衡，从而实现经济的内部与外部平衡目标。目前的国际金融体系是固定与浮动汇率相混合的制度。汇率既决定于市场又不完全取决于市场，多数国家都采取了对汇率不同程度的干预或管理。此外，多数国家对资本流动的管制也未完全放开。与此同时，由于经济全球化的深入，世界各国越来越重视国际经济政策的协调作用，各国利率政策在经济政策中的地位也由次要上升到最重要的位置。这也是近二十年来国际利率联动性存在并日益增强的原因。

伴随着资本自由流动程度的波动、汇率预期波动、货币的不完全替代性以及货币的国家风险与交易成本等因素的影响，各国利率存在一定程度的联动趋同现象，又有一定的独立性，总体上表现为相互独立与联动共存。当国际经济出现异动时，人为的国际经济政策协调机制将起到巨大作用，此时，国际利率联动性强，而独立性相对弱化。在国际经济正常期，国际利率联动性低，与之相对应，国际利率独立性相对增强。此外，由于布雷顿森林体系崩溃后，美元仍是多数国家中央银行的基本外汇储备，所以，目前的国际货币体系并没有实现对称性，相应的国际利率联动性也就存在了不对称特征。也就是说，美元在当前国际货币体系中仍处于主导地位，美联储基准利率仍是国际资本市场的主导利率。相应的国际利率联动性一定程度上仍然是美元利率主导下的国际利率联动性。但是，2008年金融危机，特别是中国经济实力的大幅度提升后，美元地位有所动摇，美元在当前国际货币体系中的主导地位有逐步弱化趋势。

四、中国利率与国际利率的联系

自党的十四届三中全会《关于建立社会主义市场经济体制若干问题的决定》以来，中国金融领域的市场化改革取得重大进展。目前，作为中国社会主义市场经济体制的重要组成部分的资本价格利率市场化已达到很高的程度，货币、债券市场以及外币存贷款利率已全面放开，仅有的对存款与贷款的上限与下限的管制浮动幅度也分别达10%与30%。汇率干预大幅度减少，双向浮动明显，浮动区间也扩大至1%。资本跨境流动规模不断扩大，2012年前三季度，跨境资本流动总量达1.97万亿美元，占同期GDP的35%。中国的外汇储备2012年12月末累计达33115.89万亿美元。[①] 中央银行选择了一种将资本流动与国内货币政策相结合的政策体系，基本上是汇率稳定、利率独立、资本流动与外汇储备变化政策目标组合，相对于"三元悖论"而言，是一种中间状态的政策目标组合。对国内经济的调控采用类似于"利率走廊"的政策操作框架，综合利用存贷款基准利率与同业拆借利率工具调控与引导市场利率。随着中国金融领域市场化改革的进一步深化，资本项目的逐步开放，中国利率政策将保持与国际利率一定程度的联动性，基本上呈独立性与联动性共存态势。

当前，工业化国家的量化宽松，对中国的货币政策决策会产生一定影响，这将增加央行调控经济内部与外部平衡的难度。2012年9月美国第三轮量化宽松政策QE3法案的实施，外汇市场上的美元供给增多，从而增加了人民币对美元升值的压力。2012年11月2日人民币对美元汇率连续7个交易日内触

---

① 中国人民银行网站2012年统计数据。

及涨停价位，人民币对美元汇率盘中连创新高，已见证了这一趋势。这说明跨境资本流动严重影响了中国国内的货币政策。在跨境资本流动规模不断扩大的状况下，中国利率的国际联动性会有增强趋势，央行利率政策的独立性以及通过利率政策调控市场利率的水平将受到影响。

第三节　国际利率联动性新趋势

根据一般的宏观经济理论，一国货币政策通常都是针对国内经济、金融发展态势的。货币政策的制定和实施不受国外经济金融形势的影响。但 21 世纪以来，经济全球化日益深入，加上金融危机的爆发和缓慢的复苏，各国经济联系日益密切。经济全球化与金融一体化极大地影响着世界各个国家的经济与政策。开放经济体间的经济相互依存性越来越紧密，各经济体货币政策之间的相互影响日益深刻而独立性弱化。对全球经济有着重要影响的国家的货币政策对其他国家的经济运行与货币政策的制定与实施产生深刻的影响。

布雷顿森林体系崩溃后，习惯上认为浮动汇率能隔绝来源于国外的冲击信条被近四十年的国际经济实践打破。浮动汇率制度下，国际经济的相互联系与固定汇率制下几乎无差别。不仅如此，易变的汇率以及由此而产生的政策反应，使各国宏观经济管理更加艰难。① 这种现象在新千年以来尤为明显。国家间利率的相互作用不断增强，各国货币政策与利率调整的联动性加深。国际利

① 多恩布什，费希尔，斯塔兹．宏观经济学［M］．10 版．王志伟，译．北京：中国人民大学出版社，2009：472．

率联动性改变了各国央行制定与实施货币政策的宏观环境、传导机制和反馈效应，使其进行利率政策决策以期望实现经济的内部均衡和外部均衡目标更加严峻。任何一个主要国家的利率发生变化，都会迅速引起其他国家的利率或汇率发生改变，这直接表现为国际利率联动性的增强。由此可见，浮动汇率制度仍不是一个完美或者能有效解决经济全球化带来的国际经济相互依存的方法。不过，从前面的分析可以看出，货币政策理论会随着国际经济实践的发展而演进变化。在每一次重大事件如经济大萧条、金融危机与战争等发生后，人们对货币政策的传统理解与认识总会产生实质上的、重大的变化，从而形成新的货币政策共识，进而建立新的货币政策理论，直到下一次重大经济事件的发生而被动摇或打破。当然，2008 年的全球金融危机也不例外。对于经济全球化带来的国际经济相互依存问题，唯一的解决办法是寄希望于国际经济利益与政策的协调。① 所幸的是各国政策制定者已认识到相互间的经济依存性，已为国际经济利益与政策协调付出了努力，并且取得了一定成效。源自美国次贷危机的 2008 年的全球性金融危机使世界各国加大了货币政策国际协调的力度与深度，经济政策的国际协调受到各经济体的空前重视。通过国际经济政策协调，世界各国协调一致的救市计划成功地应对了金融危机，凸显了货币政策的国际联动性。同步联动持续降息的调控操作的合理性也被实践证实。金融危机以来，从世界开放经济体的利率政策制定与实施来看，各国的利率政策调整过程中显现出国际利率联动调整的趋势，即各国利率调整在时机、方向、幅度、频率与方式上有协同一致性，且在政策利率水平上有趋同性的现象。这可从新千年以来各主要国家央行的利率政策实践看出。世界主要国家央行的利率政策调整统计

① Cukierman A. Monetary policy and institutions before, during, and after the global financial crisis [J/OL]. (2013-02-02). Journal of Financial Stability, http://dx.doi.org/10.1016/j.jfs.

见表5－1、表5－2、表5－3、表5－4与图5－2。

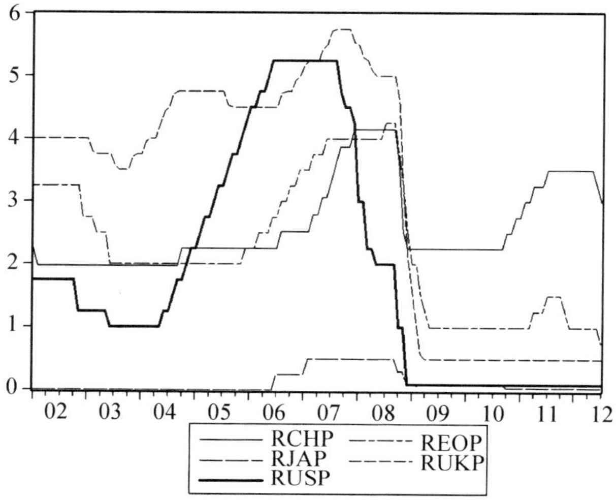

图5－2　世界主要国家目标利率调整（2002.1—2012.7）

数据来源：中国人民银行、美联储、日本央行、欧洲中央银行、英格兰银行网站统计数据库。

表5－1　世界主要国家目标利率调整（2002.1—2012.7）

时期	世界主要央行	目标利率	调整次数				累计调整幅度		平均调整幅度	
			＋＋	＋－	－＋	－－	＋＋	－－	＋＋	－－
金融危机前期	美联储	2	17	—	1	2	5.25	0.75	0.25	0.375
	日　本	0.5	2	—	1	1	0.5	0.1	0.25	0.1
	英格兰	5.75	5＋5	1	2	2	2.5	0.5	0.25	0.25
	欧　洲	4	8	—	1	3	2	1.25	0.25	0.42
	中　国	3.6	6	—	1	1	1.62	—	0.27	0.27
危机应对期	美联储	0—0.25	—	1	—	10	—	5	—	0.5
	日　本	0.1	—	1	—	2	—	0.4	—	0.2
	英格兰	0.5	—	1	—	9	—	5.25	—	0.58
	欧　洲	1	1	1	—	7	—	3.25	—	0.46
	中　国	2.25	2	1	—	3	0.54	1.89	0.27	0.63

续表

金融危机后期	美联储	0—0.25	—	—	—	—	—	—	—	—
	日　本	0—0.1	—	—	—	1	—	—	—	0.1
	英格兰	0.5	—	—	—	—	—	—	—	—
	欧　洲	0.75	2	1	1	3	0.5	0.75	0.25	0.25
	中　国	3	5	1	1	2	1.25	0.5	0.25	0.25

注：1. ＋＋表示连续上调利率；＋－表示利率调整由升转降；－＋表示利率调整由降转升；－－表示连续下调利率。

2. 金融危机前期、应对期与后期分别指 2002.1—2007.9，2007.10—2009.9，2009.10—2012.7。

3. 数据来源于中国人民银行、美联储、日本央行、欧洲中央银行、英格兰银行网站统计数据库并经整理而成。

从图 5－2 与表 5－1、表 5－2、表 5－3、表 5－4 我们可以较为直观清晰地观察到，世界主要经济体（这里主要是指美联储、英格兰银行、欧洲中央银行、日本央行、中国人民银行等）2002 年以来的利率政策变动状况。过去近十年间，国际利率调整呈现出这样的特征：在国际金融危机前期（2002.1—2007.9），各经济体央行在利率调整与转向时点缺乏同步性，频率、幅度与利率目标水平不同，国际利率呈现战国时代特征；在国际金融危机应对期（2007.10—2009.9），利率调整与转向时点协调一致，调整频率（高）、幅度（大）与利率目标水平（低）趋同，体现国际利率调整的高度联动性特征；在国际金融危机后期（2009.10—2012.7），国际利率的调整与转向时点协调性、调整频率、幅度与利率目标水平的趋同性均较应对期有所降低，但高于危机前，国际利率政策调整的同步性呈现新趋势；美国利率政策调整在国际政策调整中，仍有明显的主导作用，美国利率对国际资本市场利率有主导作用。显而易见，就国际各大开放经济体而言，国际利率政策调整已经呈现明显的国际联动发展趋势，但在国际经济异动期国际利率联动性的程度较正常期有所加强。相比较而言，美国、英国、欧洲央行与中国有很强的代表性。这是因为，布雷顿森林体系崩溃后，美元仍是多数国家中央银行的基本外汇储备，相应的国际利率联动性也就存在了不对称特征。美元在当前国际货币体系中仍处主导地位，美联储基准利率仍是国际资本市场的主导利率。相应的国际利率联动性一定程度上仍然是美元利率主导下的国际利率联动性。但是，2008 年金融危机，特别是中国经济实力的大幅度提升，美元地位有所动摇，美元在当前国际货币体系中的主导地位有逐步弱化趋势。这从图 5－2 中 2010 年以后中国利率的独立调整可以得到验证。1999 年 1 月 1 日诞生的欧元区，现在已创造了拥有 3 亿多消费者的货币区。其成员国的固定利率使欧洲中央银行与世界上其他任何中央银行相区别。欧洲中央银行的货币操作超越了成员国政府的范围，是将成员国当作一个整体的主权国家集团进行经济调控与管理。这也决定了其对世界经济的影响的重要性。英格兰银行自 1694 年至今一直充当英国的中央银行，是世界上最早出现的中央银行。英国作为早期世界上的经济大国与资本输出国以及国际经济理论的主导者，其央行的货币政策操作对其他国家有重要的示范与借鉴作用。日本央行成立于 1882 年，是世界上最早出现的第二个央行。日本经济从 1978—2009 年仅次于美国，居世界第二位，2010 年被中国超过，居世界第三位。虽然自 1990 年以来，受泡沫经济破灭、2008 年金融危机与 2011 年的大地震的冲击，日本经济持续低迷，但是日本经济仍对世界经济有重要影响。因此，本章主要选取以上五大中央银行作为研究对象，探索国际利率联动性特征。

表 5－2　世界主要国家目标利率调整时期（2009.10—2012.7）

美联储			英格兰银行			中国人民银行			欧洲中央银行			日本央行		
宣布日	幅度	水平	宣布日	幅度	水平	宣布日	幅度	水平	宣布日	幅度	水平	宣布日	幅度	水平
						10.10.20	25	2.5				10.10.5	－10	0－0.1
						10.12.26	25	2.75						

续表

						11.2.9	25	3						
						11.4.6	25	3.25	11.4.13	25	1.25			
						11.7.7	25	3.5	11.7.13	25	1.5			
									11.11.9	−25	1.25			
									11.12.14	−25	1			
						12.6.8	−25	3.25						
						12.7.6	−25	3	12.7.6	−25	0.75			

数据来源：中国人民银行、美联储、日本央行、欧洲中央银行、英格兰银行网站统计数据库。

表 5－3　世界主要国家目标利率调整时期（2002.1—2007.8）

美联储			英格兰银行			中国人民银行			欧洲中央银行			日本央行		
宣布日	幅度	水平	宣布日	幅度	水平	宣布日	幅度	水平	宣布日	幅度	水平	宣布日	幅度	水平
02.1.1		1.75			4			2.25			3.25			0.1
						02.2.21	−27	1.98						
02.11.6	−50	1.25												
									02.12.6	−50	2.75			
			03.2.6	−25	3.75									
									03.3.7	−25	2.5			
03.6.25	−25	1							03.6.6	−50	2			
			03.7.10	−25	3.5									
			03.11.6	25	3.75									
			04.2.5	25	4									
			04.5.6	25	4.25									
04.6.30	25	1.25	04.6.10	25	4.5									
04.8.10	25	1.5	04.8.5	25	4.75									
04.9.21	25	1.75												
						04.10.29	27	2.25						
04.11.10	25	2												
04.12.14	25	2.25												
05.2.2	25	2.5												

续表

05.3.2	25	2.75												
05.5.3	25	3												
05.7.1	25	3.25												
05.8.10	25	3.5	05.8.4	—25	4.5									
05.9.21	25	3.75												
05.11.1	25	4												
05.12.13	25	4.25							05.12.6	25	2.25			
06.2.1	25	4.5												
06.3.29	25	4.75							06.3.8	25	2.5	06.3.9	—10	0
06.5.11	25	5												
06.6.30	25	5.25							06.6.15	25	2.75			
												06.7.14	25	0.25
			06.8.3	25	4.75	06.8.19	27	2.52	06.8.9	25	3			
									06.10.11	25	3.25			
			06.11.9	25	5									
									06.12.13	25	3.5			
			07.1.11	25	5.25									
												07.2.21	25	0.5
						07.3.18	27	2.79	07.3.14	25	3.75			
			07.5.10	25	5.5	07.5.19	27	3.06						
									07.6.13	25	4			
			07.7.5	25	5.75	07.7.21	27	3.33						
						07.8.22	27	3.6						

表5—4 世界主要国家目标利率调整时期（2007.9—2009.9）

美联储			英格兰银行			中国人民银行			欧洲中央银行			日本央行		
宣布日	幅度	水平	宣布日	幅度	水平	宣布日	幅度	水平	宣布日	幅度	水平	宣布日	幅度	水平
07.9.18	—50	4.75				07.9.15	27	3.87						
07.10.31	—25	4.5												

续表

07.12.11	−25	4.25	07.12.6	−25	5.5	07.12.21	27	4.14						
08.1.22	−75	3.5												
08.1.30	−50	3												
			08.2.7	−25	5.25									
08.3.18	−75	2.25												
08.4.30	−25	2	08.4.10	−25	5									
									08.7.9	25	4.25			
08.10.8	−50	1.5	08.10.8	−50	4.5				08.10.8	−50	3.75	08.10.31	−20	0.3
08.10.29	−50	1				08.10.30	−54	3.6						
			08.11.6	−150	3	08.11.27	−108	2.52	08.11.12	−50	3.25			
08.12.17	−75	0—0.25	08.12.4	−100	2	08.12.23	−27	2.25	08.12.10	−75	2.5	08.12.19	−20	0.1
			09.1.8	−50	1.5				09.1.21	−50	2			
			09.2.5	−50	1									
			09.3.5	−50	0.5				09.3.11	−50	1.5			
									09.4.8	−25	1.25			
									09.5.13	−25	1			

数据来源：中国人民银行、美联储、日本央行、欧洲中央银行、英格兰银行网站统计数据库。

一、2008 年金融危机前国际利率的战国时代回顾

（一）危机前国际利率战国时代

世界经济在 2000 年结束了全球经济增长速度高达 4.7%的前一个景气周期，进入了下行周期，包括美国在内的全球主要经济体经济增长放缓，就业严峻，需求低迷。在新凯恩斯主义的影响下，各大经济体央行普遍采用了利率政策平滑操作方式，调控经济。根据国内经济运行的态势，各主要央行通过连续

地调整短期利率，从而稳定长期均衡利率，以平衡本国国内经济增长与通货膨胀，为各国国内经济的稳定增长创造良性环境。美联储、欧洲中央银行等相继降低基准利率，实施宽松货币政策。2001 年 5 月至 2003 年 6 月，美联储通过 13 次微调将联邦基金利率下调到 1958 年以来的最低点 1%。同时，2001 年 5 月至 2003 年 10 月，欧洲银行也将再融资利率下调至 1946 年以来最低点的 2%。日本中央银行的基准利率也创下历史最低水平的 0.1%。以上全球性的扩张政策使世界经济从 2004 年年初出现全面复苏势头。但进入 2004 年第二季度后，虽然全球经济整体保持增长势头，但部分经济体复苏和增长势头有所减缓。至 2007 年，受美国次贷危机影响，美国经济增速明显放缓，欧元区与日本经济分别面临下行风险与增长放缓态势，但主要新兴市场经济体的发展依然强劲。世界经济中的不确定因素加剧了市场对全球失衡的担忧。有关数据显示，美联储为了应对国际石油价格上涨造成的通胀压力以及房地产市场过热，美国自 2004 年 6 月至 2006 年 6 月，连续 17 次以 0.25 的速度上调联邦基金利率。而此时英国由于经济增长放缓，英格兰银行被迫于 2005 年 8 月 4 日将回购利率下调 0.25 个百分点。由此可见，金融危机前，世界各经济体的利率政策主要是以国内经济、金融发展状况为基础而制定和实施的，而对国际经济金融发展态势关注很少。各经济体经济发展与恢复状况又存在显著差异，这直接导致各主要经济体的利率政策在调整原因、方向、方式、时机、幅度、频率上出现不协调、不同步，调整极差存在明显的差别，甚至出现相互冲突的现象，各国利率表现出互不相同的趋势。由于各经济体经济发展与恢复状况存在显著差异，全球利率政策日益凸显“战国时代”的特征。

1. 美国货币政策于 2004 年开始从扩张走向紧缩

美国货币政策经历了利率持续大幅调降之后开始连续大幅提升，使宏观经济产生剧烈波动。美联储维持 2003 年 6 月以来 1%的基准利率，促使美国经济很快复苏，到2004年年初经济增速达3.9%。与此同时，长期低利率也催生了房地产过热，加上国际高油价导致的物价压力，2004年6月30日，美联储将基准利率上调至1.25%。此次加息标志着美国货币政策开始从扩张转向紧缩，上一个低利率时期就此走向结束。从表5－3可以看出，从2004年6月至2006年6月，两年内美联储连续17次将基准利率微调至5.25%。其中，美联储于2004年6月、8月、9月、11月和12月5次将基准利率从1%调至2.25%。2005年2月、3月、5月、6月、8月、9月、11月和12月8次分别加息25个基点，将基准利率调至4.25%。2006年1月、3月、5月和6月4次分别加息25个基点，基准利率达到5.25%。此后，维持此水平至2007年8月。

2. 欧洲中央银行维持低利率政策

从表5－3可以看出，欧洲中央银行维持2003年6月以来2%的再融资利率至2005年11月。存贷款便利利率分别为1%和3%。到2005年4月，虽然美联储持续加息，但是欧洲中央银行仍面临较大的降息压力。甚至国际货币基金组织分别在同年4月与5月两次指出，如果欧元区经济疲软，欧元利率仍需继续降低。与此同时，部分成员国明确提出降息要求以刺激经济。即使这样，欧洲中央银行出于对房地产泡沫问题与持续上升的通胀压力的担心，不顾暗淡的经济前景而没有进行降息操作。不仅如此，2005年12月1日，欧洲银行在面对强大的降息压力的背景下，反而启动了近5年来首次加息操作，将主要再融资利率、存款便利和贷款便利的利率分别上调0.25个百分点至2.25%、1.25%和3.25%。此后，又分别在2006年3月2日、6月8日、8月3日、10月5日和12月7日将主要再融资利率上调25个基点至3.5%。在2007年3月和6月两次分别上调基准利率25个基点，从而使基准利率达近4年来最高水平的4.0%。此后一直维持该基准利率至2008年上半年未变。

3．日本坚持宽松的货币政策

金融危机前，日本央行为了保持经济持续复苏，坚持实行宽松的货币政策，维持零利率水平至2006年6月。同时，日本中央银行于2006年3月9日将货币政策操作目标由金融机构在央行的账户余额改为无担保隔夜拆借利率，并于7月14日启动日本银行六年来的首次上调基准利率操作，将无担保隔夜拆借利率由零调高至0.25%，并于2007年2月21日再次上调25个基点至0.5%，此后一直维持该基准利率至2008年9月不变。

4．英格兰银行坚持适度从紧的货币政策

考虑到经济增长较快和房地产市场趋热的问题，英格兰银行分别于2004年2月、5月、6月和8月4次将基准利率提高至4.75%。2005年8月4日英格兰银行在英国经济增长放缓、需求增速下降的情况下，将回购利率下调25个基点至4.50%。英格兰银行于2006年8月3日和11月9日、2007年1月11日、5月10日和7月5日分别加息25个基点，将官方利率上调至近4年最高水平5.75%。

5．中国的货币政策由稳健转向从紧

中国人民银行针对2004年10月到2006年8月，国内经济增长强劲、结构调整快、发展有利条件多的经济形势，坚持实行稳健的货币政策，以保持政策的连续性和稳定性，维持2004年10月2.25%的利率直到2006年8月。此后，由于经济连续多年快速增长，国内经济运行中长期累积的一些深层次矛盾开始呈现加快调整和释放的态势。经济增长由过度投资向偏快、过热的态势发展，价格由结构性上涨向明显的通货膨胀演变。为防止经济向过热转变，中国人民银行货币政策由“稳健”向“从紧”转向，先后5次将存款基准利率从2.25%上调至危机前2007年9月的3.6%。

(二) 危机前国际利率操作的特征

通过对比 2004—2008 年世界各主要央行的利率政策调整操作可以看出，此阶段国际利率调整呈弱联动性特征，世界各经济体的利率政策主要是以国内经济、金融发展态势来制定和实施货币政策，而受国外经济金融形势的影响较弱。同时 2004 年以来，虽然全球经济整体保持增长势头，但部分经济体复苏和增长势头有所减缓，全球经济发展不平衡性加剧，各经济体经济发展与恢复状况存在显著差异，这直接导致各主要经济体的利率政策在调整时点与转向原因不同，方向冲突，利率政策目标与累积幅度差异大，利率水平呈发散变动态势。

1. 利率调整方向、原因不同

从上述描述与图 5－2 可以看出，2007 年 9 月即金融危机之前，世界各经济体央行在利率政策上缺乏协调性，各经济体的利率政策主要是针对国内经济金融发展状况制定与实施的。各国经济周期不一致，利率调整作为反经济周期的逆向调控就不一致。在金融危机前，各国经济发展状况与所处经济周期是利率政策操作的“起因”，而利率政策调整是“结果”，不同的原因导致不同的结果，正如利率政策调整走势图 5－2 所示，此时，国际利率呈现出较弱联动性的战国时代特征。各国货币政策是以国内经济为基础进行操作的，并没有跟随美联储降低利率操作而调整货币政策。与之相反，为了稳定国内物价还在继续紧缩货币和提高利率。例如，2005 年由于在美国经济继续保持强劲增长势头（GDP 增长 3.5%）的同时，居民消费价格指数（CPI）却比上年提高了 0.7 个百分点达 3.4%，通货膨胀压力持续增加。因此，美联储公开市场委员会于年内 8 次分别加息 25 个基点，联邦基金目标利率升至 4.25%。而 2005 年英格兰银行在英国经济增长放缓、居民消费和商业投资增速下降的情况下，于 8 月 4 日将回购利率下调 0.25 个百分点至 4.50%。欧洲中央银行在 2007 年 3 月与 6

月，先后2次提高了利率。中国仍然在实行适度从紧的货币政策，紧缩流动性和防通货膨胀，将利率从2.52%分四次提高到3.6%。在2006年到2007年年末的全球性通货膨胀中，由于各国没有协调行动进行联动调息，各国国内通胀不但没有得到有效遏制，反而愈演愈烈，最终导致全球金融危机的发生。针对2004年下半年美国短期繁荣局面，美联储用长达两年的紧缩政策抵制经济的快速增长可能带来的通货膨胀，经济产生极大波动。由此可见，在经济全球化与金融一体化不断深入的背景下，各国仅以本国国内的经济状况制定利率政策目标，对经济运行进行宏观调控，而缺乏对国际宏观经济金融运行状况的考虑，导致国际利率调整不协调、不同步，弱化了各国的政策调控效果。

2. 调整的频率与幅度不同

金融危机之前，多数国家利率的调整大多采用小幅度多次微调的操作方式，但调整的频率与幅度有显著差别。如美国利率调整频率最高连续升息达17次，其累计调整的幅度最大（5.25），但转向只有一次。英国进行了2次由升转降与1次由降转升的转向操作。英国、日本与中国等国央行加息频率也显著少于美国。

3. 调整时机与时间间隔不同

从表5-3可以看出，五大央行货币政策的操作时机分散，很少有集中在同时期的调整。如美国从2004年6月开始进入加息通道，而英国到2006年8月才真正进入加息通道，欧洲中央银行从2005年12月份才开始加息。就时间间隔而言，一致性就更低。

二、危机期间国际利率联动性

随着金融危机从局部发展到全球，从金融领域扩散到实体经济领域，国际大宗商品价格2008年7月迅速上涨到最高位后急剧回落，全球商品价格水平由通货膨胀转向通货紧缩，2008 年 10 月主要发达经济体经济均陷入衰退，就连新兴市场经济体也未能幸免于难，全球经济陷入持续、同步衰退，美国次贷危机演变为国际金融危机。为应对危机与经济衰退，全球各大央行的重心开始转向经济增长，世界各经济体的货币政策由适度从紧或稳健转向宽松。各国央行相继协同大幅降低基准利率，部分甚至逼近零利率下限。在基准利率降至零下限时，常规的利率政策调控空间已十分有限，变动资产负债表规模的数量调节机制，即所谓“非常规”货币政策成为各主要央行继续放松货币政策、调节金融市场的新取向。同时，积极采取国际联合行动，全球主要央行都采取了协调一致的联合降息政策，以共同应对危机。2008 年 10 月 8 日，由于国际金融危机加剧，经济衰退风险持续加大，美联储等主要央行联合宣布一致降息 50 个基点。日本银行未参与降息，但对此联合行动也表示强烈支持。此后，部分新兴市场经济体如韩国、印度、中国等国家，也加入了国际协调降息行动，从而揭开了全球史无前例的联动降息操作的序幕。这种国际性大范围国际联动降息，是国际利率政策史上的重要里程碑，凸显了在经济全球化下，国际经济政策协调的重要性。危机应对期间，美国、英国累计降息幅度最大，达 525 个基点，其基准利率分别下调至 0—0.25％与 0.5％的水平。欧洲中央银行也将主导利率降至 1％，日本银行坚持“零利率”政策，将基准利率限定在 0—0.1％的实质上的零利率水平上。世界各国利率政策联动操作达到空前的高潮，国际利率政策呈现明显的联动性。全球主要经济体联动同步降息，对促进世界经济从危机走向复苏、回升起到了重要作用。这种国际协调降低利率的联动操作效果远远大于单个国家独立操作效应总和。在经济全球化、金融一体化在全球取得实质性进展的环境下，通过国际经济协调，利用国际利率联动调整对有效解决经济相互依存性问题有重要意义。由此可见，在全球金融危机应对期，世界各经济体的利率政策的制定与实施主要是基于美国次贷危机演变为国际金融危机所导致的全球经济陷入持续、同步衰退。全球各大央行的货币政策由适度从紧或稳健转向宽松，利率政策转向时点趋同，方向一致，高密度地在短时间内进行大幅度下调利率操作，部分国家央行的政策利率目标已逼近零下限。国际利率调整呈现典型的同步联动性趋势。

（一）危机期间国际利率联动性操作

1. 美联储持续大幅度降息

从表5－4可以看出，美国从2007年9月率先开启大幅度降息操作，2C07年9月18日、10月31日和12月11日，美联储公开市场委员会分别下调联邦基金目标利率各50、25和25个基点，年内累计降息达到1个百分点，至4.25%。2008年1月22日、1月30日、3月18日、4月30日、10月8日、10月29日、12月17日美联储7次分别下调75、50、75、25、50、50、75个基点，将联邦基金目标利率由4.25%下调至0—0.25%的目标区间，达到美联储自1913年成立以来的最低点，并维持至今。同时，为应对持续性信贷紧缩，美联储还创建了多种融资工具，向市场大量注入流动性。很明显，美联储危机应对期利率政策操作进行了不同于危机前的调整。美联储利率操作有一定的规则，如当经济处于扩张期时，利率政策调整采用平滑提高与有规则的操作方式；当经济处于收缩期时，采用平滑降低的操作方式；当经济出现危机等特殊情况时，相机抉择，大幅度地降低利率。本次美联储应对金融危机冲击的利率政策调整采用了相机抉择应对意外情况的操作方式。在危机应对期，美联储采用的上述大幅度、长期低利率的利率政策操作方式较金融危机之前的利率政策操作方式有显著的区别。

2. 欧洲中央银行货币政策先紧后松

2008年7月，欧洲中央银行面对物价持续上升的严峻形势，提高基准利率25个基点。此后，由于国际金融危机扩散，国内出现流动性紧缩，经济增长明显呈衰退趋势。欧洲中央银行 3 次将再融资利率累计下调共 175 个基点，将欧元基准利率由 4.25％降至 2.50％。2009 年欧洲银行于 1 月与 3 月分别下调 50 个基点，4 月和 5 月分别下调 25 个基点，使主要再融资利率至历史低位的 1％。此后，维持此利率至 2011 年 3 月。

3. 日本银行维持低利率不变

2008 年 10 月 31 日日本中央银行启动了 2007 年 2 月以来首次降息 20 个基点的操作，并于 12 月再次下调基准利率 20 个基点，将无担保隔夜拆借利率降至 0.1％，并维持至 2010 年 9 月。2010 年 10 月，日本银行又宣布将银行间无担保隔夜拆借利率从现行的 0.1％降至 0—0.1％的零利率水平。

4. 英格兰银行大幅度高频率降息

英格兰银行货币政策委员会在 2007 年 12 月 6 日启动两年来首次降息操作，将官方利率下调 25 个基点至 5.5％。此后，又于 2008 年 2 月与 4 月分别将官方利率各下调 25 个基点至 5％。在第四季度，英格兰银行又加大降低利率的幅度和操作次数，3 次共下调官方利率 300 个基点，将基准利率降至 2.0％。2009 年 1 月、2 月、3 月，英格兰银行又 3 次降低利率累计 150 个基点，将基准利率降低到建行 300 多年来新低的 0.5％，这成为 1694 年英国央行建立以来的最低基准利率水平。英格兰银行将“定量宽松”货币政策中资产收购计划的规模从 750 亿英镑扩大至 1750 亿英镑。2010 年至今，英格兰银行一直将短期利率维持在 0.5％水平。

5. 中国

2008 年 10 月为应对国际金融危机对我国经济的冲击所导致的经济大幅度衰退，货币政策开始由偏紧向宽松大转变，大幅度密集降低存贷款利率，以扩大信贷范围，提高信贷额度，维护金融市场的稳定，促进经济企稳回升、走出衰退。中国人民银行分别于 10 月 9 日与 30 日、11 月、12 月连续 4 次分别下调存款利率0.27、0.27、1.08、0.27，将一年期存款利率累计下调1.89个百分点，一年期存款基准利率由4.14%下调至2.25%，并维持至2010年9月。且2008年11月27日降息幅度最大达1.08。在“不可能三角形”规律的作用下，由于实行有管理的浮动汇率制度以保持相对稳定的汇率及相当程度的资本管制，中国在利率政策调整操作上的空间受到了一定程度的限制，同时，中国高度重视国际经济政策协调的作用。因此，在危机应对期，中国利率调整表现出与美国的利率走势协同，出现联动调整的现象。关于这一点，从图5-2可以明显看出。

（二）危机期间国际利率联动性特征

由上述叙述可知，危机应对期国际利率调整的联动性特征具体主要表现在以下几个方面：

1. 利率调整与转向时点趋同

2008年9月美国的次贷危机演变为具有明显特征的全球金融危机，全球多数国家与地区经济几乎同时出现了显著的下滑趋势。在国际经济政策协调机制下，各国央行取得高度一致的共识，采取协调一致的联动降息操作，以应对金融危机造成的全球经济衰退，促进经济企稳回升。从表5-1与表5-4可以看出，各国央行利率调整时机的集中性高，方向协调一致。2008年10月8日，美联储与英格兰银行、欧洲中央银行等央行联合宣布同步降息50个基点。此后，日本央行与一些新兴市场经济体央行，也参与了国际统一协调降息行动。其中，日本、欧洲与中国央行同时从长期的加息操作转向下调通道。

2. 降息幅度大、操作密度高

从表5-1可以看出，2007年10月至2010年9月，美国、欧洲、日本、英国与中国等国央行密集大幅度的下调利率操作，与危机前期的利率微调、平滑的利率调整操作方式明显不同。各大央行不管是累计或单次利率下调幅度均在此间达到新世纪以来的最大值。其中欧洲中央银行从 2007 年 10 月至 2009 年 5 月，连续下调利率 7 次，平均降幅 46 个基点。由于美国是此次危机的发源地，美联储于 2007 年 9 月进入降息通道，至 2009 年 10 月美国共降息 10 次，累计降息 500 个基点，平均降幅 50 个基点，并在 2008 年 12 月 17 日创下本轮单次降息调整幅度的最大值 75 个基点。英国也在本月进行了最大降幅 150 个基点的利率操作。危机应对期内，英国央行降息 9 次，累计降低利率达 525 个基点。

3. 调整方式与方向高度一致、维持低利率政策的时间长

从表 5－1 可以看出，危机应对期各经济体央行利率调整操作要么持续下调，要么由升转降，方向保持高度一致，而且均长期维持低利率水平。

三、危机后期国际利率联动性发生作用的世界性趋势

2008 年 9 月，全球金融危机爆发后，全球经济出现了严重的衰退。在各国政策的共同应对下，全球经济走出衰退，企稳回升。全球利率政策将呈现新的变化。2010 年 10 月以来，世界经济逐渐从危机低谷中走出，但由于经济恢复的不平衡性，各国利率政策调整出现了一定程度的分离趋势，各国利率独立性有所增强，但国际利率调整的联动性仍明显高于危机前。

（一）危机后期国际利率新变化

1. 美、英、日等发达经济体维持超低利率政策不变

危机后，世界经济整体缓慢恢复，其中，发展中经济体好于发达经济体。加上主权债务风险的影响，主要工业化国家央行继续保持宽松的货币政策，继续坚持超低利率政策。美国经济虽然从 2009 年第三季度摆脱衰退，但经济回升艰难缓慢，就业形势仍然严峻，复苏基础仍需稳固。因此，美联储基于较低的资源利用水平与稳定的物价形势，仍坚持在较长时间内继续维持美元极低的

利率水平。并于2012年年初，表示可能维持极低的基准利率水平至2014年年底。2010年，日本经济增长有所好转，但由于2011年自然灾害对经济的冲击以及外部需求减少等原因，经济仍处于艰难的恢复之中。因此，2011年日本银行继续维持“零利率”政策于0—0.1%的水平至现在，成为第一个降息至接近零水平的央行。英国维持0.5%利率水平至今。

2. 欧元区利率政策经短暂从紧后恢复宽松取向

由于欧元区经济复苏动力较弱，加上欧债危机的影响，欧洲经济不确定性日益增加，欧洲中央银行在2011年4月与7月分别加息25个基点后，又于11月与12月将主要再融资利率从1.5%调整为1%。2012年7月5日将利率下调至有史以来首次跌破1%的0.75%。这次欧洲中央银行与中国联动降低利率的操作凸显了国际联动性特征。

3. 新兴经济体央行通过利率微调以平衡经济增长与通货膨胀

2010年新兴经济增长相对强劲，但面对工业化国家量化宽松所导致的输入性通胀压力，部分经济稳定增长、通胀压力大的国家央行如印度、韩国等启动加息操作，货币政策由松转紧，以抑制通胀。但进入2011年以来，受全球经济周期性下行以及外部需求下降等因素影响，部分新兴经济体货币政策由紧转松。

（二）危机后期国际利率联动性新趋势

1. 低利率、零利率、负利率基础上的利率水平趋同性

进入新世纪以来，为了遏制全球性的经济衰退，低利率、零利率、负利率应运而生。最初为了避免美国“9·11”事件可能导致的全球金融动荡，各经济体央行不约而同地采取了频繁的、大幅度的降息操作。2007年美国的次贷危机以及其后演化为全球性的金融危机，又将世界经济带到了一致降息操作的浪潮中。金融危机后，这种低利率、零利率、负利率水平被世界上各主要央行

继续维持，全球低利率、零利率、负利率已成为当今世界经济运行的一个重要特点。

（1）全球低利率的实践

纵观当前世界经济，无论是发达的工业化国家还是发展中国家的央行均大规模宽松货币，各国的利率以前所未有的一致性趋向于零的低利率，甚至是负利率。2015 年以来，负利率政策有加速的趋势。负利率政策主要针对的是基础货币，即商业银行在中央银行的存款。

美元的世界货币地位及国家债务程度，加之其经济未来发展增长速度放缓，决定了美国低利率政策是唯一选择。联邦基金目标利率已降至自 1913 年成立以来的最低点的 0—0.25％的目标区间，并决定维持基准利率维持在极低水平至 2014 年年底。

2009 年 3 月 5 日英格兰银行将利率降至 0.5％，创建行 300 多年来新低，成为 1694 年英国央行创立以来的最低水平。

欧洲中央银行为应对金融危机与债务危机，于 2012 年 7 月 6 日与中国人民银行国际联动降息，将主要再融资利率下降至欧洲中央银行成立以来历史最低位的 0.75％。欧洲中央银行行长德拉基曾指出，欧元利率还有下调空间，欧洲中央银行很可能根据经济形势的变化进一步启动降低利率的操作。2014 年 6 月欧洲中央银行将金融机构存款便利利率降至－0.1％，随后连续数次下调，2016 年 3 月 10 日调至－0.4％。同时，也将主要再融资操作利率、边际贷款便利利率和存款便利利率分别下调至 0％、0.25％。

日本中央银行于 2001 年在世界三大经济体中率先将国内基准利率降低到 0.15％，实行零利率政策。2006 年 7 月 14 日日本中央银行启动六年来首次上调基准利率操作。2010 年 10 月，日本央行时隔四年重新启动零利率政策，宣布将基准利率降至 0—0.1％实质上的零利率水平，成为第一个降息至接近零水平的央行。2016 年 1 月 29 日，日本超预期实施负利率政策，将边际超额准备金利率从之前的 0.1%降至－0.1%。

2014 年 12 月瑞士央行宣布对商业银行在央行的活期存款实施－0.25%的利率。2016 年 2 月 11 日，进一步加大负利率力度，将商业银行与央行的回购利率从－0.35%下调至－0.5%。

2012 年 7 月丹麦央行将央行存款利率降至－0.2%。

（2）负利率、零利率与低利率操作的经济学解释与可行性

第一，负利率。负利率是近年来中央银行发展中出现的新事物。传统的货币政策理论受现金持有成本为零假设下，短期名义利率不能为负的“零下界”约束。然而，在日常经营管理过程中，商业银行和非金融企业有较大现金持有成本，这客观上为克服“零下界”约束实践负利率提供了现实基础。当前实施负利率政策的央行，所采取的负利率政策主要是针对一部分商业银行在中央银行的存款即部分基础货币。①

第二，低利率。众所周知，保持低利率有利于刺激经济，增大流动性，降低资金使用成本，同时振奋股市。另外，当前国际金融市场上极度宽松的流动性和低利率也降低了各国银行系统的利率支出。除了传统的经济学原理可以为低利率政策提供理论解释外，国际金融经济的新发展也为低息政策的实施提供了坚实的技术支持，避免出现或解决了“零利率下限”问题。

利率走廊的利率政策操作框架为低利率实施提供了技术支持。金融危机以来，较多国家央行采用了不同版本的利率走廊系统作为货币政策操作框架。利率走廊通过分离利率政策与央行流动性政策，使央行有能力在向市场提供巨量的流动性的同时，将政策利率稳定在其目标利率附近。利率走廊包含短期贷款

---

① 中国人民银行．中国货币政策执行报告［R/OL］．（2015－04）．http：//www.pbc.gov.cn.

与存款两个短期融资工具。银行机构既可以利用短期贷款工具无限制地以高于目标利率的利率 i^l 从央行取得隔夜贷款，也可以利用短期存款工具以低于目标利率的利率 i^d 在央行进行隔夜存款。如图 5－3，i^* 表示目标利率，i 表示同业拆借利率即政策利率，R 表示准备金供给量。i^l 与 i^d 分别表示央行的贷款利率与存款利率。D 与 S 分别表示准备金需求曲线与供给曲线。利率走廊以央行目标利率为中心，在央行贷款利率与存款利率之间形成了一条"走廊"，存款利率与贷款利率分别构成了这条走廊的下限与上限。在利率走廊系统操作框架下，央行不需公开市场业务操作，只简单通过改变走廊就可以控制银行间拆借市场利率于目标利率附近，从而实现对利率政策的相应调整。这是因为，在准备金市场上，当政策利率位于利率走廊的上下限之间，即 $i^l>i>i^d$ 时，需求曲线 D（法定准备金与超额准备金需求量之和）是一条向右下方倾斜的曲线。准备金需求量与政策利率呈反向变动的关系。在其他条件不变的情况下，如果政策利率下降，需求量会增加。反之，则需求量减少。当政策利率与利率走廊的上限或下限相等，即 $i=i^l$ 或 $i=i^d$ 时，准备金需求曲线 D 是一条水平直线，准备金需求对利率的弹性无穷大或称有完全弹性。当 $i=i^l$ 时，银行机构持有准备金量的多少无差异，而当 $i=i^d$ 时，其会无限量增加其持有的准备金量。准备金的供给 R 包括央行通过公开市场操作提供的拆入准备金 Rm 与银行机构向央行的贷款形成的借入准备金 Rn。在准备金市场上，当政策利率位于利率走廊的上限和下限之间，即 $i^l>i>i^d$ 时，准备金的供给量就等于央行提供拆入准备金量 Rm，此时准备金供给曲线 S 是一条垂直线。当政策利率与利率走廊的上限或下限相等，即 $i=i^l$ 或 $i=i^d$ 时，准备金供给曲线 S 均是一条水平直线，准备金供给曲线 S 对利率的弹性无穷大或有完全弹性。当 $i=i^l$ 时，央行供给无限量供给准备金量，而当 $i=i^d$ 时，其供给准备金量的多少无差异。当 R 与 S 相交时，准备金市场达到均衡（i^*，R^*）。央行增加或减少拆入准备金供给量，将会推动准备金供给曲线的垂直部分分别向右或向左移动，这将导致政策利率下降或上升。无论如何，银行机构不会以高于央行贷款利率的利率拆入资金，也不会以低于央行存款利率的利率拆出资金。因此，央行通过控制 R^*，利率走廊总会激励银行机构在拆借市场拆出或借入资金，而不向央行贷款或存款。这样，利用走廊的上限、下限，央行就能严格地将政策利率控制在走廊宽度波动范围内，而且还活跃了银行间同业拆借市场。如果拆入准备金供给超过均衡准备金余额 R^*，进一步增加拆入准备金供给量就会使供求曲线的垂直部分在需求曲线的水平区域相交，均衡利率下降到利率走廊的下限，此时，利率走廊系统退化为地板系统。在地板系统中，央行设定目标利率 $i^* = i^d$，在不改变准备金供给量的条件下央行可调整货币政策，如图 5－4。首先，央行通过移动利率走廊即可调整目标利率。如央行只要将系统（D_1、S_1）移动到系统（D_2、S_1），则均衡利率（目标利率）就相应改变，而不需改变准备金供给量，如图 5－4。其次，央行不改变均衡利率（目标利率），实现准备金供给量改变，如图 5－4。①

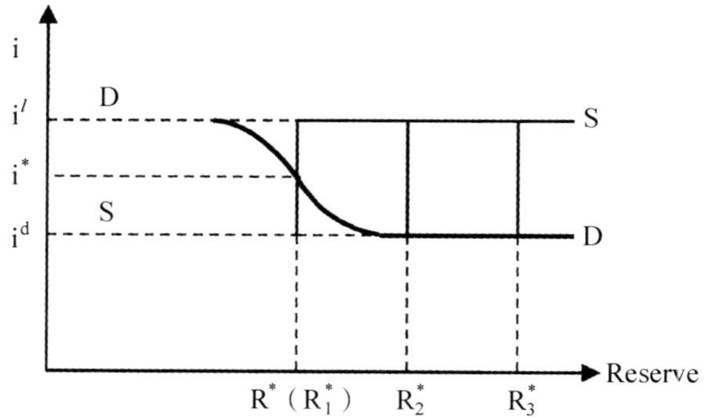

图 5－3　利率走廊

① 刘义圣，赵东喜．利率走廊理论述评［J］．经济学动态，2012（7）：122—129．

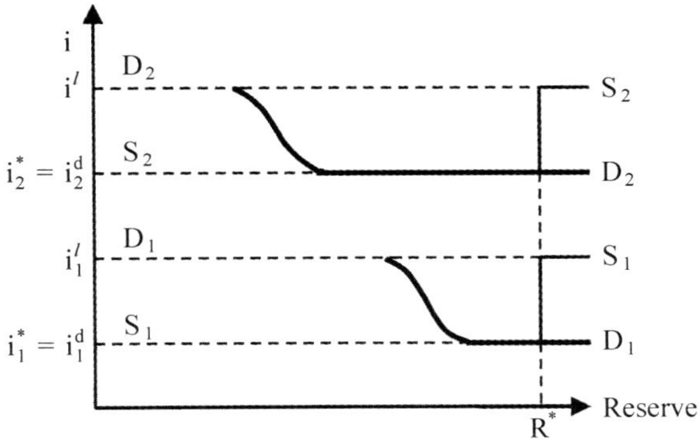

图 5－4　地板系统

由此可见，利率走廊系统实现了利率政策与流动性政策的分离，不但解决了传统准备金制度下，均衡利率（目标利率）面临的零利率下限问题，而且为实行量化宽松政策增加流动性提供了操作技术上的支持。2008 年金融危机以来，较多国家央行的货币政策执行框架从对称走廊移向地板系统的原因。利率走廊不但为央行使用常规的低利率、零利率政策提供了实施基础，而且为央行在面临低利率、零利率政策宏观调控效果边际政策效用递减，调控经济的水平降低的情况下，提供了实施极度宽松货币政策，执行非常规货币操作的工具与可行性。

2. 利率操作方式恢复微调、平滑，转向时点同步

利率微调指央行在国内经济总体运行良好的情况下，适时小幅度地灵活调整目标利率，以此来应对国内宏观经济运行中出现的小幅扰动，从而稳定经济运行的走势，进而实现一国经济长期保持在调控当局理性预期的水平上稳定运行。这时经济增长的目标水平通过利率微调被宏观经济调控当局设定在潜在经济增长率水平附近。而利率平滑是指一国央行通过对短期利率多次、小幅度、同方向上的连续操作。对金融危机后全球经济的不确定性，部分央行为了保证利率调整的前瞻性，而采取了多次、同方向、小幅度的逆周期微调平滑操作。

这一时期的利率操作主要是央行以国内经济状态为依据，兼顾国际经济形势的一种独立性较强的利率调整。这从我国2010年以来的利率政策操作以及欧洲央行的操作可以得到证明。2010年第四季度后，为稳定通货膨胀预期，抑制货币信贷快速增长，中国人民银行从10月20日起共5次上调基准利率各0.25个百分点，而2012年6月与7月又连续两次下调基准利率各0.25个百分点。2015年5次分别下调0.25个百分点，将一年期存款基准利率由2014年11月的2.75%调至1.5%。此外，欧洲中央银行的操作也有类似特点。由于欧元区经济复苏艰难以及欧债危机的影响，欧洲中央银行利率政策在2011年4月、7月分别加息25个基点后，又于11月3日、12月8日将主要再融资利率从1.5%恢复至1%。2012年7月5日与中国央行联动，将目标利率下调至有史以来首次跌破1%的0.75%。2014年6月欧洲中央银行将金融机构存款便利利率降至－0.1%，随后连续数次下调，2016年3月10日调至－0.4%。同时，也将主要再融资操作利率、边际贷款便利利率和存款便利利率各下调5个基点。

3. 国际利率差异缩小，利率水平趋同

危机后，世界各主要央行继续保持低利率或执行事实上的零利率。与危机前相比，国际的政策利率差异呈现出缩小趋势，甚至是一国利率同其他国家利率相等。国际利率存在着由低利率向零利率、由零利率向负利率演变的趋势，这种趋势演变的逻辑结果就是国际利率水平趋同，如美国与日本均明确表示执行长期的极低利率或零利率政策。美国联邦基金目标利率将维持自1913年成立以来的最低点的0—0.25%的目标区间至2014年年底。日本央行已将银行间无担保隔夜拆借利率保持在0—0.1%，成为第一个降息至接近零水平的央行。欧洲中央银行与英国央行的低利率水平已非常接近。丹麦已将基准存款利率降低为－0.2%，对国内银行机构存款实行“负利率”。此外，2011年以来，新兴经济体如俄罗斯、巴西等相继降息以刺激经济增长，利率差异进一步缩小。中国基准利率于2015年10月24日降至新低1.5%，加上低利率、负利率政策的态势延续，各国利率差呈缩小的态势发展。

（三）对世界经济的影响

金融危机以来国际利率的联动性调整，对世界经济的复苏与发展有重要作用。国际利率联动减少了利率政策产生的国际的相互冲突，有利于世界经济在短时间内快速恢复。2006—2007年的全球性通货膨胀，使各经济体国内经济运行中出现了通货膨胀较高的情况。在调控通货膨胀的过程中，由于各国利率政策联动性程度低，各国利率政策在调整时点、转向时间上缺少联动协同性，没有表现出国际利率高度同步调整的特征，所以出现了各国的物价水平不但没有被控制住，而且还出现了越调控通货膨胀水平越高的现象。自金融危机以来，各主要央行加强国际经济政策协调，利率政策调整上也采取了联动调整的方式，即在调整时期、幅度、转向时点、方向同步操作，联动降息，成功地应对了这次全球性金融危机。这种利率政策的国际联动调整是和日益加深的经济全球化发展趋势相一致的，是和世界经济金融形势的变化趋势相符合的。这次金融危机的冲击，使发达国家与发展中国家经济同步衰退。国际同步联动降息减少了国别利率政策的相互冲突，取得了较好的效果。开放经济条件下，国际经济相互依存，各经济体的利率政策的溢出效应与反馈效应日益强化，无论固定汇率制度还是浮动汇率制度，缺乏国际联动性的利率政策注定是低效或无效的，无法解决经济全球化下的经济相互依存问题。国际货币协调的福利效应理论从协调效果的角度强调了国际货币协调的必要性。根据该理论在存在利率政策溢出效应的前提下，只有进行货币协调才能提高各国货币政策效果，从而增加协调各方的政策福利。

（四）国际利率变动趋势展望

利率是重要的宏观经济变量之一，是各经济体宏观调控的首要政策工具。各国利率政策的取向主要取决于本国的宏观经济形势与世界经济环境，主要依据两个指标：一是经济增长率，二是通货膨胀率。2016 年 4 月国际货币基金组织发布《世界经济展望》，预测 2016 年和 2017 年全球经济增速分别为 3.2％和 3.5％，较年初预测值分别下调 0.2 和 0.1 个百分点。当前，危机遗留问题与生产力增长缓慢，加上英国脱欧的影响，使全球经济增长动力不足，面临较大下行压力。这种低增长若长期持续，将给许多国家的经济社会发展和政治稳定造成破坏性影响。主要发达经济体利率水平已经较低，相关“负利率”政策促进经济增长的作用有待观察，通过降息进一步刺激经济的空间受限。展望未来，各经济体仍会延续宽松的货币政策，维持低利率水平的操作仍会延续下去。①

1. 美国利率趋势

2015 年美国经济温和复苏，主要指标喜忧参半。年初以来，美国经济运行总体稳定，劳动力市场持续改善，失业率降至 2008 年 5 月份以来的最低值，资产负债表改善，财政拖累得以解决，通胀水平全年保持低位，离美联储的目标通胀率仍有较大差距。2015 年 12 月 16 日，美联储将 2016 年经济增长预期调升至 2.4％。国际货币基金组织在 2016 年 4 月的《世界经济展望》报告中预测，美国今年增长 2.4％，与去年持平，2017 年增速小幅提升达 2.5％。加上英国脱欧的影响，经济前景走势仍存在不确定性。因此，美联储短期内再次加息的可能性降低，很可能在未来两年维持低的基准利率水平。2016 年美国经济延续 2015 年的温和复苏态势。

① 国际货币基金组织.《世界经济展望》报告［R］. 2016－04－12.

2. 欧元区利率趋势

欧元区增长持续放缓，复苏基础仍待稳固，与此同时，移民危机、英国脱欧等因素为欧元区经济复苏蒙上了一层阴影。国际货币基金组织在 2016 年 4 月的《世界经济展望》报告中预测，今明两年预计分别增长 1.5％和 1.6％。加上目前投资低迷，失业高企，资产负债表薄弱等因素，使欧洲中央银行很可能在未来两年内维持低利率与负利率的宽松货币政策。

3. 英格兰银行的利率趋势

国际货币基金组织在 2016 年 4 月的《世界经济展望》报告中预测，英国 2016 年和 2017 年的经济增速分别为 1.9％、2.2％。显而易见，英国经济恢复速度较慢，下行风险较大，脱欧将增大英国经济发展的不确定性。因此，近期英格兰银行可能会实施更为宽松的货币政策，包括降低基准利率 0.25％等。

4. 日本银行的利率趋势

国际货币基金组织在 2016 年 4 月的《世界经济展望》报告中预测，日本 2016 年增速将维持在 0.5％；2017 年消费税将按计划上调，经济预计小幅收缩 0.1％。当前，日本经济持续低迷，通胀下行压力犹存。日本的私人消费的大幅下滑，增长和通胀均弱于预期。尽管劳动力市场改善，但工业生产和出口仍较疲软，投资低迷，物价下行压力依然存在，离日本央行 2％的通胀目标仍有较大差距。日元升值和主要贸易伙伴需求疲软等因素为日本经济复苏增添更多不确定性。今后一段时期内仍处缓慢恢复阶段。因此，日本中央银行继续维持负利率的宽松货币政策。

5. 中国人民银行的利率趋势

国际货币基金组织在 2016 年 4 月的《世界经济展望》报告中预测，中国 2016 年和 2017 年的经济增速分别为 6.5％、6.2％，均较今年 1 月份的预测上调了 0.2 个百分点。2016 年第一季度经济运行出现了积极变化，工业生产缓中趋稳，固定资产投资增速有所回升。第一季度物价涨幅出现一定回升，未来变化还需关注。未来较长一段时期，全球经济仍将处在再平衡调整期，中国经济也正经历重要且复杂的调整和推进供给侧结构性改革的转型过程。展望未来，中国经济下行压力仍大，物价会延续基本平稳态势，鉴于基准利率已处于较低的水平，进一步降低利率的空间减小，会通过降低准备金率，释放流动性。中国人民银行会主动适应经济发展新常态，保持政策连续稳定，继续实施稳健的货币政策，适时预调微调，增强针对性，提高宏观调控水平，为结构性改革营造良好的货币环境，促进经济转型升级，提质增效。

第六章

国际利率联动性实证检验

前面的论述为国际利率联动提供了坚实的理论基础。在此基础上，利用计量经济学的状态空间模型、VAR 经济计量模型与误差修正模型等，实证检验国际利率调整的联动性及其动态演变趋势与特征，明确利率国际传递机制，对正确认识各国央行执行货币政策的方式，有效调控一国经济的内外均衡及提高国内经济宏观调控的有效性具有重要意义。

第一节　国际利率联动性动态演化

随着经济全球化的发展，以及金融危机的爆发和经济的复苏，各大经济体经济与金融之间的国际联系越来越紧密了。对全球经济有着重要影响的国家的货币政策对其他国家的经济运行与货币政策的制定与实施产生深刻的影响。国家间利率的相互作用不断增强，各国货币政策与利率调整的联动程度加深。源自美国次贷危机的全球性金融危机使世界各国加大了货币政策国际协调的力度与合作范围，凸显了货币政策特别是利率政策调整的联动性。一般认为，一国央行调整利率政策，从而目标利率发生变化，这会通过影响资产价格、通货膨胀与均衡汇率，进而对经济运行状态、金融市场环境与稳定产生重要影响。国际利率联动性调整一方面有助于全球经济金融特别是经济异动如 2008 年全球金融危机时世界经济金融运行的稳定与恢复，但另一方面也会弱化一国货币政策的独立性，使一国央行对国内经济调控的能力受限。2015 年以来，世界各经济体高度关注的政策溢出效应，以及随之而来的日益凸显的政策沟通、协调机制，一个经济体在政策决策与实施时，都要考虑政策对外国的溢出效应，这在客观上将强化国际利率联动性。研究国际利率调整的联动性及其动态演变趋势与特征，对正确认识各国央行执行货币政策的方式、有效调控一国经济的内外均衡、提高国内经济宏观调控的有效性具有重要意义。

一、国际政策利率联动性动态演变模型

（一）模型构建

由于国际利率联动性程度受经济全球化与国际金融一体化等国际环境的影响，特别是2008年全球金融危机造成国内利率与国际利率的关系逐渐发生变化，甚至出现结构变化，而一般的回归固定参数估计则反映不出国际利率同步的变化与演变趋势，且主要经济体的央行政策利率间的同步性趋势是不可观测的时间变量。而采用可变参数模型，则可以把不可观测的国际利率同步特征及演变趋势变量并入可观测模型进行估计。这时，可变参数模型明显是状态空间模型（State Space Model，简称SSM）形式。① 可变参数模型表示的状态空间形式如下：

量测方程：$y_t = x_t\beta_t + u_t$ （6－1）

状态方程：$\beta_t = \omega\beta_{t-1} + \varepsilon_t$ （6－2）

其中，y是因变量即各国的政策利率序列，x是解释变量即国际或美国政策利率，β是随时间变化的待估计参数，t表示时间，u和ε是误差项。可变参数β由AR（1）描述，扰动项u和ε的均值为零，方差为σ^2，且两方程的协方差*cov*（u，ε）不等于零。β是不可观测的变量，要用可观测的变量美国政策利率x与各国政策利率y来估计，这样可变参数β就可以体现解释变量x对被解释变量y影响效应的变化，进而反映美国政策利率x对外国政策利率y的影响关系的变化，即国际政策利率联动性的演变趋势。

（二）数据准备与说明

2002年1月至2012年7月，中国（CH）、美国（US）、英国（UK）、日

① 高铁梅．计量经济分析方法与建模——EViews应用及实例［M］．2版．北京：清华大学出版社，2009：372.

本（JA）与欧元区（EO）等央行的政策利率作为样本进行分析。因为各国银行间的隔夜拆借利率能很好地反映央行的利率政策意图以及政策利率的时间动态与变化幅度，同时还会在一定程度上反映影响市场活动的利率政策的市场期望，是市场主体信息的综合，是灵敏有效的信息资源，对金融经济运行与市场投资决策有重要影响。因此，各国央行的政策利率均用银行间隔夜拆借利率代表，分别以 rch、rus、ruk、rja、reo 表示。相关数据均来自各国央行的统计数据库。为消除可能存在的异方差避免“伪回归”，对各变量序列进行自然对数处理并分别记为：*ln*rch、*ln*rus、*ln*ruk、*ln*rja、*ln*reo。利用 Engle and Granger（1987）的两阶段协整检验方法分别对各国目标利率变量与联邦基金利率变量的回归方程残差进行单位根检验。① 结果表明，各国目标利率与联邦基金利率之间存在长期均衡关系。由此可知，国际利率联动模型满足状态空间模型的建模要求，可以利用该模型进一步深入分析。

从前面的分析可知，当前的国际利率是美国利率主导下的利率，因此，将美国联邦储备基金利率作为国际利率的代表变量，而研究其他国家的政策利率与国际利率即美国联邦基金利率同步调整的演变趋势。研究采用上述状态空间模型形式，则国际利率联动性状态空间模型的一般式可写成：

量测方程：$ln\mathrm{rch}_t$（ruk，rja，reo）$=c_1+\beta_t\times ln\mathrm{rus}_t+u_t$　　（6－3）

状态方程：$\beta_t=c_2\times\beta_{t-1}+\varepsilon_t$　　（6－4）

利用卡尔曼滤波形式对各主要央行政策利率与国际利率变化的联动性特征与演变趋势的状态空间一般模型量测方程（6－3）与状态方程（6－4）进行估计，结果见表 6－1、表 6－2、表 6－3、表 6－4 与图 6－1。

① 高铁梅．计量经济分析方法与建模——EViews 应用及实例［M］．2 版．北京：清华大学出版社，2009：180—182.

表 6－1　中国利率同步性调整状态空间模型

<table>
<tr><th>参数</th><th>估计值</th><th colspan="2">Z 统计量</th><th colspan="2">P 值</th></tr>
<tr><td>C_1</td><td>1.2042</td><td colspan="2">48.7470</td><td colspan="2">0.0000</td></tr>
<tr><td>C_2</td><td>0.9535</td><td colspan="2">23.9242</td><td colspan="2">0.0000</td></tr>
<tr><td>最终状态</td><td>－0.1753</td><td colspan="2">－1.9778</td><td colspan="2">0.0480</td></tr>
<tr><td>最大似然估计</td><td>31.26</td><td>AIC</td><td>－0.43</td><td>H－Q</td><td>－0.39</td></tr>
<tr><td colspan="6">量测方程：$lnrch_t = 1.2 + lnrus_t \times \beta_t + u_t$；状态方程：$\beta_t = 0.95\beta_{t-1} + \varepsilon_t$。</td></tr>
</table>

表 6－2　欧盟利率同步性调整状态空间模型

<table>
<tr><th>参数</th><th>估计值</th><th colspan="2">Z 统计量</th><th colspan="2">P 值</th></tr>
<tr><td>C_1</td><td>0.9189</td><td colspan="2">33.9899</td><td colspan="2">0.0000</td></tr>
<tr><td>C_2</td><td>0.9844</td><td colspan="2">41.8026</td><td colspan="2">0.0000</td></tr>
<tr><td>最终状态</td><td>0.8062</td><td colspan="2">7.2744</td><td colspan="2">0.0000</td></tr>
<tr><td>最大似然估计</td><td>18.43</td><td>AIC</td><td>－0.22</td><td>H－Q</td><td>－0.19</td></tr>
<tr><td colspan="6">量测方程：$lnreo_t = 0.92 + lnrus_t \times \beta_t + u_t$；状态方程：$\beta_t = 0.98\beta_{t-1} + \varepsilon_t$。</td></tr>
</table>

表 6－3　英国利率同步性调整状态空间模型

<table>
<tr><th>参数</th><th>估计值</th><th colspan="2">Z 统计量</th><th colspan="2">P 值</th></tr>
<tr><td>C_1</td><td>1.3381</td><td colspan="2">129.8333</td><td colspan="2">0.0000</td></tr>
<tr><td>C_2</td><td>1.0057</td><td colspan="2">97.0210</td><td colspan="2">0.0000</td></tr>
<tr><td>最终状态</td><td>1.1525</td><td colspan="2">14.2070</td><td colspan="2">0.0000</td></tr>
<tr><td>最大似然估计</td><td>81.93</td><td>AIC</td><td>－1.23</td><td>H－Q</td><td>－1.19</td></tr>
<tr><td colspan="6">量测方程：$lnruk_t = 1.34 + lnrus_t \times \beta_t + u_t$；状态方程：$\beta_t = 1.01\beta_{t-1} + \varepsilon_t$。</td></tr>
</table>

表 6－4　日本利率同步性调整状态空间模型

参数	估计值	Z 统计量	P 值
C_1	－5.7044	－36.0336	0.0000
C_2	0.9677	46.5146	0.0000

续表

最终状态	−1.6369	−2.2417		0.0250	
最大似然估计	−236.27	AIC	3.78	H−Q	3.28
量测方程：$lnrja_t=-5.7+lnrus_t\times\beta_t+u_t$；状态方程：$\beta_t=0.97\beta_{t-1}+\varepsilon_t$。					

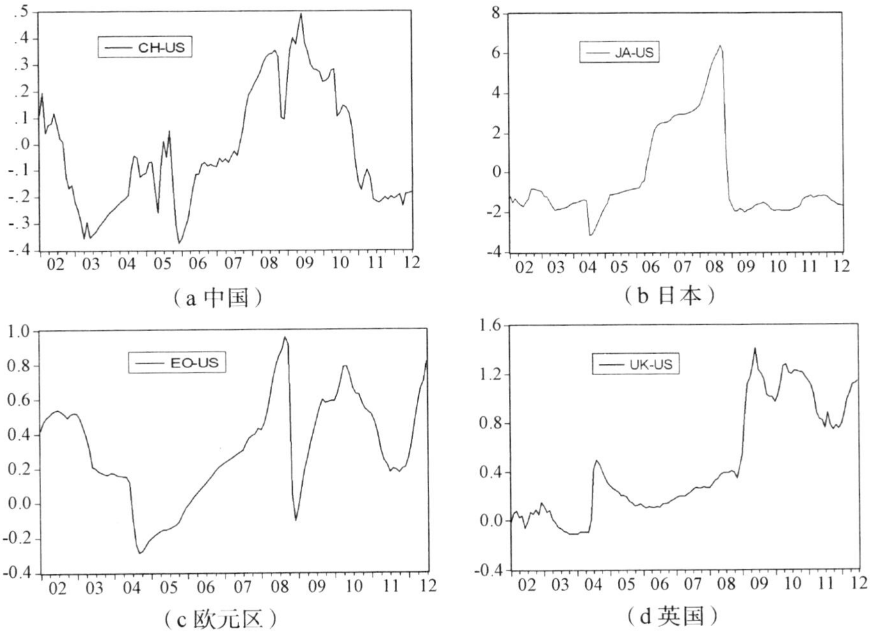

图 6－1　国际利率调整同步性演变趋势

通过对各量测方程的残差进行单位根检验，证明残差项水平序列均在 5% 显著性水平上平稳，说明利用卡尔曼滤波估计的状态空间模型结果是可靠的，且模型拟合好，利用该结果进一步分析有意义。国际利率联动性状态空间模型见表 6－1、表 6－2、表 6－3、表 6－4 中的量测与状态方程。

二、国际利率联动性演变趋势估计结果分析

（一）中国

从图6－1（a）中可以看出，中国政策利率与美国即国际利率调整的联动性波动性较大。2005年12月之前联动性程度较低，有时甚至是反向利率政策相冲突。此后，与美国的利率政策联动性持续上升，两国都采用微调的利率操作方式，在调整时点、方向与幅度上联动性都在增强。一直持续到2009年年底，达到最高水平。此后联动性程度缓慢下降并趋于稳定。中国利率调整的国际联动性演变趋势主要是受经济周期与国际共同趋势的影响。2005年以后，经济增长由过度投资向过热、价格向明显的通货膨胀演变。加上国际原油、大宗货物与资产价格大幅上升，全球出现通货膨胀趋势，国内经济运行长期累积的一些深层次矛盾开始呈现加快调整和释放的态势。中国与美国在这样的共同因素影响下，为引导投资和货币信贷的合理增长，利率政策调整出现较长时间的高度协调一致现象，出现了国际利率同步调整。2008年的全球金融危机，更加剧了中国和美国的国际利率联动的趋势，并将其推至最高点。之后，由于两国的经济周期出现了明显差异，从而导致中国与国际利率调整出现一定程度的分离，中国的利率政策相对于国际利率调整保持了一定程度的独立性。

（二）日本

从图6－1（b）可以看出，日本政策利率对国际利率的弹性较大、波动小，有一定的稳定性，日本利率政策调整与国际利率联动性呈现出缓慢上升趋势。从2003年第二季度起，日本的利率政策由负向的冲击关系，逐步转为正向的协同关系，2006年之后，这种同步调整关系加速急剧上升至2008年年底的最高点6，此后，急剧下降且稳定于较低程度的负向关联状态。这与近20

年日本经济的持续低增长有关，即使如此，在面对2003年以来的全球经济持续的通货膨胀及油价上升的全球性共同因素影响下，日本政策利率与国际利率保持了持续增强的联动调整，金融危机使这种利率的国际联动性达到最高程度。此后，国际经济进入危机应对期，各国针对本国的经济运行态势与国际经济的复苏进程，进行了有力的政府干预。由于日本的经济长期低迷，加上危机的影响，使日本经济复苏更加缓慢与艰难，迫使日本央行制定与实施相对独立的利率政策。加之2011年自然灾害对经济的冲击以及外部需求减少等原因，致使日本银行长期保持实质上的“零利率”政策。

（三）欧元区

从图6－1（c）可以看出，欧元区利率与国际利率的联动程度高，基本保持了同向的同步调整关系，有一定波动性，总体上欧元区的政策利率的国际联动性呈现出持续增强的态势。从2002年年初起欧元区与国际利率的同步程度开始减弱，一直持续到2004年年底。此后，欧元区政策利率的国际同步性急剧上升至2008年第三季度的最高点，之后，在经历了一个急剧回落后，快速回调，保持在有波动的高联动性水平上，并且2008年后欧元区的政策利率的国际利率的联动程度明显高于危机前。波动主要是由于调整时点的差异而引起。由于欧元区与国际经济的联系紧密，2005年上半年，面对美联储持续加息的国际利率背景以及房地产泡沫与区域通货膨胀率上升的经济运行态势，2005年12月初，欧洲中央银行启动了近五年来的首次加息操作，此后，欧元区保持了与国际利率高度协调一致的联动操作。2008年金融危机扩散导致的流动性紧缩与经济衰退，通货膨胀压力明显放缓，欧洲中央银行参与了与国际高度一致的同步性持续大幅度多次降息操作，以应对国际金融危机的冲击，致使欧元区的利率政策国际联动性达到最高点。之后，由于欧元区的经济增长与国际经济运行的差异，导致欧元区央行采取的利率政策操作在调整时点与幅度上与国际利率操作有差异，导致其利率政策的国际联动性出现波动。2012 年 7 月初与中国央行国际联动调整利率以应对金融危机扩散导致的流动性紧缩与经济衰退，将主要再融资利率调至欧洲中央银行成立以来的历史低位即 0.75%。

（四）英国

从图 6－1（d）可以看出，英国政策利率与国际利率调整的联动性程度较高，且呈现稳定增强的态势。2008 年年底之前，英国政策利率与国际利率保持持续稳定的同向联动性，这一时期这种联动性持续缓慢上升，2008 年年底，英国政策利率的国际联动性急剧上升至最高点，此后小幅回调，并在高位趋于稳定。显然，2008 年之后，英国的国际利率联动程度显著高于危机之前。这与英国的资本高度自由流动、利率与汇率高度市场化有关。除了英国与国际经济的周期有较高的一致性和共同因素外，高度流动的资本、高度市场化的汇率与利率为利息平价机制作用的发挥提供了条件，提高了国际利率向英国国内传递的完全性，进而导致英国利率政策与国际利率调整高度同步。2004 年之后，英国面对国内与国际相同的经济增长较快和房地产市场趋热态势，英格兰银行于 2004 年 2 月起开始了与国际高度一致的联动利率政策操作。2008 年受到美国次贷危机的影响，同世界主要央行协同联动降息，并于 2009 年 3 月将英国政策利率下调至 1694 年英国央行创立以来的最低水平。国际性的金融危机也同样把英国政策利率操作的国际同步程度推至最高位，从而使其利率的国际联动性整体上明显高于危机前的水平。从英国利率政策调整的过程可以看出，英国利率政策的操作同国际利率调整即美国政策利率操作在操作方式、调整幅度、调整时点、操作频率与方向上保持了高度一致性，因而其利率的国际联动程度也较高。

从上面的分析可知，工业化国家如英国、欧元区国家与日本的利率变化与国际利率的联动性较高，这与其较高的经济全球化、金融一体化程度较高有关。资本自由移动、汇率与利率的市场化为利息平价机制发挥作用创造了条件，国际政策利率调整的国际传递完全程度提高。国际经济周期的国际传递也使这些国家的经济周期与国际经济周期有较高的趋同性，这为其利率的国际同步调整提供了经济基础。作为发展中国家，中国的国际利率联动性相比较而言较低，这与中国资本与金融账户开放程度低、利率与汇率市场化程度低有关，这些因素限制利息平价机制的作用发挥，限制了国际利率调整的国际传递，使中国政策利率的调整保持相对高的独立性，而呈现出较低的国际利率同步性。随着中国资本与金融账户开放，汇率与利率市场化，资本进出中国的自由程度将提高，届时，国际利率向中国传递的程度也将提高，速度也将加快，中国政策利率调整的国际同步性将提高，中国利率政策的独立性将减弱，进而中国央行调控市场利率的水平将受到冲击。与此同时，由于经济金融全球化的深入，中国经济周期与国际经济周期的联动性在增强，因而，中国利率政策的调整也表现出了一定程度的联动性。与此同时，世界性共同因素如国际通货膨胀、石油价格波动也在推高中国的国际联动性。此外，国际货币政策的协调机制的出现，也增强了中国利率政策调整的国际利率联动性。这可从全球应对国际经济危机的国际利率联动操作中看出。总体上，国际利率联动有持续增强的趋势，在经济异动时期，特别是国际金融危机期间，国际利率联动性明显提高。经济异动后，国际利率联动性水平显著高于危机前。

三、完善中国利率政策体系

利用状态空间模型考察了中国、英国、欧元区与日本央行同美联储的政策利率关系的特征与国际利率调整的联动性演变趋势。结果表明，近十年以美国为主导的国际利率变化对其他国家的利率政策会产生一定程度的正向作用，国际利率呈现一定程度的联动性，而且有逐步增强的趋势，特别是在国际经济异动时期，这种趋势更加显著。但对于不同国家而言，国际利率联动性有差异。英国与欧元区央行的政策利率调整的国际联动性高于中国与日本，因此，英国与欧元区央行会在一定程度上根据国际利率主要是美国联邦基金利率的变化而对政策利率做出相应调整，而中国的利率政策独立性较高。总体而言，金融危机应对期，国际利率联动性程度明显高于之前与之后，金融危机期间世界各主要央行通过货币政策特别是利率政策的国际协调进行的协同降息操作，大大提高了国际政策利率的联动性程度，但金融危机后国际利率联动性程度高于之前。

鉴于目前美国利率对国际利率的主导作用以及国际利率联动性呈现逐步增强的趋势，中国应采取如下对策：

第一，中国央行要逐步采用利率走廊系统的利率政策操作框架。采用利率走廊货币政策操作框架，是中国金融市场化改革的内在要求，是宏观调控由数量型向价格型转变，由直接调控向间接调控转变的必要步骤。在利率汇率市场化、资本项目开放、国际利率联动性增强的条件下，银行体系短期流动性供求的波动性必将加大，这不仅增加了金融机构流动性管理难度，而且也会降低中央银行流动性总量调节的能力与市场利率调控水平。利率走廊货币政策操作框架则可以使中央银行更有效地、前瞻性地熨平流动性波动，引导市场利率，提高调控市场利率的水平。利率走廊包含短期贷款与存款两个短期融资工具，它们分别构成走廊的上、下限。人民银行利用“利率走廊”就能将银行间拆借利率控制在位于走廊中央的目标利率附近，并会活跃银行间同业拆借市场。与此同时，利率走廊能实现利率政策与流动性政策的分离。人民银行既可以不改变准备金供给量，仅通过移动利率走廊、调整目标利率即可实施相应的利率政策，也可以不改变均衡利率（目标利率）即不调整利率政策，通过改变准备金供给量，从而实现流动性操作。

目前，人民银行的货币政策工具主要有公开市场常规操作、再贷款、再贴现等，加上2013年1月创设的短期流动性调节工具与常备借贷便利(Standing Lending Facility，简称SLF)，这些工具的组合应用初步形成了具有利率走廊功能的政策操作框架。常备借贷便利、再贷款利率与准备金利率基本发挥了利率走廊的上、下限功能。人民银行通过公开市场常规操作与短期流动性调节工具相配合，合理安排回购操作期限、品种、操作规模和频率，利用利率走廊即可实现对基准利率的间接调控，从而引导市场利率，熨平短期流动性与市场利率波动。人民银行2012年第四季度与2013年第一季度货币政策执行报告表明，2012年以来，人民银行加大了以7天回购为主的操作。2012年人民银行全年累计开展正回购与逆回购操作分别为9440亿元与60380亿元。2013年一季度，累计开展正回购与逆回购操作分别为2530亿元与1.34万亿元；2013年以来开展了以1—3个月期限为主的常备借贷便利操作，这些探索为央行实施利率走廊操作框架积累了经验。然而，目前中国的货币政策框架的利率走廊功能还很不健全，在建立完善的利率走廊操作框架的过程中，要特别关注两个突出的问题：一是常备借贷便利的期限结构问题。目前人民银行创设的借贷便利期限主要为1—3个月，因为利率市场化后，央行日常流动性管理与市场利率调控，主要是为了解决银行机构短期资金需求，所以，常设融资便利的期限应以隔夜为主。二是常备借贷便利利率设定问题。通常可将其利率设定为高于政策目标利率50个基点或100个基点的位置上，作为银行间拆借市场利率的上限。将存款准备金利率设定为低于政策目标利率50个基点或100个基点的位置上，作为银行间拆借市场利率的下限。同时，央行在实践中要促进银行机构积极使用并适应这些操作。

第二，努力寻求资本项目开放、利率汇率市场化与外汇储备变化之间的平衡。从前面的分析中可知，中国利率同美国利率的联动性程度低于其他相关国家，这主要与中国货币政策的中间道路有关。蒙代尔“不可能三角形”模型说明的是固定汇率、资本自由流动和货币政策独立三者只能选其二。但对于大国则不然，如经济规模大的中国与美国其利率政策有极高的独立性与外生性，会对其他国家的利率政策选择产生较大影响。如果大国货币已成为储备货币或国际经贸的计价结算货币，其他货币利率将被迫与其联动调整，从而大国就能独立实施利率政策，其他国家利率政策就缺少独立性。此外，固定汇率、资本自由流动和货币政策独立只是一种极端的情形，对于中间道路，如汇率有管理的浮动、资本管制一定程度的放松以及利率政策一定程度的独立，加上国家大量的外汇储备，都将产生新的政策组合。中国资本项目开放、汇率利率市场化的渐进式改革，基本上是这样一种中间状态的情形。利率市场化并不等于利率自由化。目前，中国要在宏观审慎管理框架下，对这种中间道路进行研究分析，明确汇率有管理的浮动、资本管制一定程度的放松以及利率政策一定程度的独立与外汇储备变化等四个政策目标之间的相互作用机制。积极探索、寻求上述四个政策目标之间的长期动态关系，充分利用充足的外汇储备，在保持人民币汇率双向浮动与维持汇率于合理水平上基本稳定的同时，增强中国利率政策的前瞻性、相对独立性与有效性。

第三，央行要加强国际利率联动性监测预警。中国不但要考虑国内经济金融的运行态势，还要考虑国际经济运行状况，充分认识利率联动性产生的原因与变动趋势。分别针对不同原因如经济全球化、金融一体化、国际经济政策协调、国际共同因素等，做出有效的政策利率调整决策。要注重正常经济运行环境中的利率微调与经济异动条件下的逆周期调控相配合，以提高政策利率对市场利率的引导与调整的精准性、针对性。目前，还要关注美国与日本等工业化国家的“量化政策”对中国经济金融运行的影响，特别要关注其对国际资本流动与市场利率的影响，重视利率政策创新，对热钱采取“疏”而非“堵”的方法，在可控的范围内加以利用，提高国内调控政策的有效性。如简化外商直接投资外汇管理，除了必要统计管理程序外，最大限度地减少行政审批项目，实现直接投资项目下人民币可兑换。扩大合格境外机构投资者（QFII）以及人民币合格境外机构投资者（RQFII）的数量与投资规模，使国际资本有限制地合法进入中国股市与急需发展的经济领域，促进国内经济发展，缓解国内利率与国际利率政策的不协调或冲突，增强利率政策的独立性。

第二节 利率国际传导基本特征

传统的宏观经济理论中，各国的利率政策调整一般都是针对国内经济、金融发展态势而制定和实施的，受国际经济金融形势影响较小。但经济全球化的发展，以及金融危机的爆发和复苏，大大加强了世界经济金融的国际联系，国际利率政策的协同或趋同现象引起研究者们的重视。从前面的分析可知，从2002年以来世界主要央行如美国、中国、日本、英国与欧洲等央行的利率政策操作可以看出，尽管各主要经济体的经济政策与商业周期不同，但各自央行的利率政策具有明显的国际趋同性或联动性。也就是说，各主要央行在调整政策利率时会考虑外国央行利率政策的变化，因而在一定程度上与其保持协调一致性与联动性。经济研究者一般认为这会使各国利率政策对国际经济金融形势的敏感性大于对国内，会弱化开放经济体的利率政策的独立性。而且，国际金融一体化还会改变国内利率政策实施的宏观环境。这样，即使其不会改变货币政策的目标，在实施利率政策时，也要评估其对国内利率传递机制的影响。明确国际利率联动性对国际投资者进行投资决策，以及研究者提出有效的政策建议或与政府制定与实施有效的利率政策，保持利率政策的相对独立性，有着重要的理论与实践意义。

在国际利率联动性调整趋势逐步增强的背景下，明确利率国际传递特征不但可使各国央行充分认识国际利率调整对国内利率的影响、分析解释国际利率调整如何在国际之间传递，而且对各国央行预测均衡利率水平变动，以便前瞻性地采取应对措施，保持其利率政策的相对独立性，促进经济稳定发展有重要作用。问题是国内政策利率对国际利率的反应速度与程度如何？中央银行在制定与实施利率政策时是否日益受到国际利率联动的制约？如何在国际利率联动背景下，理性分析与选择中国利率政策的操作取向，增强中国利率政策相对独立性与有效性，使其更符合中国经济形势的未来走向？对这些问题的探讨是此研究的主旨所在。利用 2002 年 1 月至 2012 年 7 月的月度数据，采用 VAR 经济计量模型，探讨利率国际传递特征，以期为各国央行制定利率政策、国际金融企业决策提供借鉴。

一、理论模型构建

（一）数据准备

研究样本由全球五大中央银行即美联储、日本央行、欧洲中央银行、中国人民银行、英格兰银行于 2002 年 1 月至 2012 年 7 月月度政策利率数据构成，相应的各国政策利率均用同业拆借利率作为代理变量。基准利率均调整序列分别表示为：rchi、rusi、reoi、rjai、ruki，相应对的一阶差分序列分别表示为

d（rchi）、*d*（rusi）、*d*（reoi）、*d*（rjai）、*d*（ruki），相关数据均来自各央行统计数据库。

由于源自美国次贷危机的全球性金融危机使世界各国加大了货币政策国际协调的力度与合作范围，同向协同连续降息的传统调控手段一度被各国频繁使用，凸显了利率政策的国际联动性。金融危机前后，各国政策利率操作方式发生了较大变化，从而引起国际利率联动特征产生较大变化。在国际金融危机前，各经济体央行在利率调整与转向时点协同性小，调整频率、幅度与利率目标水平差别大。在国际金融危机应对期，利率调整与转向时点协同性高，调整频率（高）、幅度（大）与利率目标水平趋同，体现国际利率调整的高度联动性特征。在金融危机后期，国际利率的调整频率、幅度均变小，国际利率差异变小，利率水平的趋同性更加明显。

（二）相关分析

两变量间的相关系数可以简单地表示其间的关联程度。通过对比金融危机前、应对期与危机后国际利率变动的相关系数可以探讨国际利率联动性的变化。由于危机后期，美国、英国、日本等政策利率基本未发生调整，因此仅列出中国与欧元区两国利率的相关系数。三个时期国际利率政策调整变量相关系数见表 6－5。从表 6－5 可以看出，金融危机前期，国际利率除中国外的相关系数较高，中国央行的政策利率与其他央行的政策利率之间的相关系数普遍相对较低，其中以与美国、英国的利率政策联动性程度最低，甚至是反应的冲突。这说明中国在资本管制的情况下，其利率政策具有较强的独立性。金融危机应对期，各国政策利率间的相关系数普遍显著提高，从整体来看，国际利率联动程度有加强的趋势。与危机前出现的明显差异是，中国在危机前利率政策的相对较高的独立性大大弱化，各国央行为应对金融危机、保持金融稳定而采取的利率协调大大增强了各国利率调整的国际同步程度。而在危机后期，各国的利率政策协调程度下降，由于各国经济运行态势的差异，各国利率政策操作出现了一定程度的分化，各国的国际利率调整的同步程度有所下降。

表 6－5　国际利率相关系数

时　期		rusi	ruki	rjai	reoi	rchi
危机前期	rusi	1.00	0.79	0.71	0.59	－0.26
	ruki		1.00	0.75	0.50	－0.05
	rjai			1.00	0.79	0.04
	reoi				1.00	0.05
	rchi					1.00
危机应对期	rusi	1.00	0.88	0.82	0.72	0.79
	ruki		1.00	0.99	0.95	0.97
	rjai			1.00	0.96	0.98
	reoi				1.00	0.96
	rchi					1.00
危机后期	rchi				0.70	

（三）协整检验

对有较强的相关性的国际利率政策变量研究的一般方法是变量时间序列的回归分析，但是时间序列回归模型的一个重要的假设是平稳性的假设，否则容易产生“伪回归”。然而现实中大多数宏观经济时间序列都是非平稳性的，不符合平稳性原则。1978 年 Engle and Granger 提出的协整理论与方法，为非平稳变量序列经济模型的建立提供了一条可行性途径。虽然宏观经济变量序列就其本身而言是非平稳的，但其线性组合却有可能是平稳的，即协整关系，并且这种线性组合可被解释为宏观经济变量间的长期稳定的均衡关系。①

经济全球化与金融一体化将全球金融经济紧密地联系在一起，经济的相互依存性高，从长期来看，国际利率政策应该具有均衡关系，国际利率政策的趋同（调整方式与基准利率水平）即是这种均衡的有力证明。这种均衡关系正是国际利率政策联动关系研究模型建立的基本点。在短期内，由于各经济体国内经济金融形势、经济政策的差异以及其他随机因素的影响，国际利率政策可能偏离均衡位置。如果国际利率政策联动被暂时打破，那么随着时间的推移，将会回到均衡状态，从长期来看，国际利率政策有联动趋势。相反，如果这种偏离是永久的，国际利率政策就不存在长期的联动关系。

协整检验以平稳性检验为基础。因此，进一步分析之前先要对变量进行平稳性检验并确定其阶数。采用 ADF 检验各国国际利率调整变量序列的稳定性，结果表明，rchi、rusi、ruki、rjai、reoi 均为 I（1）序列。对于 rchi、rusi、ruki、rjai、reoi 每一个序列来说不都是平稳的，如均值、方差随时间的推移而变化，但它们的线性组合有可能是平稳的，序列间有协整关系。因为金融危机前与金融危机应对期有明显的结构变化，所以将整个研究区间分为金融危机前与后（包括危机应对期与危机后期）两个样本建立模型，采用 Johansen 方法进行协整检验，检验结果见表 6－6。从上表可以看出，金融危机前与危机后主要国家的利率协调检验均在 5%统计水平上显著，说明 rchi、rusi、ruki、rjai、reoi 之间存在协整关系，各主要央行的利率政策调整之间存在长期均衡关系。这与前面的分析相同。

① 高铁梅. 计量经济分析方法与建模——EViews 应用及实例［M］. 2 版. 北京：清华大学出版社，2009：165—177.

表 6－6　协整检验

	原假设	特征值	迹检验统计量	P 值
金融危机前（2002.1—2007.9）	0 个协整向量	0.5974	143.3001	0.0000
	至少 1 个协整向量	0.4285	85.0648	0.0019
	至少 2 个协整向量	0.2662	49.2541	0.0367
金融危机后（2007.10—2012.7）	0 个协整向量	0.5374	113.9339	0.0016

（四）向量自回归模型

协整反映了国际利率政策之间有长期稳定的联动关系，却不能反映它们之间的短期波动的动态交互机制。这就要建立变量间的关系模型来进行深入探讨。传统的计量经济学分析方法如联立方程等结构性方法要以经济理论为基础来描述变量间的关系而建经济模型。但现有的经济理论不能为国际利率政策之间的动态联系机制提供一个严谨的经济说明与解释。这就是利用非结构性的方法来建立变量之间关系的模型。向量自回归模型即属于这种非结构性的多方程模型。[①] VAR 模型是基于变量数据的统计性质建立模型，把研究变量作为一个系统来考虑，避开了在结构建模过程中需要对系统的所有内生变量和外生变量做事先假设。它常用于预测相互联系的时间变量系统及随机波动对系统的动态冲击，从而解释各种变量冲击对经济的影响，是金融经济研究的标准实证分析方法，对分析国际利率政策间的传递机制来说是有效的分析工具。因此，选用向量自回归模型来进一步研究国际利率政策间的传递特征，明确国际利率政策的溢出效应的性质与程度，分析国际利率政策联动的政策含义。

---

① 高铁梅. 计量经济分析方法与建模——EViews 应用及实例［M］. 2 版. 北京：清华大学出版社，2009：267—268.

表 6－7　Granger 因果检验（2002.1—2007.9）

Period	Null Hypothesis	Obs	F－Statistic	Probability
Period before the financial crisis	ruki does not Granger Cause rusi	67	1.12	0.33
	rusi does not Granger Cause ruki		0.93	0.40
	rjai does not Granger Cause rusi	67	3.37	0.04
	rusi does not Granger Cause rjai		3.78	0.03
	reoi does not Granger Cause rusi	67	9.12	0.00
	rusi does not Granger Cause reoi		6.20	0.00
	rchi does not Granger Cause rusi	67	0.54	0.58
	rusi does not Granger Cause rchi		1.03	0.36
	rjai does not Granger Cause ruki	67	2.21	0.12
	ruki does not Granger Cause rjai		0.85	0.43
	reoi does not Granger Cause ruki	67	1.83	0.17
	ruki does not Granger Cause reoi		3.53	0.04
	rchi does not Granger Cause ruki	67	1.24	0.30
	ruki does not Granger Cause rchi		0.15	0.86
	reoi does not Granger Cause rjai	67	2.27	0.11
	rjai does not Granger Cause reoi		3.61	0.03
	rchi does not Granger Cause rjai	67	0.22	0.80
	rjai does not Granger Cause rchi		0.18	0.83
	rchi does not Granger Cause reoi	67	0.27	0.76
	reoi does not Granger Cause rchi		0.37	0.69

由于在向量自回归模型中，一般采用残差协方差矩阵的 Cholesky 因子的逆来正交化脉冲。这个过程为模型的变量设置一个次序，并将影响变量的公共因素归结到第一个变量上。即给第一个变量的冲击不受其他变量所给冲击的同期影响，给第二个变量的冲击不被除第一个变量之外的其他变量冲击的同期影响，依此类推。因此，在估计模型之前要先对变量进行因果关系检验，以便估

计各变量的相对外生程度。同时这也是对国际利率政策变量间的真实经济意义的验证。因为有一些显著相关的经济变量，它们未必都有真正的经济意义。Granger 因果检验对序列的平稳性要求极严格，因此，用一阶差分序列即平稳序列进行因果关系检验。滞后 1 期的因果检验结果见表 6－7、表 6－8。

表 6－8　Granger 因果检验（2007.10—2012.7）

Period	Null Hypothesis	Obs	F－Statistic	Probability
Period after the financial crisis	ruki does not Granger Cause rusi	57	0.46	0.63
	rusi does not Granger Cause ruki		10.39	0.00
	rjai does not Granger Cause rusi	57	0.83	0.44
	rusi does not Granger Cause rjai		15.79	0.00
	reoi does not Granger Cause rusi	57	0.38	0.68
	rusi does not Granger Cause reoi		6.73	0.00
	rchi does not Granger Cause rusi	57	0.07	0.93
	rusi does not Granger Cause rchi		2.21	0.12
	rjai does not Granger Cause ruki	57	1.68	0.20
	ruki does not Granger Cause rjai		16.20	0.00
	reoi does not Granger Cause ruki	57	2.88	0.06
	ruki does not Granger Cause reoi		16.81	0.00
	rchi does not Granger Cause ruki	57	0.05	0.96
	ruki does not Granger Cause rchi		5.97	0.00
	reoi does not Granger Cause rjai	57	0.72	0.49
	rjai does not Granger Cause reoi		5.26	0.01
	rchi does not Granger Cause rjai	57	0.47	0.63
	rjai does not Granger Cause rchi		4.36	0.02
	rchi does not Granger Cause reoi	57	0.59	0.56
	reoi does not Granger Cause rchi		5.83	0.01

从表6－7、表6－8可以看出，在10%的统计显著水平上，危机前的10对因果检验中，存在双向因果关系的有两例，存在单向因果关系的有两例。而危机后的10对因果检验中，存在双向因果关系的有1例，存在单向因果关系的有9例。美国利率引起中国利率变化的显著性为12%，接近于10%显著水平。金融危机明显增强了国际利率政策的相互作用、相互影响，增强了国际利率的联动性。相对比而言，美国利率在危机前引起两个国家利率的变化，而与另一个国家的利率呈双向因果关系。危机后，美国利率引起的另外三个国家利率变化，对中国利率的作用虽然不显著，但也与临界值较接近，而不存在反向因果关系，说明美国利率在危机后有明显的外生性，表明其利率政策有高度的独立性。总体而言，国际利率政策的因果次序如下：美国、英国、日本、欧元区、中国。为了选择模型最优的滞后长度，应用SC准则标准最终确定最优滞后长度为1。为了与因果检验变量保持一致而以各变量的一阶差分序列建立以1为滞后长度建立5变量的向量自回归模型。

二、利率国际传递特征的检验结果与分析

（一）脉冲响应函数分析

VAR模型是一种非理论性模型，一般不分析变量对变量的影响，为了从本质上分析国际利率政策间的相互作用，需采用脉冲响应函数方法（Impulse Response Function，简称IRF），这种方法是分析当某个误差项发生变化，或者说模型受到某种冲击时对经济系统的动态影响。如果国际利率政策的联动程度高，对于给定的一个国家央行利率政策的外部冲击，一定会引起其他国家利率产生反应。通过脉冲响应函数分析，可以考察国际利率政策调整国际传递的速度、完全性以及相互作用的程度。相关估计结果见图6－2、图6－3。

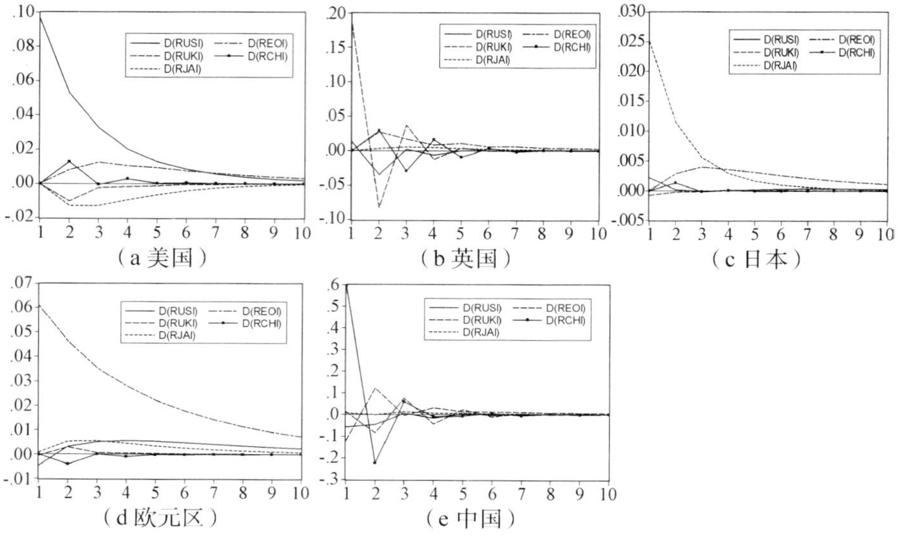

图 6－2　脉冲响应分析（2002.1—2007.9）

1. 金融危机前国际利率变化的脉冲响应分析

从图 6－2 可以看出，美国利率对其自身的一个标准差冲击短期内有较强的正向反应，且有较长持久性。说明美国利率政策稳定性差，任何自身的扰动都会使其长期偏离均衡状态。中国与欧元区利率变化对美国有正向效应，但中国利率变化向美国的传递速度快，到第 2 期即达最大值，此后迅速衰减，在第 5 期即趋近于零。欧元区利率变化对美国影响有持久性，在第 3 期达到最大值，之后缓慢趋于稳定。日本与英国对其则有负向影响。日本利率对其自身的一个标准差冲击短期内有较强的正向反应，且有持续性，在第 6 期后才趋于稳定。日本对美国政策利率的一个标准差冲击在短期内产生正向效应，在第 2 期后稳定于较低水平。而欧元区利率的冲击则对日本产生强而持久的影响，在第 3 期达到峰值后经历 10 期才缓慢趋于均衡。欧元区利率对美国与日本政策利率的标准差的冲击变化有持久、快速、较强的正向反应，敏感性较强，其影响效应分别在第 2 期与第 3 期达到峰值，第 10 期后才趋于稳定的正值。中国利率对其自身的一个标准差冲击短期内有较强的正向反应，但不具持续性，在第5期内即急剧波动衰减至零附近，这说明中国利率自身稳定性高，本身的冲击不具有持续性。对于给定的英国、欧元区与美国利率一个标准差正向冲击，分别会在经历第2、3、4期波动后传递到中国国内，对中国国内利率产生正向效应，但影响程度均较低。此外，英国对欧元区利率的变化较敏感，且传递速度快。中国与美国利率变化对英国的影响波动性较大，传递速度慢。

总之，危机前国际利率冲击反应呈现出一个明显的特点，就是除美国外，对各个国家利率的一单位新息的冲击，其他国家利率一般会在第4期后产生同向的冲击反应，其中以美国最大，中国、英国次之，而欧元区、日本小。而且国际利率调整的国际传递速度较慢，在经历最初的1—3期小幅波动之后，一般要经过6—9个滞后期后，受影响国的反应才趋稳定。而美国利率的冲击在即期内即可传递到各国国内，对这些国家国内利率产生持久的影响。很明显，一国的政策利率变化通过国际传递，与受影响国国内利率产生相互作用，但传递与冲击影响的方式有明显差异。

这表明，在危机前美国利率在国际利率中有弱主导地位，其政策利率变化会在一定程度上引起其他国家国内利率产生同向的变化。美国利率冲击在国际的传递速度快，但影响程度处于较低水平。而其他国家利率的国际传递相对于美国而言速度慢，且影响有波动性与暂时性。总之，在危机前各国利率变化与以美国为主导的国际利率调整存在一定程度的一致性与协调性，存在弱的国际利率联动性。欧元区与日本、中国等国利率变化有相对强的独立性，美国利率在国际利率联动中处弱主导地位，对其他国家利率的溢出效应明显，而其他国家利率冲击对美国利率反作用不具有对称性。

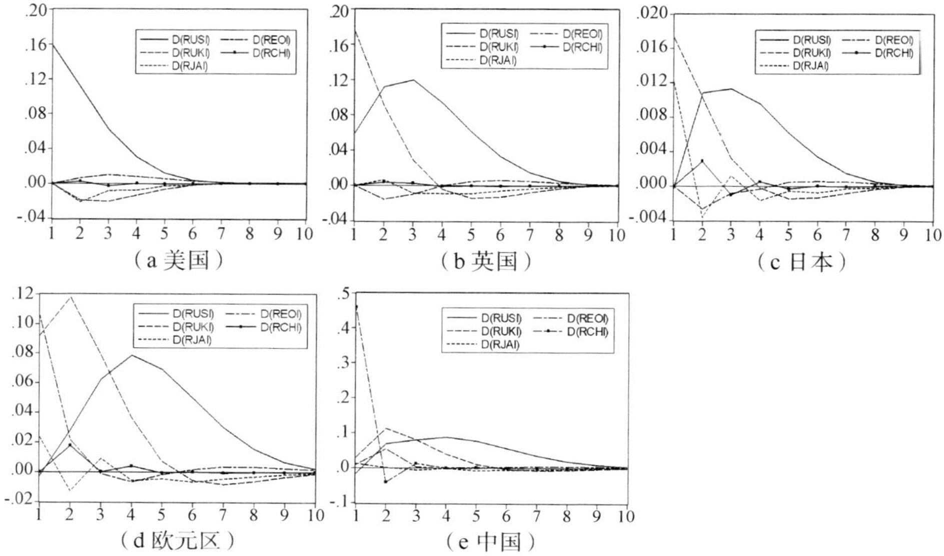

图 6－3 脉冲响应分析（2007.10—2012.7）

2. 金融危机后国际利率变化的脉冲响应分析

从图 6－3 可以看出，美国利率对其自身的一个标准差冲击的正向反应最大，在第 1 期即达最大值后快速衰减为零，从而达到长期均衡状态。美国之外的利率冲击对美国利率的影响相对其自身而言明显较弱。欧元区与中国利率对其有同向弱作用，而日本与英国则对其产生反向作用。这说明美国利率政策有很强的独立性。中国利率对其自身的冲击在第 4 期内即衰减于零附近，其对美国利率的冲击产生的同向反应在第 3 期即达最大值，此后缓慢衰减至稳定水平。而英国与欧元区利率变化对中国利率的正向冲击在第 2 期达到峰值后，分别经过 1 期与 3 期迅速衰减而趋于稳定。日本利率变化对中国也会产生同向效应，但其对中国利率的影响程度最小。美国与英国利率变化对日本与欧元区利率的影响效应高于其自身的冲击反应，其强度最高，显著高于对其他国家利率的影响，但美国的冲击效应更有持久性。中国对日本与欧元区利率均有同向影响。日本与欧元利率的国际联动程度与速度较前一阶段明显提高。英国利率变化对美国最敏感，对其他国家利率呈现出较强的免疫能力。而日本、欧元区利率则对美国、英国与中国利率变化均呈现出较强的敏感性。

这说明，危机后的国际利率冲击反应呈现出与前一阶段明显不同的特点，对某一国家利率给定一个标准差的冲击，其他国家国内利率迅速产生冲击效应，并在1—3期内急剧增加至峰值，此后，在4—8期内快速衰减趋近于零，并且这种正向的影响效应也较前期明显增强。这说明危机后，国际利率的联动程度明显较前一阶段加深，利率国际传递的速度与程度明显加快与增强。美国利率与其他国家利率的相互作用的不对称性增强。美国利率对其他国家利率冲击的免疫程度提高，受到国外利率的冲击影响小于危机前，而对其他国家利率的影响程度变大，美国利率变化体现出明显的外生性。这表明，在危机后美国利率在国际利率联动中其主导地位有加强的趋势。

由此可见，美国利率变化的外生性最强，利率政策独立程度高，中国次之，而英国、日本与欧元区利率政策独立性较弱。

(二) 方差分解

脉冲响应函数描述的是VAR系统中一个内生变量的冲击给其他变量带来的冲击影响是如何随时间变化而变化的，相反，方差分解则是分析系统的每一个结构冲击对相关内生变量变化的解释力，进而探讨不同变量冲击的重要性，即变量冲击的贡献占总贡献的比例。结果见表6－9、表6－10。

表6－9　方差分解表（2002.1—2007.9）

国别	时期	S.E.	D（rusi）	D（ruki）	D（rjai）	D（reoi）	D（rchi）
美国	1	0.10	100.00	0.00	0.00	0.00	0.00
	5	0.12	92.24	0.76	3.04	2.82	1.14
	10	0.12	91.27	0.75	3.15	3.97	1.12

续表

英国	1	0.18	0.51	99.49	0.00	0.00	0.00
	5	0.22	2.98	89.87	0.16	2.63	4.36
	10	0.22	2.97	89.61	0.18	2.85	4.38
日本	1	0.03	0.76	0.09	99.14	0.00	0.00
	5	0.03	0.57	0.08	93.71	5.43	0.21
	10	0.03	0.62	0.08	91.86	7.22	0.21
欧元区	1	0.06	0.57	0.01	0.02	99.41	0.00
	5	0.09	1.37	0.11	1.07	97.24	0.21
	10	0.10	1.94	0.10	1.11	96.66	0.19
中国	1	0.61	0.88	0.04	0.01	3.94	95.13
	5	0.68	1.20	3.39	0.07	6.71	88.63
	10	0.68	1.21	3.41	0.08	6.79	88.52

1. 金融危机前国际利率变化的方差分解

从均方误差分解表6－9可以看出，在美国利率方差分解表中，美国利率作为解释变量时，解释了美国利率预测方差的91.27%，而对英国、日本、欧元区与中国方差的贡献率分别为2.97%、0.62%、1.94%、1.21%。英国、日本、欧元区与中国等国家利率方差对其解释力分别为0.75%、3.15%、3.97%、1.12%。说明一方面美国利率对其自身及其他国家或者国际利率有较高的解释程度；另一方面其他国家利率对其也有反作用，也解释了美国利率变动的一部分。表明美国与中国、欧元区利率变化在一定程度上会相互作用，利率联动有对称性特征。而对英国与日本而言，则表现出单向溢出和非对称性。美国利率政策通过国际传递传到其他国国内对传入国利率政策的制定与实施产生影响，使被影响国的利率政策独立性在一定程度上弱化。同时，传入国利率政策也会对美国产生反馈效应。

日本利率对其自身的解释率达91.86%，而对美国、欧元区、英国与中国的方差的解释程度分别为3.15％、1.11％、0.18％、0.08％。欧元区与美国利率反馈效应分别达到7.22％、0.62％，而其余国不显著。说明日本利率变化通过国际传递对国外有极强的正向效应，日本与欧元区的利率相互作用有对称性，而对其他国家利率的影响效应强而相应国家利率的反馈作用却较弱，呈现出明显的不对称性。由此可见，日本利率政策有相对高的外生性与独立性。这与日本20世纪以来经济的持续低迷，甚至有时趋向减弱有关。中国利率方差作为解释变量对其本身的解释的贡献率为88.52％，对英国与美国的解释率分别为4.38％、1.12％，而对其他国家利率的解释力较弱。说明中国利率在一定程度上受到国外利率冲击的影响，而溢出作用较弱。这可由中国在此阶段处在持续扩大开放程度，经济对外的依赖程度较大得到解释。英国利率方差对其自身和中国利率的贡献率分别为89.61％、3.41％。欧元区利率对其自身解释力为96.66％，而对其他国家利率变化的解释力均较高。除美国外，日本、中国、英国对其冲击作用不明显。说明欧元区独立性高，对国外利率有极强的影响效应。

由此可见，欧元区、美国与日本利率变化均有高的外生性和独立性，此阶段国际利率之间变化有低的一致性与互相作用，美国利率变化对国际利率的主导作用较弱。这是因为从新千年起，全球经济进入了新的调整周期，包括美国在内的主要国家经济增长速度放缓。世界各大主要经济体如美国、欧元区和日本等的央行相继降低利率。2004年第二季度后，在美国经济体保持增长势头的同时，欧元区与日本经济复苏缓慢甚至减弱，这种经济周期的不同步性与金融经济全球化的国际背景，导致此时期美国利率在国际利率联动中呈现出弱主导性特征，相比较而言独立性较强。

2. 金融危机后国际利率变化的方差分解

从第二阶段的国际利率方差分解表6－10可知，美国利率作为解释变量时，解释了美国利率预测方差的95.82%，与其他国家相比其自身解释程度最大，而对英国、日本、欧元区、中国方差的贡献率分别为51.96%、39.21%、31.06%、11.07%。英国与日本对美国方差的解释率为2.25%、1.31%，而中国与欧元区利率变化对其解释程度小。说明美国利率对其自身及其他国家或者称国际利率的解释程度普遍提高，其他国家利率对利率变动的解释力在降低。表明美国利率在国际利率体系中处于主导地位，其外生性最强，其政策利率变化的独立性与通过国际传递对外国利率的影响效应与金融危机前相比有很大的提高。这是由于美国作为世界最大经济体在金融危机后，面对经济的急剧衰退以及随之而来的痛苦而又缓慢的复苏过程，作为危机的发源地的美国，执行了极度宽松的利率政策，而其他国家在美国的次贷危机演变为全球金融危机后，危机在国际之间传递，进而各国面临共同的产出下降压力，加上各国均通过国际货币政策协调等方式，各国协调一致进行了不同程度的宏观经济干预，从而导致国际利率联动协调调整的程度增加，而国别利率政策独立性相对弱化。

表6－10　方差分解表（2007.10—2012.7）

国别	时期	S. E.	D（rusi）	D（ruki）	D（rjai）	D（reoi）	D（rchi）
美国	1	0.16	100.00	0.00	0.00	0.00	0.00
	5	0.21	95.86	2.24	1.31	0.55	0.03
	10	0.21	95.82	2.25	1.31	0.58	0.03
英国	1	0.18	10.24	89.76	0.00	0.00	0.00
	5	0.29	51.43	47.78	0.34	0.43	0.03
	10	0.29	51.96	47.12	0.39	0.51	0.03
日本	1	0.02	0.02	67.28	32.71	0.00	0.00
	5	0.03	38.50	42.91	16.77	0.82	1.00
	10	0.03	39.21	42.40	16.53	0.88	0.98

续表

欧元区	1	0.14	0.03	42.10	2.79	55.08	0.00
	5	0.24	26.86	51.22	1.47	19.89	0.57
	10	0.25	31.06	48.22	1.50	18.69	0.53
中国	1	0.46	0.12	0.41	0.08	0.04	99.35
	5	0.51	9.49	8.24	0.10	1.16	81.02
	10	0.52	11.07	8.13	0.13	1.15	79.52

英国利率对其自身的解释率达 47.12%，而对日本、欧元区与中国利率的解释程度分别为 42.40%、48.22%、8.13%，而对美国利率变化的解释程度低。而美国利率方差作为解释变量解释了其利率方差的 51.96%，超过了其自身的解释能力。说明英国在国际利率相互作用中，利率受国际利率影响较大，利率调整的独立性比金融危机前有大的丧失，其利率调整呈现出美国利率主导下的国际联动特性。这与英国资本市场完全开放，高度市场化的金融与经济，以及英国经济与金融国际高度本体化与整合有关。

日本利率对其自身的解释率只有 16.53%，而对其他国家利率的解释程度均较低而不明显。而美国与英国利率方差作为解释变量解释了其利率方差的大部分。说明日本在第二阶段其利率方差作为解释变量对其自身与国际利率变动的解释程度均下降，而国际利率变化对其解释程度大幅度增加，表明其利率的溢出效应在显著降低的同时，利率政策的独立明显减弱。这可能与日本经济长期的衰退及 2011 年的日本地震灾害对经济的影响，受到全球金融危机的影响更大有关。

方差分析提示的另一个主要信息是中国利率方差作为解释变量对其本身的解释的贡献率为 79.52%，与金融危机前相比较自身解释力有大的下降。对美国、英国、日本、欧元区利率变化的解释率均较低，而美国与英国国家利率方差对其解释力明显增高。说明中国利率变化受以美国利率为主导的国际利率的变化影响较大，利率调整的独立性、外生性较前期明显下降，对国际利率的溢出影响在增强，即使如此，中国利率的独立性程度与英国、日本与欧元区相比明显高，而国际利率的联动性较大。这是由于虽然中国在金融危机后经济率先快速回调而取得强劲增长，2011 年便超越日本成为第二大经济体，但与此同时，又面临应对金融危机政策引致的负面影响所导致的持续的居高不下的通货膨胀，并且这种通货膨胀有明显的国际性，再加上，中国的利率市场化程度低以及资本管制导致的资本出入中国国境的障碍，使得央行采取的相对紧的利率政策既表现出一定的国际联动性，又因为国内经济的国别原因而具有一定程度的内生性，在国际上表现出独立性特征。此外，欧元区利率方差被美国、英国利率方差作为解释变量解释了大部分，而反之则不然，说明美国、英国与欧元区利率的国际利率联动呈现出明显的不对称性，美国与英国利率变化对其影响效应在增大，而其反馈效应则不明显或较弱，其利率政策在国际利率联动系统中的内生性明显，而外生性极弱，因而弱化了其利率政策的独立性。这可由此区域的经济受金融危机以及之后的欧债危机的双重影响，形成“主权债务危机—银行危机—经济下滑”恶性循环，经济形势持续低迷，而美国是世界经济总量最大、中国是世界增长最快的经济体得到解释。

三、提高中国利率政策的有效性

此研究选择 VAR 计量经济模型，利用世界主要国家央行即美国、中国、日本、欧元区与英国五个国家与区域 2002 年 1 月至 2012 年 7 月月度基准利率作为样本，探讨了经济全球化、金融一体化日益深化的背景下，国际利率的联动机制。结果表明，金融危机后，国际利率的联动程度及其不对称性较之前显著提高与增强，主要经济体利率的国际传递的速度与强度显著提高，美国利率对国际利率的主导地位得以强化，中国利率对国际利率的溢出效应显著增强，这将影响相关国家的利率政策的制定与实施。

由前面的分析可知，在危机前由于主要经济体经济（除欧元区外）表现出一定程度的联动性，这些经济体的利率方差被自身与其他利率解释的程度基本持平，相应的他们的利率政策调整呈现弱的联动性与高的独立性并存的特征，国际利率联动性有对称性。而美国的最大经济体地位与欧元区在国际利率联动中呈现出弱主导地位。在危机后，国际利率联动的特征发生显著变化。源自美国的次贷危机迅速演变为国际金融危机，导致全球经济陷入不同程度的减弱或衰退。国际利率联动程度在增加的同时，也强化了其不对称性。美国利率成为国际利率的主导，具有显著的外生性与独立性。中国在成为第二大经济体、开放度持续提高的同时，其利率政策的独立性受到一定程度弱化，但远高于英国、日本、欧元区的利率变化独立性。日本由于经济长期的衰退及 2011 年的日本地震灾害对经济的影响，利率政策的独立性较危机前显著弱化。危机后作为主要经济体，其利率变动在国际上的传递速度与冲击强度显著加快与提高，但不同利率的传递速度与溢出效应又存在显著差异。说明金融危机后全球经济的联动性提高，经济金融全球化进一步提高，导致国际利率的联动程度增强，同时也说明各经济体融入世界经济步伐的差异性。

经济全球化、金融一体化程度的加深，在扩大主要经济体利率政策对国际利率政策影响以及提高国际利率联动程度的同时，也使部分国家的利率政策的独立性弱化，给各国通过国内利率政策调整的以有效平衡经济增长与通货膨胀的能力带来新的不确定性。世界各经济体货币政策将面临更大的国际利率政策冲击，要高度重视国际利率变动特别是美国利率政策变化对国内金融经济的影响，加强对跨境资本的监控。建立利率预警机制，及时评估国际利率联动对国内经济造成的影响而适时做出应对，增强利率政策的前瞻性与预见性。同时主要经济体也要重视国内利率政策的国际传递对国际利率的影响，使利率政策在有效平衡国内经济增长与通货膨胀的同时，促进世界经济的持续稳定发展。

第三节 中国利率调整的国际联动性实证

通过多国模型分析了国际利率联动性的特征。现在针对金融危机以来，中国与美国的利率联系进行专门研究，明确中国利率的国际联动性特征。采用简单的 VAR 模型与误差修正模型进行计量检验。

一、简单的 VAR 模型

（一）变量选择与说明

通过前面的分析可知，从 2002 年 1 月中国利率市场化改革开始到 2012 年 7 月中国与美国的利率联动关系经历了从无到有、波动发展的态势。金融危机前，中美利率的协动小；金融危机以来中美间国际利率的联动性明显增强。因此，选取 2007 年 10 月至 2012 年 7 月为研究区间，并对中国与美国的利率联动性特征进行经济计量分析，以明确中国与国际利率联动的特征及趋势。从 1993 年 7 月 22 日起至今美国放弃了以货币供应量作为货币政策工具以调节经济运行的货币规则，改为以基准利率作为调控宏观经济的政策工具。为了揭示美国利率政策对中国利率政策的影响，研究选取美国联邦基金利率表示美国的政策利率，记为 rusi。中国利率市场化改革开始于 1978 年，直到 1996 年才迈出实质性的步伐。从 1996 年开始，先后启动了国债市场发行、放开全国同业拆借利率、放开外币存款利率、实行金融机构存款利率区间浮动。从 2001 年起，国家放松了资本管制，资本国际流动由难到易。2004 年央行再次扩大金融机构存款利率浮动区间。2012 年 6 月 8 日和 7 月 6 日中国金融机构人民币存款基准利率允许存款利率上浮至基准利率的 1.1 倍，完成了利率市场化改革的“惊险一跃”，是利率市场化改革的突破性尝试乃至整个金融改革的关键步骤，标志着中国利率市场化已初具形态。特别是 2005 年 7 月汇率改革以来，中国形成了更富弹性的汇率形成机制。2009 年又启动了人民币国际化进程，2011 年以来，国际化步伐明显加快。同时，利率也成为中央银行调节宏观经济的主要政策工具，中国市场利率能明确地反映央行的政策意图。因此中国的利率政策用同业拆借利率表示，记为 rchi。

（二）美国利率对中国利率的影响实证

时间序列的平稳性是回归模型分析的一个重要前提，否则容易产生伪回归。而现实宏观经济变量的时间序列数据通常都是非平稳的。协整理论认为同阶单整的不平稳序列间可能存在长期稳定的协整关系，用协整理论分析非平稳序列可以避免伪回归问题。因此，分析之前要先检验各序列的平稳性，若平稳，则直接进行回归分析；若不平稳，则进行协整分析。对于存在协整关系的序列可进行 Granger 因果关系检验以进一步考察变量间的因果关系。最后，可以建立向量自回归模型，进行脉冲响应分析模型受到的某种冲击对系统的动态影响。

1. 平稳性检验

检验序列平稳性的标准方法是单位根检验。采用 ADF（Augmented Dickey－Fuller Test）方法进行单位根检验。当序列通过 ADF 检验时，才认为序列或差分序列平稳，检验结果见表 6－11。从表 6－11 可知，变量 rchi 与 rusi 水平序列都是非平稳序列，但其一阶差分序列都拒绝了单位根假设，这说明两变量水平序列的一阶差分序列都是平稳的，即这些序列都是一阶单整 I (1)序列。

表 6－11　单位根 ADF 检验结果表

变　量	检验类型	ADF 检验值	P 值	结　论
rchi	(c，0，1)	－1.64	0.4481	不平稳
d（rchi）	(0，0，0)	－5.36 *	0.0000	平稳
rusi	(c，0，2)	－0.71	0.8654	不平稳
d（rusi）	(0，0，1)	－3.45 *	0.0002	平稳

注：1. 检验形式（C，T，L）中的 C、T 、L 分别代表常数项、时间趋势项和滞后阶数。
2. 滞后项的选择以 SC 准则为依据。
3. * 表示在 1%水平下显著。

表 6－12　序列协整检验结果表

原假设	特征值	迹检验统计量	P 值
0 个协整向量 *	0.17	21.66	0.0269 *
至少 1 个协整向量 * *	0.14	8.65	0.0033 * *

注：* 表示在 5%的显著水平上拒绝原假设，* * 表示在 1%的显著水平上拒绝原假设。

2. 协整检验

协整检验是考察变量的不平稳序列间长期均衡关系的方法。采用 Johansen 协整检验方法检验美国利率与中国利率两个变量的协整关系，见表6－12。检验结果表明，变量中美两国利率之间存在长期的均衡关系。说明中美两国利率间存在共同的随机变量趋势。伴随着中国开放程度持续扩大与提高，市场化程度越深，受国际经济波动影响的程度越大，在应对重大危机事件特别是金融危机时，中国利率政策就表现出与美国的一致性，加大了中国利率的国际联动性。

3. Granger 因果检验

由上一节的检验已知，中国与美国利率在 10%的水平上滞后 1 期没有 Granger 因果关系。但 Granger 因果关系检验与滞后期关系紧密，滞后 3 期的 Granger 因果关系结果见表 6－13。在 3 阶滞后情况下，在 10%统计水平上，美国利率是中国利率的 Granger 原因，但中国利率不是美国利率的 Granger 原因。这说明，美国利率向中国传递的速度低。这可能的原因是，一是美国利率市场化程度高，而中国利率市场化程度低。由于美国利率已完全市场化，美联储通过调整基准利率，利用畅通的利率传导机制引导市场利率变动，进而美国利率调整迅速在国际传递，对中国利率产生极强的影响力，引起中国利率政策做出相应调整。而中国利率尚未完全市场化，中国人民银行的贷款利率调整不能迅速充分地通过国内与国际渠道传递出去，因而对美国的利率政策影响较小；二是中国对美国经济有较大依赖性。中国进出口过分依赖美国市场，美国国内经济波动会极大地影响中国的出口贸易，进而影响到中国的利率政策。此外，中国稳定汇率的货币政策目标也限制了中国利率调整的灵活性。特别是为应付金融危机，中国在 2008 年年末到 2010 年 6 月中国人民币汇改速度放慢，汇率弹性变小。重新实行钉住美元的汇率制度，美联储调整基准利率，中国也不得不跟上，这事实上增大了美国利率政策调整对中国利率政策的影响。

表 6－13　Granger 因果检验

原假设	F 统计量	P 值
d（rusi）不是 *d*（rchi）的原因	11.88＊＊	0.0802＊
d（rchi）不是 *d*（rusi）的原因	0.85	0.2323

注：＊表示在 10％的显著水平上拒绝原假设。

4. 脉冲响应函数

变量间的协整关系反映了中美两国利率间的长期均衡关系，却不能反映它们之间的短期波动的动态交互机制。为了明晰地显示冲击的影响，采用脉冲响应曲线图显示 VAR 模型的脉冲响应函数结果。模型选取滞后期数为 3，结果见图 6－4。

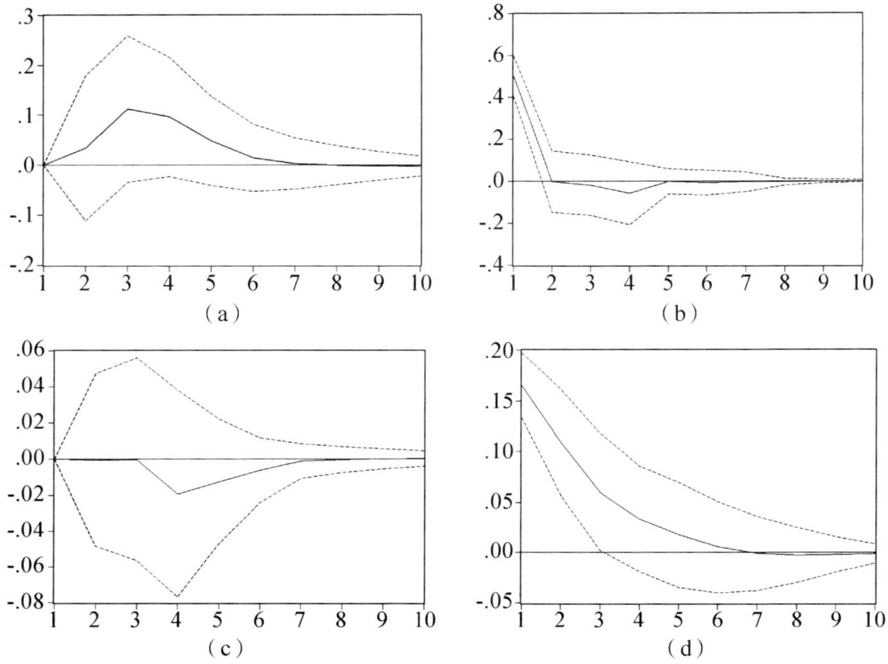

图 6－4 脉冲响应分析

从图 6－4（a）可知，中国利率对美国利率一个标准差新息短期内有较强的正向反应，引起中国利率短期内急剧升高，影响效应在第 3 期达到最大值，然后逐渐减弱，从第 6 期起经历微弱的负向反应后，冲击效应逐渐消失。说明，美国利率的波动，经国际资本流动会迅速传递到中国国内，给中国利率带来同向的冲击，且影响时间较长，引起中国利率同向变动，从而产生国际利率联动效应。这也表明，在经济全球化的时代，中国资本开放程度有所提高，国内利率政策与世界主要国家特别是美国利率政策之间的协调性在增强，国内货币政策的独立性将受到美国利率政策一定程度的影响，美国利率政策变化对中国利率政策实施将产生更大的外溢效应。从图6－4（b）可知，中国利率对自身的一个标准差新息在当期产生的正向效应大于其对美国利率变化的响应，其后，该效应经历一定程度波动后，逐渐减弱，到第 6 期后效应基本消失。说明中国国内货币政策与利率在资本渐进开放和外汇储备持续积累的背景下，仍然主要受本国经济发展态势的制约，这与前面的分析一致。即从动态结构冲击来看，中央银行的利率政策保持了一定的独立性。这与中国资本项目与货币市场的管制有关。资本市场上的资本自由流动与货币可兑换是金融全球化和自由化的核心。近年来中国资本项目可兑换比重持续增加，市场化程度在增加，人民币国际化取得较大进展，但中国与世界金融市场的融合程度还较低，资本流动与人民币兑换仍受限制，控制了资本的大进大出，使得中国能够在一定程度上根据国内经济状况调整利率政策，保持了利率政策的相对独立自主性。

从图 6－4（c）可知，美国利率对中国利率一个标准差新息短期内仅有较小的正向反应，从第 3 期产生了负向的冲击反应，第 6 期达到最大值后缓慢衰减。说明，中国利率波动，经国际资本流动也会在短时间内传递到美国国内，引起美国利率产生波动，但其影响程度相对较微弱，国际利率联动效应不明显。中国利率政策变化对美国利率政策实施影响较小。从图 6－4（d）可知，美国利率政策对自身的一个标准差新息即期产生较大的同向变动，之后迅速衰减，到第 6 期后效应基本消失。这说明美国的利率政策的调整是高度独立的，其利率政策的制定大多着眼于美国经济运行本身，而较少考虑对中国经济的影响，呈现出较强的外部效应。对国际利率起主导作用的美元利率政策调整对中国利率政策形成了较大压力，使中国利率政策国际联动性加大。

二、误差修正模型

上面的双变量 VAR 分析没有考虑相关影响因素对美国利率向中国传递的影响，这种简单的模型只能从动态的影响把握美国利率与中国利率的影响机制，而不能从结构上反映美国利率向中国传递过程及相关因素对这一过程的影响。本书将构建包含相关影响因素在内的误差修正模型并做进一步深入分析。

(一) 理论模型

为了明确国际利率即美国利率通过国际传递影响中国国内利率的机制，可利用利率平价机制作为基本模型对其进行分析。在开放经济中，当资本完全自由流动，两国货币完全替代时，利率平价关系成立，即有

$$r = r^f + \theta$$

式中，r 是国内名义利率，r^f指外国名义利率，θ 是本币的预期贬值率。由前面的利率国际传递的理论模型可知，在资本不完全流动与本国存在利率风险时，外汇市场竞争均衡会要求国内利率在上述预期收益率的基础上增加风险溢价 ρ，这样资本不完全流动时，可以得到本国利率与外国利率之间关系的模型：$r = r^f + \theta + \rho$。

当前时期，中国利率与汇率市场化、资本账户开放以及人民币国际化持续稳步协同推进，渐进地由资本与利率完全管制、汇率完全固定向资本不完全管制、利率市场化、汇率有管理的浮动状态推进。尽管如此，中国开放程度不断提高，但仍存在资本管制，利率与汇率未完全市场化。从理论上看，中国与美国均为对国际经济有重要影响的大国，在经济全球化与金融一体化的背景下，两国间的国际经济联系相互依存程度持续增高。美国利率的变动会通过货币政策、国际资本流动与贸易以及共同面对的国际经济共同冲击传递到另一国国内，从长期看两国利率应有均衡关系。由此可见，此方程可以作为分析美国利率向中国传递的基本模型，适合于研究美国利率通过国际传递对中国利率影响的分析。

研究样本与前面部分一致，仍选取 2007 年 10 月至 2012 年 7 月为研究区间。由于 2005 年 7 月汇率制度改革以来，中国汇率市场化程度持续提高，人民币汇率的变化既反映了人民币的币值变动预期，还能很好地反映中国汇率制

度安排的变化。因为中国的汇率制度是有管理的浮动汇率制度，用前向1期的人民币兑换美元汇率，作为市场对人民币贬值预期的代理变量，记为e（直接标价法）。资本管制的存在以及国内外资产的不完全替代均会造成人民币资产收益的风险增加，这可以通过中国资本项目的开放程度来测量，本书用中国国际收支平衡表中的资本与金融项目的借方与贷方的总额的增长率来测量，记为s。如果用rchi表示中国利率，rusi表示美国利率，e表示实际有效人民币兑汇率，用e作为本国货币贬值预期的代理变量，s表示货币风险升水，u表示误差项，则美国利率向中国传递的分析模型可写成方程：

$$rchi_t = c_0 + c_1 rusi_t + c_2 e_t + c_3 s_t + u_t \tag{6-5}$$

（二）协整分析

对上述模型可采用回归分析进行估计，但模型中的变量的平稳性是回归分析的一个重要前提，否则容易产生“伪回归”。而现实中经济变量多为非平稳性序列，这就需要研究变量间的协整关系，用协整关系就可分析非平稳变量序列间的长期均衡关系，同时，可以避免伪回归问题。协整关系反映的是系统变量在短期内，由于随机因素的冲击，可能偏离长期均衡趋势，但这种偏离不具有持久性，偏离只是暂时的，随着时间的推移，系统变量会回到长期均衡状态。如果中美两国间利率有这种协整关系，即表示两国利率间有共同的长期变动趋势，一定程度上反映了两国利率间利率调整的同步性。因此，进一步研究之前要先检验模型中各变量序列的平稳性，如果相关变量是平稳序列，则可直接进行传统的回归估计；而对不平稳变量序列，则要进行协整分析。如果中美两国利率间存在长期均衡关系，则要进一步分析这种均衡形成的动态机制，因为中美两国利率间的长期均衡关系是通过非均衡的过程形成的。如果要探讨这种长期均衡形成机制，明确中美两国利率间的短期作用过程，则要构建误差修正模型进行研究。

本书采用 Engle and Granger (1987) 的两阶段方法，进行协整检验。这种方法要对回归方程的残差的稳定性进行单位根检验。检验分两步：

第一，对方程进行估计，建立中国利率与美国利率及汇率之间的长期均衡模型。

第二，检验长期均衡方程的残差序列 u_t 的平稳性。如果残差序列是平稳的，则中国利率与美国利率及汇率之间存在协整关系，即证明变量间存在长期均衡关系。

(三) 误差修正模型 (ECM)

要测量美国利率向中国国内货币市场的传递速度即测量中国国内货币市场的反应调整速度，明确其短期作用机制，可通过误差修正机制来研究。所谓误差修正机制，即通过建立误差修正模型，分析美国利率与中国利率两个变量间的短期调整关系。在长期均衡基础上，可构建美国利率与中国利率变量间的误差修正模型来解释具有内生性的中国利率变量的短期波动机制，分析中国利率如何受美国利率调整的影响而做出反应进而调整的速度，进一步说明中国利率对美国利率调整的反应效应。

设误差修正项为：$ecm_t = u_t = rchi_t - c_0 - c_1 rusi_t - c_2 e_t - c_3 s_t$ (6-6)

用式 (6-6) 就可构建中国利率对美国利率的误差修正模型：

$$d\,rchi_t = \beta_0 + \beta_1 d\,rusi_t + \beta_2 d e_t + \beta_3 d s_t + \beta_4 ecm_{t-1} + \varepsilon_t \quad (6-7)$$

式 (6-6)、式 (6-7) 共同构成了美国利率向中国传递机制研究模型。模型中，式 (6-6) 反映中国利率与美国利率的长期调整关系，式(6-7)表明中国利率的短期波动不仅受美国利率变化的短期影响，而且还受中国偏离长期均衡趋势的影响 ecm_{t-1}。模型说明，在短期，中国利率的变化由两国间利率的长期趋势与短期冲击变动共同决定。在长期，协整关系所代表的两国利率变化的同步趋势会对中国利率变化的非均衡状态以 β_2 的速度反向调整，将其引回长期均衡。

（四）估计结果与分析

经检验，中国同业拆借利率、美国联邦基金利率、资本开放度与汇率变量均为非平稳的一阶单整变量序列，即都为I（1）序列，不能进行传统的回归分析，要进行协整关系的存在性检验。由于这四个变量是同阶单整序列，满足协整关系分析的前提，可以进一步进行协整分析检验，以检验中国利率与美国利率及汇率的长期均衡关系，以发现中美两国利率变化间的共同趋势，分析其调整的联动性。

1．协整检验

均衡方程估计结果见表6－14。根据估计结果表6－14，国际利率向中国利率的国际传递长期均衡方程可写成：

$$rchi_t = -70.23 + 0.52 rusi_t + 30.01 e_t + 5.16 s_t + u_t \qquad (6-8)$$

表6－14　协整方程估计

变　量	系　数	标准差	显著水平
常数项	－70.23	34.83	0.0494
rusi	0.52	0.25	0.0412
e	30.01	27.45	0.2797
ρ	5.16	1.35	0.0004

注：R^2＝0.57，D.W.＝0.76。

用ADF单位根检验残差序列u_t平稳性，见表6－15。表6－15表明其在10％的统计水平上显著，说明方程的残差序列平衡，即证明中国利率与美国利率、汇率及中国资本流动性间存在稳定的长期均衡关系，反映了中国利率与美国利率水平之间变化的依存性，中国利率变化与美国利率变化有长期稳定的共同变化趋势。从各变量的系数可以看出，美国利率的系数为0.52，且在5％的水平上统计显著，表明美国利率的变化水平会引起中国利率发生同方向的调整，中国利率与国际利率变化有一定程度的同步性、协动性。影响因素贬值预期与风险的系数为正，表明人民币贬值预期与风险提高都对国内利率的变化有同向的影响效应。但需引起注意的是，利率的变动贬值预期影响因素的显著水平较低，在长期均衡方程中出现这种情况可能是由于，自 2005 年 7 月汇改以来，人民币升值是一个小幅渐进的有管理的国家干预过程，而不是一次升值到位，甚至在全球金融危机爆发后，中国货币当局采取了完全钉住美元的汇率制度安排。这些都会使中国利率的变化对人民币的市场贬值预期反应效应显著程度的降低。

表 6－15　单位根 ADF 检验结果表

残差序列	检验类型	t－统计值	P 值	结　论
u_t	（0，0，3）	－1.6850	0.0867	平稳
检验标准	1％	－2.6140		
	5％	－1.9478		
	10％	－1.6125		

注：1. 检验形式（C，T，L）中的 C、T 、L 分别代表常数项、时间趋势项和滞后阶数。
2. 滞后项的选择以 AIC 准则为依据。

协整检验表明，中国利率与美国利率及相关控制变量之间有长期均衡关系。下面进一步用误差修正模型探讨中国利率与美国利率之间的短期作用机制。

2. 误差修正模型

假设 $ecm_t = u_t = rchi_t + 70.23 - 0.52rusi_t - 30.1e_t - 5.16s_t$，则可构建中国利率与美国利率间变化长期均衡关系的误差修正模型，如下：

$$d\mathrm{rchi}_t = \beta_0 + \beta_1 d\mathrm{rusi}_t + \beta_2 d\mathrm{e}_t + \beta_3 d\mathrm{s}_t + \beta_4 \mathrm{ecm}_{t-1} + \varepsilon_t \quad (6-9)$$

对方程（6－9）进行回归估计，并用 ADF 单位根检验方法，发现其残差平稳，估计结果见表 6－16。

表 6－16 误差修正模型（因变量：$d$rchi）

自变量	系数（β）	标准差	P 值
ecm_{t-1}	－0.18	0.06	0.0029
$drusi_t$	0.20	0.15	0.1743
de_t	17.34	10.14	0.0939
ds_t	0.75	0.43	0.0843
R^2		0.15	
D. W.		1.57	

根据估计结果，国际利率向中国利率的国际传递的误差修正模型可写成：

$$drchi_t = 0.2drusi_t + 17.34de_t + 0.75ds_t - 0.18ecm_{t-1} + \varepsilon_t \quad (6-10)$$

从误差修正模型的方程（6－10）中可以看出，短期中国利率的变化受到短期美国利率变化、短期人民币贬值预期与风险的同向影响。美国利率提高，实行紧缩的货币政策，通过国际传递引起中国国内利率同向的变化，但在一般的统计水平上，这种影响不显著。说明中国在资本不完全流动下，资本管理、汇率与利率市场化程度低的情况下，中国利率会在一定程度上对外国利率政策的调整产生免疫性，保持较高的独立性。另外，人民币贬值预期的波动与国家风险的变化都会对利率变化产生同向显著影响。误差修正项的估计系数为负（－0.18），符合反向调整的作用机制，表明中国利率偏离两国长期利率均衡状态时的回调能力。当中国利率由于短期冲击偏离长期均衡状态时，长期协整的共同变动趋势会以－0.18 的速度，也就是经历 5—6（30×0.18）天的时间，将中国利率从非均衡状态拉回长期稳定均衡状态。说明中国利率变动有稳定的长期趋势，短期因素的冲击虽然会对利率产生同向的冲击，但中国利率会在内在机制作用下恢复长期稳定发展态势。

由此可见，在考虑了货币的预期贬值与国家风险后，利率平价理论对中国与美国的利率关系有了一定程度的解释力。同时，我们也发现，由于中国汇率与利率市场化程度低，资本管制与汇率干预较多，导致模型的长期协整方程与误差修正模型的解释程度分别为 0.57 与 0.15，均较低。可能的原因是模型中仍有未考虑到的重要影响因素，而且这些因素会对美国利率调整向中国的国际传递产生显著影响，这就要求考虑更多的因素来进一步探讨国际利率向中国传递的动态机制。

三、加强中美两国的利率政策沟通协调

研究采用计量经济学的协整、因果与向量自回归脉冲响应分析方法，以 2007 年 10 月至 2012 年 7 月中美两国利率的月度数据为样本，考察了两国利率的联动关系。研究表明，中美两国利率间存在长期稳定的均衡关系。美国利率的变动对中国利率的影响较大，美国利率的波动会迅速传递到国内，引起中国利率同向变动。美国利率调整有较强自主性，其政策变化对中国利率政策实施将产生较大的外溢影响，从而产生国际利率联动效应。同时，中国利率政策也表现出独立性，但自主稳定性小于美国，对美国利率政策影响较小，不能显著引起美国利率改变。中国利率政策对美国利率政策影响有限。总之，中美两国资本与货币市场间联系紧密，存在明显的传递机制，呈现显著的利率联动效应，但影响程度具有不对称性。在以美国利率为主导的国际利率联动趋势下，中国利率政策呈现一定独立性，有稳定的长期趋势，利率平价理论对中国与美国的利率关系有了一定程度的解释力。

从前述分析可知，中国渐进的资本项目开放策略是有效的，保持了中国利率政策的相对独立性。同时，资本项目的管制，较低的利率与市场化水平，使中国利率政策对国际经济波动反应灵敏性降低，被动调整利率政策的概率增

大，阻碍了中国利率政策通过利率平价机制向国际传递。而美国利率政策的变化，通过高度的利率与汇率市场机制，通过资本流动快速传递到中国国内，引起中国货币政策产生同向变化，增加了中国利率政策的国际联动性，独立性减弱。独立的利率政策对于中国经济稳定发展和金融稳定有重要意义。因此，中国应继续按照主动性、可控性和渐进性原则开放资本项目，使中国资本市场的发展服务于中国经济和社会发展目标。完善人民币汇率形成机制与利率市场化改革，完善中国基准利率体系与货币政策传导渠道。稳步推进人民币国际化，扩大人民币在跨境贸易和投资中的使用，拓宽人民币流出和回流渠道。提高人民币利率的稳定性以及国际影响力，增加中国利率的主动性与影响力。

针对美国利率政策的影响，要高度重视国际利率变动特别是美国利率政策变化对中国资本流动的影响，加强对跨境资本的监控，防范国际资本大进大出。建立利率预警机制，及时评估美国利率变动带来的后果而适时做出应对，减少美国利率变动对中国经济与利率政策带来的不利影响，增强中国利率操作的独立自主性。

第七章

国际利率联动性对中国经济的影响

从前面的分析可知，全球化深入发展，将使国际经济相互依存性更加紧密。中国对外开放的步伐加速与金融市场化改革的进一步推进，中国融入国际金融市场的程度会更高，中国与外国经济相互依存度也在增强。随着国际利率联动性趋势的增强，国际利率的变化，特别是处于国际利率主导地位的美国利率的变化，将会对中国产生影响。这主要表现在两方面，一是国际利率变化对中国宏观经济的影响；二是国际利率联动性对中国宏观经济政策的影响。本章将以美国政策利率作为国际利率的代表变量从这两方面展开分析。

第一节　国际利率联动性对中国宏观经济的影响效应

一、问题描述

以国际联动性理论为基础，以国际利率联动性作用机制模型为框架分析国际利率联动对中国宏观经济的影响。考虑到目前中国资本项目管制程度高，跨境资本流动程度界于完全流动与完全不流动之间；2005 年 7 月汇率改革以来，中国汇率的市场化程度也不断提高，基本上是有管理的浮动汇率制度。因此，以第一章建立的资本不完全流动下的国际利率联动性作用机理模型为分析基础。在资本不完全流动的浮动汇率制度下，本国产出 Y、国内利率水平 i 与汇率 E 都是内生的，而外国利率 i^f、M、G、η、θ 均为外生变量，不能由模型决定，由模型以外的因素决定。这样，本国产出 Y、国内利率水平 i 与汇率 E 可由如下方程决定：

$$dY = C_Y dY + I' di + dG + CA_Y dY + CA_E (P^f/P) dE \qquad (7-1)$$

$$CA_Y dY + CA_E (P^f/P) dE + CF' di + CF' d\theta - CF' d\eta - CF' di^f = 0 \qquad (7-2)$$

$$L_Y dY + L_i di = dM/P \qquad (7-3)$$

由此可得，当外国利率政策调整引起本国产出改变时：

$$dY/di^f = (-di/di^f) * L_i/L_Y = (-CF'/\Delta) * L_i/L_Y \qquad (7-4)$$

其中，$0 < di/di^f < 1$，$0 < C_Y < 1$，$I' < 0$，所以方程（7－4）＞0。

方程（7－4）表明，本国产出与外国利率呈同向的变动关系，外国利率上升会引起本国产出增长，反之，引起本国产出下降。当国内财政与货币政策不变时，外国利率变动对本国利率影响主要受资本流动程度 CF'、LM 曲线的斜率 L_Y/L_i 的大小的影响。其他因素不变，资本的流动程度越大，即 CF' 越大，外国利率对国内产出的影响程度越大，外国利率政策改变的溢出效应越强。同理可知，外国利率变化与中国出口呈反向的变动关系。这说明，在中国开放经济政策目标组合：资本一定程度流动、汇率有管理的浮动、货币政策一定程度独立的情况下，国际利率即美国利率的变化对中国宏观经济产生了溢出效应。但研究者对开放经济中政策的“三元悖论”中间状态的政策目标组合存在争议。美国利率政策调整对中国的宏观经济的溢出效应具体的影响有多大？方向与趋势如何？需要以资本不完全流动下的国际利率联动性数理模型为分析基础，运用计量经济学中的结构向量自回归（SVAR）模型进行计量分析，做出检验。VAR 模型可以简化经济相互依存模型构建问题，常用于分析多个相互联系的经济变量的时间序列系统以及随机扰动对系统变量的动态影响，从而解释各种冲击对经济变量的影响。因此，研究者多用此方法研究货币政策冲击对经济的影响。但是，简化 VAR 模型当期关系没有直接给出，而 SVAR 模型通过对参数施加约束条件，从而减少所估计的系数，进而较为成功地解决了这一问题。[①] 本章在已有研究的基础上，采用结构向量自回归模型研究美国利率政策变动对中国宏观经济的影响效应。

二、研究的理论框架

（一）结构向量自回归的基本构型模型

研究经济政策的冲击反应时，常用的方法是结构向量自回归模型。该模型

① 高铁梅. 计量经济分析方法与建模——EViews 应用及实例［M］. 2 版. 北京：清华大学出版社，2009：267—293.

是一种结构式模型，引入了变量之间的作用与反作用，可以分析变量之间的当期关系，而 VAR 模型则不具有这种功能。在分析外部冲击对经济系统的影响时，通过对模型施加最少的约束条件，即可对外部冲击进行识别。通过脉冲响应分析可进一步研究冲击对经济变量的作用机制，以及系统中各变量对冲击的当期与滞后反应的方式与强度。①

一般地，K 个变量的 P 阶向量自回归模型 VAR（p）为：

$$y_t \Phi_1 y_{t-1} + \Phi_2 y_{t-2} + \cdots + \Phi_p y_{t-p} + u_t$$

相应的 K 个变量的 P 阶结构向量自回归模型 SVAR（p）即为：

$$C_0 y_t \Gamma_1 y_{t-1} + \Gamma_2 y_{t-2} + \cdots + \Gamma_p y_{t-p} + u_t \qquad (7-5)$$

其中，t=1，2，3，…，T。

$$y_t = \begin{bmatrix} y_{1t} \\ y_{2t} \\ \vdots \\ y_{kt} \end{bmatrix}, \quad C_0 = \begin{bmatrix} 1 & -C_{12} & \cdots & -C_{1k} \\ -C_{21} & 1 & \cdots & -C_{2k} \\ \vdots & \vdots & & \vdots \\ -C_{k1} & -C_{k2} & \cdots & 1 \end{bmatrix}, \quad i=1, 2, \cdots, p,$$

$$u_t = \begin{bmatrix} u_{1t} \\ u_{2t} \\ \vdots \\ u_{kt} \end{bmatrix},$$ Γ_i 为 k 阶滞后算子参数矩阵。

将方程（7－5）用有滞后算子形式表示：$C(L)y_t = u_t$，$E(u_t u'_t) = I_k$

如果 C（L）可逆，则：

$$y_t = D(L)\ u_t \qquad (7-6)$$

① 高铁梅．计量经济分析方法与建模——EViews 应用及实例［M］．2 版．北京：清华大学出版社，2009：267—293．

其中，D（L）=C（L）−1，由简化形式的 VAR 模型可得，$y_t=\Theta_0(L)\varepsilon_t$。由此可得：

$$\Theta_0(L)\varepsilon_t=D(L)u_t \quad (7-7)$$

方程（7−7）为任意的 t 都是成立的，故称为 SVAR 模型。由 $\Theta_0=I_k$ 可得，$D_0^{-1}\varepsilon_t=u_t$。通过对矩阵 D_0（也就是对 C_0）施加约束即可识别 SVAR 模型。假定 A、B 是（K＊K）可逆矩阵，可得：

$$A\Phi(L)y_t=A\varepsilon_t,\ t=1,\ 2,\ 3,\ \cdots,\ T \quad (7-8)$$

如果 A、B 满足 $A\varepsilon_t=Bu_t$、$E(u_t)=0_k$、$E(u_t u'_t)=I_k$，则上述模型为 AB 型的 SVAR 模型。①

（二）模型的识别与约束问题

要想得到唯一确定的估计结果，即经济模型的识别问题，需要对结构式参数加以限制。对于 K 个变量的 P 阶 SVAR 模型，需要对结构式施加的同期即短期的或是长期的限制条件个数为 k（k−1）/2。

对模型的约束则要依据经济理论，按照经济变量的结构冲击间有实际经济意义的长期与短期关系进行。一般地，当 B 矩阵为 I 即单位矩阵时，通过对 A 矩阵的变量间同期即短期作用关系的约束就等于对 C_0 矩阵进行变量间同期关系的约束。特别地，当 C_0 矩阵的主对线元素均为 1 的下三角矩阵时，SVAR 模型是恰好识别的递归模型。此时，任意两变量的同期影响都是单向的，位于前边的变量对后边的变量有同期影响，反之，则不然。

（三）变量选取、数据说明及处理

样本为 2007 年 10 月至 2012 年 7 月期间的月度数据。由于美国联邦基金

① 高铁梅．计量经济分析方法与建模——EViews 应用及实例［M］．2 版．北京：清华大学出版社，2009：267—293．

利率既是美国银行间隔夜拆借利率，也是美联储执行货币政策的主要手段。从1994年2月开始，美联储一直定期公布联邦基金利率目标。此利率在美国经济利率体系中处主导地位，受到市场的高度关注。美联储正是运用货币政策工具操纵联邦基金利率，影响市场利率以调控经济。它的变动很好地反映美国当局的宏观经济与货币政策，具有外生性，是同业市场对经济状况的内生表现，是宏观经济的好的预测性指标。因此，将美国联邦基金利率作为美国利率政策的代理变量，此外，基本模型还包括以下变量：美国货币供应量M2（usm）；美国消费价格增长率（usp），以居民消费价格指数为代理变量；产出增长率（usg），因为没有月度GDP，选择美国工业生产指数作为代理变量。在参考以前研究者对相关问题研究成果的基础上，本章构建了包括美国产出增长率、消费价格增长率、联邦基金利率（usi）与货币供应量等四个宏观经济变量的美国宏观经济模型SVAR，其中，$y_t=(usg_{1t}\quad usp_{2t}\quad usi_{3t}\quad usm_{4t})'$。并以此为基础，分别加入中国宏观经济变量：产出增长率（g），同样因为没有月度GDP，以规模以上工业增加值增长率为代理变量；消费价格增长率（p），以CPI为代理变量、出口总量（k）与货币供应量M2（m2）等，形成考察美国利率政策调整对中国经济影响的五变量实证分析模型。相关数据来自美联储、美国经济分析局、美国劳工统计局等统计数据库，以及中国国家统计局、人民银行与中国经济信息网数据库。对美国货币供应量M2、中国出口总量（k）与货币供应量M2（m2）分别做了常用对数处理。

因为SVAR模型可以单独考虑各个变量的单独冲击对其他变量的影响，所以本章采用脉冲响应函数和方差分解等计量经济方法分析美国利率政策调整对中国宏观经济的影响。此外，还分析了美国的货币供应量M2变动对中国的价格与产出等变量的影响。①

首先，以 $y_t=(usg_{1t}\quad usp_{2t}\quad usi_{3t}\quad usm_{4t})'$先构建一个四变量的美国宏观经济模型 VAR。通过样本数据先估计 $y_t=(usg_{1t}\quad usp_{2t}\quad usi_{3t}\quad usm_{4t})'$四变量的非结构的模型 VAR。根据 SC 准则，确定模型合理的最大的滞后期数是 2。以 2 为滞后阶数对模型进行估计后，进行恰当性与稳定性检验。检验结果显示模型的所有单位根的模小于 1，符合稳定性条件。结合前面的递归假设，考虑到美国利率政策决策主要是以产出与物价为参考变量，产出对物价会产出影响，物价对产出没有当期影响。利率政策对货币供应量产生影响，反之不然。因此，估计 C_0 矩阵的主对线元素均为 1 的下三角矩阵的递归四变量的 SVAR 基础模型。

其次，在上述 SVAR 模型基础上，分别加入中国宏观经济变量：产出增长率（g）、消费价格增长率（p）、出口总量（k）与货币供应量（m1），即用这些变量依次替换

$$y_t=(usg_{1t}\quad usp_{2t}\quad usi_{3t}\quad usm_{4t}\ X_{4t})'$$

中的 X，分别建立五变量的 SVAR 模型。这主要是基于美国利率政策的独立性较高，假设美国利率政策与货币供应量变化对中国宏观经济变量有同期效应，反之则没有。本章使用广义矩估计（Generalized Method of Moments，简称 GMM）未知参数，估计结果见表 7－1、表 7－2、表 7－3、表 7－4（a）、表 7－4（b）与图 7－1、图 7－2、图 7－3、图 7－4、图 7－5（a）、图 7－5（b）。

三、模型估计结果与分析

（一）中国产出的脉冲响应函数与方差分解

在脉冲响应图 7－1 中，横轴表示时间 t 即月，纵轴表示产出增长率 g 的

① Soyoung Kim. International transmission of U. S. monetary policy shocks: evidence from VAR's [J]. Journal of Monetary Economics, 2001, 48 (2): 339—372.

变化量。从图 7－1（a）可知，中国产出增长波动对美国利率一个标准差新息的正向冲击，即美国实行紧缩的货币政策，在第 1 期即达到较强的同向反应的最大值，然后开始逐渐衰减为零，从第 4 期到第 9 期中国产出产生了反向的回调反应，此后，正向冲击效应开始呈现逐渐增强态势。到第 14 期，达到同向反应的第二个峰值（0.12），之后这种同向反应在高位开始持久而又缓慢地衰减。由此可见，在经济全球化的时代，中国资本开放程度有所提高，国际利率政策调整会传递到中国国内，美国的货币政策对中国国民生产增长有同向的影响，当美国实行紧缩货币政策提高利率时，会迅速传导至中国国内，中国产出增长呈现出紧缩效应，即美国提高利率实行紧缩的货币政策对中国产出而言也是紧缩性的。反之，则是扩张性的。但这种反应不具有持续性，很快国内产出即出现回调现象，经过近五期的回调波动后，又会对中国国内产出产生同向效应，而且持续时间长。

脉冲响应分析考察的是随着时间的推移，经济系统中的变量对某一个变量的冲击是如何反应的，反映了某一变量的冲击对其他变量的影响效应，与此相对应，计量经济学还提供了方差分解方法，以分析每一个结构变化对内生变量变化的解释程度，进一步测量不同结构变化对某一变量的解释能力与重要程度。因此，本章还对中国的产出增长变量进行了方差分解，以考察美国利率政策变化对中国产出增长的解释能力与重要程度，见表 7－1。从表 7－1 可以看出，美国利率政策的调整对中国产出增长的解释程度变化与脉冲响应分析基本一致，美国利率政策的调整对中国产出的解释能力在经历了短期波动后，从第 9 期开始持续上升，到第 15 期稳定在 1.7 左右。与前面分析结果基本相同，美国利率政策的调整对中国产出增长的解释能力在经过短期的吸收后，在长期有稳定的持续同向影响，但这种影响的重要性小。

这是因为，资本流动与人民币币值的预期在资本市场起到了重要的作用，当前以美国为主导的世界利率会随美国货币政策的宽松和美国降低利率而降低，促进世界总需求增长，进而引起相关国家产出增长。同时由于中国资本市场的有限制开放，汇率与利率的市场化不完全，使这种刺激效应对中国而言，短期内有明显的波动性，就长期而言，会引起中国国内产出出现同向效应。从国际贸易方面看，中国出口的主要是中低端的生活必需品，其需求的价格与收入弹性较小，这也一定程度上决定了美国利率政策的调整对中国产出的影响相对小而反应时间长。另外中国国内市场与政府对国际政策的调整做出反应也要一定的时间，这也会影响国际利率政策变化对中国产出增长的影响的程度与速度。

从中国产出增长率对美国货币供应量的脉冲响应图 7－1（b）可知，中国产出增长波动对美国 M2 的一个标准差新息的正向冲击，即美国实行宽松的货币政策，在第 4 期即达到较强的同向反应的最大值，然后开始逐渐衰减为零，从第 5 期到第 10 期中国产出产生了反向的冲击反应，此后，反向冲击效应开始呈现逐渐缓慢减弱态势，且持续时间长。由此可见，在经济全球化、金融一体化时代，随着中国资本开放程度的提高，美国宽松的量化政策会迅速传递到中国国内，对中国的产出增长起促进作用，但这种正向促进作用没有持续性，中国产出增长短期的正向影响反应之后即出现长期持久相对较弱的负面反应。当美国实行宽松的货币政策增加货币供应量时，在短期内引起中国产出增长呈现出扩张效应。但这种反应不具有持续性，由于美国量化宽松政策下货币供应量的快速增长，会很快推高国际大宗商品的价格水平，并引起整个世界经济通货膨胀水平提高，抑制世界产出增长水平提高。这种由于货币大量增发引起的通货膨胀会经过一定的时滞很快传递到国内，对中国国内产出增长产生负面的影响效应。从美国货币供应量 M2 对中国产出增长的解释程度上看，也有类似的结果。美国货币供应量增加对中国产出增长的贡献率第 1 期为 3.73％，此后经历一定时期的波动后，稳定在第 15 期的 2%附近。因此，中国面对美国金融危机以来天量的货币供应，要及时采取应对措施，防范短期对中国产出增长的促进效应后的长期持久的负面影响。

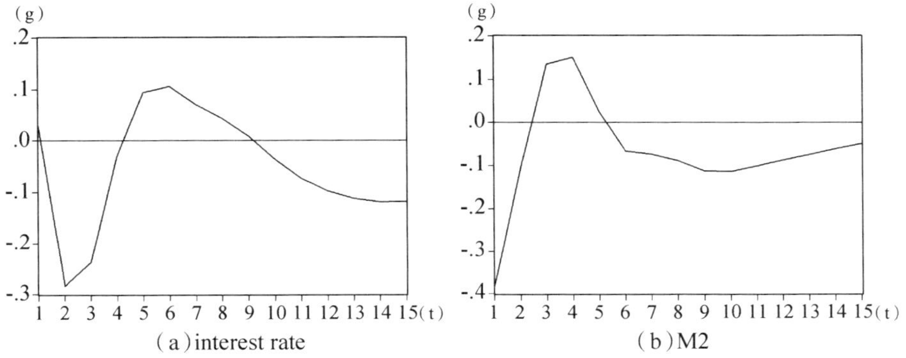

图 7－1　中国产出对美国利率与 M2 的冲击反应

表 7－1　美国利率政策调整与货币供应量 M2 变化对中国产出增长的方差分解

时　期	美国利率政策调整	美国货币供应量 M2 变化
1	0.02	3.73
5	1.62	2.18
10	1.37	1.99
15	1.74	2.12

此外，美国利率政策与货币供应对美国的产出增长的影响见图 7－2（a）、（b）。从图 7－2（a）可知，美国产出增长对美国利率政策调整的一个标准差新息产生较强的负向效应，在短期内波动后，经过一定程度回调后又在第 12 期达到峰值，此后，缓慢减弱。总体上美国利率调整对美国产出而言，除短期影响的程度有所波动外，从方向上看，无负面作用。说明美国政策利率下调即美国实施宽松货币政策对美国产出增长有长期的促进作用。与美国利率调整对

其本国的产出产生正面效应类似，图 7－2（b）说明，美国的货币供给增加在短期对产出增长的影响有波动，但负面影响小，时间短，在第 8 期后，美国增加流动性对美国产出的正面作用有持续增强的态势。

由此可见，美国利率政策的调整与美国货币增发增加流动性对其本国与中国产出增长产生了不同程度的影响。从美国政策利率下调对美国与中国的产出均有促进作用，总体上对美国产出影响正面效应明显，而几乎无负面作用。美国的货币供给增加，总体上也呈正面影响，且负面影响小，作用时间短。虽然二者都对中国产出有正面作用，但负面影响相对较大。这可能是因为美国的利率政策主要是针对本国经济运行的态势而进行的调整，因而在理论上政策的实施将对美国的产出增长产生正面影响，而负面效应较小，这从一个侧面反映了美国货币政策在样本期间的有效性。中国政府与货币当局要把握本国货币政策的前瞻性，准确预测美国经济的趋势，评估美国货币政策对中国的影响，及时采取有效措施，调节中国宏观经济变量，防范美国货币政策对中国的负面影响，稳定国内产出增长。

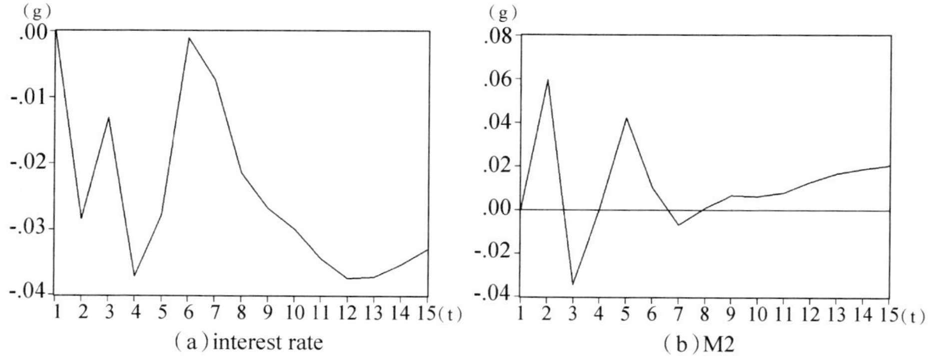

图 7－2　美国产出对美国利率与 M2 的冲击反应

（二）中国通货膨胀水平的脉冲响应函数与方差分解

在脉冲响应图 7－3 中，横轴表示时间 t 即月，纵轴表示中国通货膨胀水平 CPI 的变化量。从图 7－3（a）可知，中国通货膨胀水平变化对美国利率一个标准差新息的正向冲击，即美国实行紧缩的货币政策，在第 1 期即产生较强的负向反应，在第 2 期达到负向反应的峰值，此后，中国物价变化对美国提高利率的负向冲击反应开始急剧衰减，到第 5 期即为零，紧接着中国物价对美国利率变化的冲击反应开始转向，从而产生正向的影响效应，这种反应随后急剧增长至第 11 期的高值，之后逐渐减弱而趋向零。由此可见，美国通过提高利率实施紧缩的货币政策，在短期内会减轻中国通货膨胀压力，引起中国物价向下运行。但在中长期，在较长时间内推高中国通货膨胀水平。说明以美国利率为主导的国际利率提高，会在世界范围内产生紧缩效应，进而引起全球物价水平下行。这种下行的物价运行态势会迅速传导到中国，使中国经济出现紧缩效应，缓解中国的通货膨胀压力。反之，美国扩张的利率政策对中国短期内也会产生扩张效应，从而推高中国的通货膨胀水平。由此可见，美国降低利率的宽松货币政策在短期内由于美国物价的国际传递引起中国物价有向下变动的趋势，同时，一方面，中国经济很高的外向性会促进中国的出口快速增长，进而使国内物价产生向上压力；另一方面，会使人民币产生升值压力，货币当局为稳定币值或保持与美元的某种程度的挂钩，央行必须采取措施进行干预。在资本管制较多时，中国的大部分干预又不能被有效冲销，从而国内的基础货币与货币供应量急剧扩张。被迫增加的流动性经过一定时期的传导作用，最终必然会反映到物价上，这就意味着较高的通货膨胀水平。从方差分解的结果看，短期内美国紧缩货币提高利率对中国物价的正面作用较高，其对中国物价的变化解释程度高达 11.67％，此后，经过中国宏观经济的吸收以及政府政策的影响，负面效应的作用有所降低，达到 6.22％。说明美国利率提高在短期内对中国物价的影响有较强的正面作用。长期来看，中国通过有效的政策影响与中国经济的吸收能力降低其负面作用，这也从一个侧面反映了中国宏观经济政策的自主有效性与中国经济运行的健康稳定性。

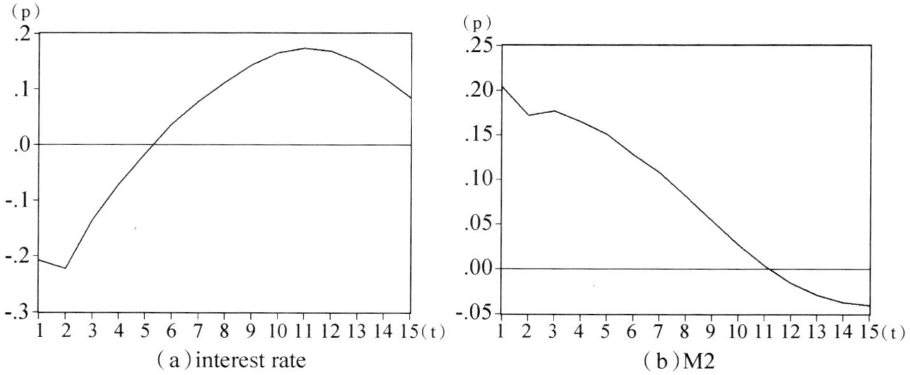

图 7－3　中国 CPI 对美国利率与 M2 的冲击反应

从中国通货膨胀水平变化对美国货币供应量 M2 的冲击反应图 7－3（b）可以看出，美国货币供应量的增加对中国通货膨胀水平第 1 期即有强的正向关系，美国货币供应量增加，在当期即会引起中国通货膨胀水平上升，但这种正向作用会逐渐减弱，在第 11 期即衰减为零，此后有较弱的负向回调效应。由此可见，美国增加货币供应量、增加流动性的宽松货币政策会迅速传递到中国国内，抬升中国的物价水平。这是因为，美国量化宽松政策，会使人民币产生升值压力，货币当局为稳定币值，保持经济的外部平衡，央行必须进行干预，从而国内的货币供应量被迫增加。人民币供给的增加，会抵制人民币的升值与国内利率水平上升。通过外汇市场干预，被动的货币扩张会保持中国企业的出口竞争力，并稳定贸易账户的平衡。但这是以最终国内物价上升为代价的。因为增加货币最终必然会反映到国内商品的价格上，推高中国通货膨胀水平。

方差分解的结果见表 7－2。从表 7－2 可以看出，美国宽松货币增加货币供给，短期内对中国通货膨胀水平变化的解释力较高，达 11.18%，随着时间的推移，美国货币供给量变化对中国通货膨胀水平波动影响的重要程度持续降低，到第 15 期时弱化到 4.21%。这是因为随着美国持续增加货币供给产生的边际作用在持续减弱，对人民币升值预期的影响也在逐渐衰减。同时，中国央行最初进行的外汇干预结果所导致的国内物价上升，会抵销外汇干预所提高的国内产品竞争力带给国内经济的收益，最终减缓出口增长，进而降低对国内商品价格波动的影响力。

因此，在当前全球持续宽松货币环境下，美国等主要国家不断加力的量化宽松政策，需要关注潜在的输入性通胀压力。

表 7－2　美国利率政策调整与货币供应量 M2 变化对中国 CPI 增长的方差分解

时　期	美国利率政策调整	美国货币供应量 M2 变化
1	11.67	11.18
5	6.34	8.27
10	4.89	5.04
15	6.22	4.21

（三）中国出口总量变化的脉冲反应函数与方差分解

中国出口总量的脉冲响应图 7－4（a）反映了美国利率政策变化对中国出口总量波动的动态影响。在图 7－4（a）中，横轴表示时间 t 即月，纵轴表示出口总量 k 的变量。从图上可以看出，中国出口总量波动对美国利率一个标准差新息的正向冲击，即美国实行紧缩的货币政策，调高利率，在第 1 期会对中国出口产生强的同向影响效应，然后急剧下降并在第 2 期开始转为负向效应，在第 3 期产生了较大的负向影响，此后有所回调并趋于稳定，第 9 期后，中国出口的负向反应呈现出缓慢增强的态势。由此可见，美国利率政策的调整会对中国出口增长产生影响。美国宽松的货币政策，降低政策利率，实施美元贬值政策，在当期会对中国的出口增长产生强的抑制效应，这与一般的经济理论较吻合，美国实施弱化美元的贬值政策，在支出转换效应的作用下，会在一定程度上恶化中国出口贸易，会降低中国出口的增长水平。与此同时，美国扩张政策也增加了国民收入，在收入吸收效应的影响下，会在客观上增加美国对我国商品的需求，进而降低美国利率政策变化对中国贸易的冲击。加上中国出口商品多为价格与收入弹性小的生活必需品的现实，从中长期看，收入吸收效应影响程度会有增强趋势，会使中国出口增长出现缓慢提高的态势。

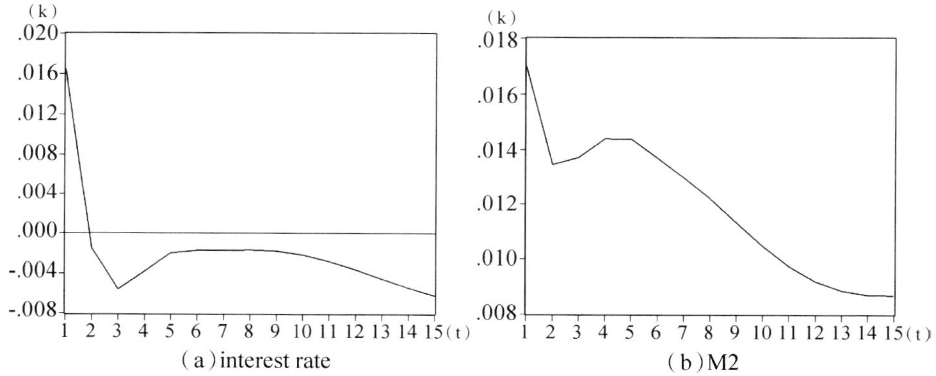

图 7－4　中国出口对美国利率与 M2 的冲击反应

进一步，出口变化的方差分解结果见表 7－3。从表 7－3 可以看出，中国出口 k 变化的预测模型中，美国利率政策变化对中国出口总量 k 变化的解释能力基本稳定在 1%—1.3%。说明美国利率政策变化对中国出口贸易变化影响较稳定。由于中国经济的外贸依存度高，因此，我们要关注美国低利率政策对中国的出口影响，特别是美国经济对中国的收入吸收效应在促进中国出口贸易中发挥的重要作用，有利于中国外贸出口的稳定与平衡国际收支。

在中国出口变化对美国货币供应量 M2 的冲击反应图 7－4（b）可以看出，美国货币供应量的增加对中国出口第 1 期即有强的正向关系，美国货币供应量增加，在当期即会引起中国出口的增加，但这种正向作用会逐渐减弱，在第

15 期后稳定在较低的水平。由此可见，美国增加货币供应量，会迅速增加中国的出口增长水平。这同样是因为美国经济对中国有强的收入吸收效应。并且，从方差分解表 7－3 可以看出，美国货币供应增加的量化宽松对中国出口增长的解释程度一直高于利率变化的影响，且呈逐渐增强的态势，这会弱化美国货币贬值的负面效应，即收入吸收效应大于支出转换效应，有利于中国出口贸易的增长，这和上面的原因相同，也是由于中国出口商品的低价格与收入弹性所致。这也从一个侧面反映了人民币升值并不是解决中美贸易问题的有效方法。

表 7－3　美国利率政策调整与货币供应量 M2 变化对中国出口增长的方差分解

时　期	美国利率政策调整	美国货币供应量 M2 变化
1	1.36	1.46
5	1.12	3.77
10	1.01	5.44
15	1.25	6.25

（四）中国货币供应量 M2 变化对美国利率变化的反应与方差分析

中国货币供应量 M2 的脉冲响应图反映了美国利率政策变化对中国 M2 波动的动态影响。在图 7－5 中，横轴表示时间 t 即月，纵轴表示中国货币供应量 M2 的变化量。从图 7－5（a）可以看出，中国货币供应量 M2 变化对美国利率的一个正向冲击，即美国实行紧缩货币政策，提高利率，在短期的第 1 期与第 2 期，有同向影响。此后，中国货币供应的变化负向反应持续增强，直到第 12 期的峰值 0.0045％之后才开始缓慢衰减。由此可见，美国实行宽松的货币政策，降低利率，中国需要增加货币供应量，且这种作用有长期持久的影响。从方差分解表（表 7－4）上可以看出，美国利率变化对中国 M2 变化预测值的解释程度持续升高，从第 1 期的 0.33%持续增加至第 15 期的 14.58%。说明美国利率变化对中国货币供应量变化的影响程度在逐渐强化，对中国 M2 的变化影响的。这也从一个侧面反映了美国利率变化对中国货币政策调整的影响有较长的时滞性。

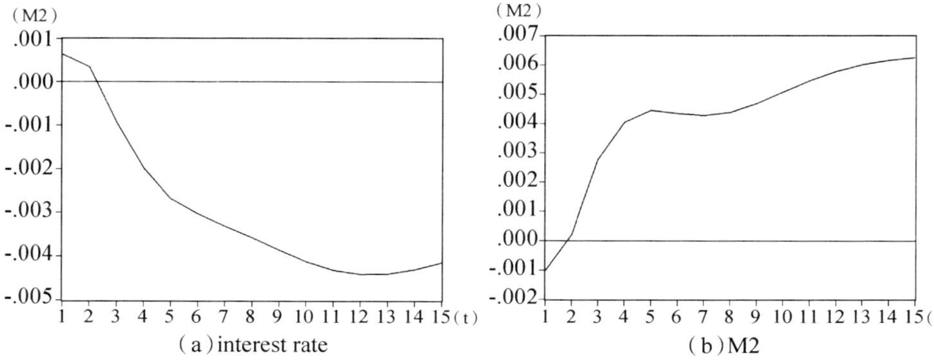

图 7－5　中国 M2 对美国利率与 M2 的冲击反应

中国货币供应量 M2 变化对美国货币供应量 M2 变化的反应的动态过程与上述美国利率的动态影响有类似的趋势。中国货币供应量 M2 对美国 M2 的脉冲响应图 7－5（b）反映了美国 M2 变化对中国 M2 波动的动态影响。在图 7－5（b)中，横轴表示时间 t 即月，纵轴表示中国货币供应量 M2 的变化量。美国 M2 变化对中国 M2 变化在第 2 期之前有负向的冲击效应，此后，中国 M2 变化开始产生正向的冲击反应，从第 2 期到第 5 期，这种冲击反应急剧上升，之后经历一个短期回调后，继续缓慢上升，到第 15 期稳定在 0.006%附近。由此可见，美国增加货币供应量实行宽松货币政策会影响中国的货币供应量变化，且时滞性短。美国增加 M2 时实施宽松的货币政策，也会使中国增加货币供应量 M2，从而实施货币宽松政策。从方差分解表 7－4 可以看出，美国 M2 变化对中国 M2 的解释能力呈持续快速增强的态势。美国 M2 在第 1 期对中国 M2 重要性程度只有 0.83%，到第 15 期时已快速增加到 27.95%。此外，同美国利率变化对中国 M2 变化的解释程度相比较，美国货币供应量 M2 变化对中国的影响相对要大得多，其影响的重要性程度更高。

表 7－4　美国利率政策调整与货币供应量 M2 变化对中国 M2 的方差分解

时　期	美国利率政策调整	美国货币供应量 M2 变化
1	0.33	0.83
5	3.17	11.41
10	10.12	19.54
15	14.58	27.95

总之，美国利率与货币供应量变化都会影响中国的货币政策，特别是 M2。美国降低利率、增加货币供应量实行宽松的货币政策，中国也会增加货币供应量实行宽松的货币政策。这主要是因为，2008 年金融危机以来，美联储针对美国较低的产出水平与低而稳定的通货膨胀走势，在较长时间内将美元基准利率维持在极低的 0—0.25%范围内。在这种背景下，美联储采用了不对称的利率走廊货币政策执行框架，即地板系统实施非常规的量化宽松政策。在 2012 年 9 月 13 日，美联储在前两次量化宽松（Q1、Q2）的基础上推出了无明确数量约束的第三轮量化宽松政策（QE3），同时，将 0—0.25%的超低联邦基金利率水平延长至 2015 年年中。应当承认，目前美国的货币政策是以极低利率为基础，以量化宽松为主导的弱化美元的极度宽松的货币政策。美国实施这样的政策的直接逻辑结果，自然是美国的货币供应量 M2 会对中国的货币政策产生主要影响，且这种影响对于中国货币供应量 M2 的影响无论是在影响程度上还是在影响的重要性上都大于其利率政策的影响效应。最终通过中国货币当局的外汇干预，中国在维持人民币币值相对稳定的同时，中国货币政策的独立性必定受到美国货币供应量 M2 变动的影响，从而中国货币政策的制定与

实施，特别是中国货币供应量 M2 的变化过程也会渗透美国货币供应量 M2 变化的因素。

第二节　国际利率联动性对中国经济政策有效性的影响

上一节分析了国际利率联动对中国宏观经济的影响，接下来分析其对中国宏观经济政策有效性的影响效应。从中国经济的产出与物价目标两方面进行实证检验。

一、产出增长率

（一）模型

首先以第一章建立的资本不完全流动下的国际利率联动性作用机理模型为分析基础，并结合 IS－LM 模型，构建包括国内财政支出、货币供应量、生产资料价格水平、汇率、国内利率政策等变量的产出方程（7－9）。并以此为基础，加入国际利率联动性（sy）的影响进行分析。

构建产出方程：

$$g_t^y = c_0 + c_1 g_{t-1}^y + c_2 \pi_t^y + c_3 m_t + c_4 m_{t-1} + c_5 g_t^e + c_6 e_t^r + c_7 r_t + u_t \qquad (7-9)$$

其中，g^y、π^y、g^e、m、e^r、r 分别表示工业增加值增长率、生产资料价格水平、政府支出、货币供应量（M1）、真实有效汇率与中国政策利率。其中，政府支出与货币供应量取常用对数。u 为误差项。同时为检验国际利率联动性对中国宏观经济政策的影响效应，用第三章估计的中国与美国利率联动调整趋势值测量国际利率联动性，记为 sy。g^e、m、r 作为中国的财政与货币政策的代理变量。

由于一般的传统估计方法如普通最小与广义二乘法等其参数估计值的有效性受制于模型要满足严格的前提假设，不然，估计结果将不再有效。而广义矩估计则克服了这些局限性，允许误差项中存在序列自相关与异方差，所得的参数估计是稳健的。这种方法包容了一般的传统方法，其他的方法可以看作本方法的特例。用 GMM 方法估计的参数估计值与前述传统的参数估计方法相比较更符合经济系统运行的现实，估计模型与结果所引出的结论更具有理论与实际意义。因此本研究采用 GMM 技术进行估计，并在估计中选择基于 HAC 时间序列的加权矩阵，这样即使模型中变量有未知的异方差与序列自相关，估计结果也是有效的、稳健的。

通过检验，序列水平 g^y、π^y、g^e、m、e^r、r、sy 均不稳定，其一阶差分为稳定序列，即这些变量间可能存在协整关系。因此，用 GMM 方法对产出模型进行估计的结果见表 7－5。

表 7－5　中国产出方程估计

	模型 1		模型 2		模型 3		模型 4	
g^y_{t-1}	0.58 (0.09)	0.0000	0.63 (0.11)	0.0000	0.61 (0.10)	0.0000	0.59 (0.10)	0.0000
π^y_t	−0.08 (0.04)	0.0689	−0.10 (0.05)	0.0426	−0.09 (0.05)	0.0597	−0.08 (0.05)	0.0954
m_t	−28.10 (13.55)	0.0435	−22.66 (15.57)	0.1525	−23.46 (14.27)	0.1069	−28.51 (13.98)	0.0470
m_{t-1}	−10.98 (10.99)	0.3225	−2.16 (9.69)	0.8249	−6.90 (10.57)	0.5170	−11.24 (11.10)	0.3167

续表

m_{t-2}	42.22 (13.73)	0.0035	27.59 (15.84)	0.0884	33.20 (13.57)	0.0182	42.88 (13.45)	0.0025
g_t^e	1.51 (0.54)	0.0078	1.66 (0.61)	0.0087	1.60 (0.58)	0.0087	1.52 (0.60)	0.0154
e_t^r	−0.43 (0.07)	0.0000	−0.42 (0.07)	0.0000	−0.41 (0.07)	0.0000	−0.43 (0.07)	0.0000
chi_t	−0.60 (0.23)	0.0118	−0.37 (0.23)	0.1240	−0.39 (0.23)	0.1005	−0.61 (0.25)	0.0173
$m*sy_t$			0.34 (0.15)	0.0320				
$m_{t-1}*sy_{t-1}$			−10.06 (59.01)	0.8654				
$m_{t-2}*sy_{t-2}$			9.79 (59.03)	0.8690				
$g_t^e*sy_{t-1}$					0.11 (0.15)	0.4600		
chi_t*sy_t							−0.03 (0.26)	0.9068
R^2	0.79		0.79		0.79		0.79	
D.W.	1.77		1.93		1.84		1.81	

（二）结果分析

从表 7－5 可以看出，各方程拟合优度值 R^2 方统计量均在 79%以上，它反映了产出模型中各宏观经济变量对因变量产出的解释程度较高，方程估计效果好。虽然模型估计结果中给出了 D.W. 统计量，但是由于 D.W. 统计量序列相关性检验比较粗糙，对方程中有因变量滞后项的方程进行检验时，其作用效果也受到限制。因此，估计模型时同时进行了 Q 统计量来检验序列相关性。

结果显示，模型误差项序列自相关检验 Ljung－Box Q 统计量的 P 值比较大，都得到了合理的值，即可认为不存在序列相关，模型适合做进一步分析。

在模型 1 中，产出增长 g^y 的一期滞后项的估计系数在 1％的水平上显著为正值（0.58），表明中国产出有较高的自我稳定性，前期的产出增加有一定的持续性，其所引起的投资与消费具有一定的惯性，在一定程度上对当期的产出增长有正向促进作用。生产资料价格水平 π^y 的估计系数为显著为负值（－0.08），表明生产资料价格水平上升对产出有抵制作用。货币供应量的估计系数与滞后一期、二期的估计系数均为正，说明中国国内实行宽松货币，增强流动性的政策对产出有正向刺激促进作用。但从宽松货币，增加流动性的产出作用效果来看，当期与滞后一期货币供应量 m 的系数为负，分别为显著与不显著，对产出甚至出现了抵制作用，直到滞后两期时，其估计系数显著为正（42.22），宽松货币政策的产出效果才得以体现，说明中国货币政策通过增加流动性刺激产出的政策从实施到效果展现，需要一定的作用时间，有明显的时滞性。而当期政府支出 g^e 的估计系数即为显著的正值（1.51），表明中国财政政策的政策效果即期就可显现出来，效果好。政府实行积极的财政政策，增加政府支出的政策作用时间短，能迅速显著提高当期产出增长率。真实有效汇率 e^r 的系数在 1％的水平上显著为负（－0.43），说明人民币实际有效汇率提高即人民币升值，对当期产出有抑制作用。人民币升值会急剧提高中国出口产品价格，降低本国产品的国际竞争力，导致需求减少，产出下降。利率政策变量的系数为显著为负值（－0.60），说明利率上升，即政府实行紧的货币政策，对产出将起到抑制作用，相反，松的货币政策降低利率，将刺激产出增长加速。由此可见，模型 1 的稳健有效的估计值与中国宏观经济调控的现实有好的一致性，与人们对货币政策的产出效应的认识判断相符合，较好地模拟了中国宏观经济变量与政策变量对产出影响效应的现实，因此，以此模型为基础，在模型中引入中国利率与国际利率变动的同步性变量，以进一步探索中国利率与国际利率变动的联动性对中国宏观调控政策的影响效应。研究分别以中国利率变动的国际同步性 sy 对货币供应量 m、政府支出、利率与汇率的影响建立影响模型 2、模型 3、模型 4 与模型 5，考虑到对汇率的影响未有显著变化，故将其略去而未进行报告，因此，相应的估计结果报告见表中的模型 2、模型 3 与模型 4。在模型 2 中，中国利率的国际利率联动性变量 sy 被引入产出方程，以探讨国际利率联动性变量 sy 对货币供应量变动 m 的产出效应的影响。从模型 3 的估计结果可以看出，变量 sy 与当期货币供应量的乘积交互影响项的系数在 5% 统计水平上显著为正（0.34），中国与国际利率的同步性提高了增加流动性政策以促进产出增长的效应，缩短了政策实施后传导作用时间，政策效果在当期即得以显著地体现出来。与此同时，利率的国际同步性变量 sy 与货币供应量变量 m 的滞后一期与二期的 M_{t-1}、M_{t-2} 乘积交互影响项的系数为负均不显著，说明利率调整同步性能弱化货币供应量增加对产出的负面效应。此外，注意到货币变量的系数也有不同程度的改变，即期的影响在一般统计显著水平上由显著变为不显著，与模型 1 中的即期影响相比，明显地弱化了变量 m 的当期政策对经济系统的负面效应。这与 2008 年金融危机以来中国利率、汇率的市场化程度不断提高，资本项目实际管制程度有一定程度的降低有关。中国经济与金融一体化程度的加深，加强了中国经济与金融同世界经济的联系，特别是与第一大经济体美国的国际经贸关系。国际经济周期会以快的速度在国际传递，会使世界各经济体经济处于相同或类似的经济周期。当国内与国外经济同处于相同或类似的经济周期时，如果中国的利率政策与国际利率变化保持一定程度的同步性，将会强化国内流动性的产出效应。例如，金融危机以来，美国实行低利率宽松的货币政策刺激经济增长，以应对国内产出的下降，此时，中国产出水平已处于下降通道，危机时期中国利率与国际利率调整保持高的同步性，强化了中国货币供应增加、保持高流动性的产出效应，使中国经济很快进入企稳回升的态势。这是因为，当美国利率调低后，国际资本在中国当前条件下，将会在有限制的情况下进入中国。这将会产生两种效应，一是导致国内市场上资产价格上升，进而引起利率产生下降压力，这时，如果不及时下调利率，货币当局将被迫减少货币流动性，以紧缩流动性维持利率不变，同时，市场对利率下调的预期与货币供应的减少会抵制社会私人投资，降低产出增长率，延缓流动性对产出促进效应。如果及时下调利率，将会刺激私人投资增加，提高产出增长率，将加速流动性政策对产出的作用效果的显现。二是在外汇市场上，增加人民币的升值预期。如果中国货币当局不及时降低利率，资本流入将抬高本币价值，从而使国内产品相对于国外产品变得昂贵，进而减少出口，净出口的减少会抵消宽松的货币政策对产出的影响效应。反之，如果增强国内利率调整的同步性，将增强货币政策的产出影响。由此可见，在两国面临共同的经济周期时，要尽量提高两国利率调整的同步性，以增强国内货币政策的宏观调控效应，减少增加货币供应量产出效应的时滞性。

在模型 3 与模型 4 中可以发现，利率同步性与政府支出和利率变量的乘积交互影响项的系数分别为正与负，但在一般的统计水平上均不显著，说明中国利率与国际利率调整同步性提高对财政政策与利率政策产出效应的影响在样本期内得不到支持，这可能与我国利率、汇率市场化程度低及资本管制有关，与财政、利率政策在传导过程中利率、汇率、货币风险之间的相互作用没有完全发挥有关。

二、通货膨胀水平

（一）中国通货膨胀水平模型

首先用与上述同样的方法，构建物价方程：

$$\pi_t^c = c_0 + c_1\pi_{t-1}^c + c_2 g_t^y + c_3 g_{t-1}^y + c_4 m_t + c_5 m_{t-1} + c_6 g^e + c_7 e_t^r + c_8 r_t + c_9 r_{t-1} + u_t \quad (7-10)$$

其中，π^c、g^y、g^e、m、e^r、r 分别表示消费价格水平、工业增加值增长率、政府支出、货币供应量（M1）、真实有效汇率与中国政策利率。同样，政府支出与货币供应量取常用对数。u 为误差项。用第三章估计的中国与美国利率联动调整趋势值测量国际利率联动性，记为 sy。g^e、m、r 作为中国的财政与货币政策的代理变量。

采用与估计产出方程同样的方法，即用 GMM 方法，并在估计中选择基于 HAC 时间序列的加权矩阵，对价格方程进行估计，模型估计结果见表 7－6。从表 7－6 可以看出，各方程拟合优度值 R^2 方统计量均为 97%，它反映了价格模型中各宏观经济变量对因变量价格的解释程度较高，方程估计效果好。同样估计结果中给出了 D. W. 统计量，同时进行了 Q 统计量来检验序列相关性。结果显示，序列自相关检验 Ljung－Box Q 统计量都得到了合理的值，即可认为不存在序列相关，模型适合做进一步分析。

（二）估计结果与分析

在模型 1 中，通货膨胀率 π^c 的一期滞后项的估计系数在 1% 的水平上显著为正值（0.77），表明中国通货膨胀率有强的惯性，前期的产出增加有一定的持续性，其所引起的投资与消费具有一定的惯性。当期产出增长率 g^y 的估计系数为显著为负（－0.10），说明产出水平提高，社会产品供应增加，对降低通胀水平有显著的作用，但同时也可以看到，滞后一期的产出增长率 g^y 的估计系数即显著地变为正（0.11），并且二者之和为正，表明伴随着产出的快速增长，经济保持高增长水平，很快就会显著推高物价水平。货币供应量 m 的估计系数与其滞后一期估计系数分别显著为负（－9.71）与正（10.74），但二者之和显著为正，说明货币供给增加，流动性增强，经过一期滞后，即传导到物价上，显著地推高了通货膨胀水平，说明货币供给增加具有显著的正向价格效应，这也验证了通货膨胀总是一种货币现象的宏观经济学理论。当期政府支出 g^e 的估计系数显著为正值（0.58），表明中国扩张性的财政政策在当期促进产出增长的同时，也显著地提高了中国的通货膨胀水平。真实有效汇率 e^r 的系数在1%的水平上显著为负（－0.17），说明人民币实际有效汇率提高即人民币升值，即期就会降低进口商品价格，进而降低国内通胀水平，人民币升值对缓解国内物价上涨的压力有显著的作用。利率政策变量当期与滞后一期的估计系数均不显著，说明由于中国利率市场化程度低，导致市场对利率变化不敏感，因此提高利率对市场主体的行为影响小，进而利率提高对物价的影响效应也不显著。

由此可见，模型1的稳健有效的估计值与中国宏观经济调控的现实有好的一致性，与人们对中国宏观经济政策的物价效应的认识判断基本相符合，较好地模拟了中国宏观经济变量与政策变量对通货膨胀水平影响效应的现实。因此，以此模型为基础，在模型中引入中国利率与国际利率变动的同步性变量，以进一步探索中国利率与国际利率变动的同步性对中国宏观调控政策的通货膨胀水平的影响效应。研究分别以中国利率变动的国际同步性 sy 对货币供应量、政府支出、利率政策的通货膨胀效应的影响，建立模型2、模型3、模型4与模型5，考虑到对汇率的影响未有显著变化，故将模型5略去而未进行报告，因此，相应的估计结果报告见表中的模型2、模型3与模型4。

在模型2中，中国利率的国际同步性变量 sy 被引入价格方程，以探讨同步性变量 sy 对货币供应量变动的价格效应的影响。从模型2的估计结果可以看出，变量 sy 与当期货币供应量 m 的乘积交互影响项的系数为正，但在一般的统计水平上不显著，说明利率的国际同步性提高在一定程度上缩短了货币供给增加对通货膨胀水平的影响时滞，使其在当期即对物价产生了一定程度的正向效应，但我们也应注意到利率同步性的这种影响不显著，总体上弱化了中国增加货币供应以刺激产出的价格效应，有利于中国控制在实施宽松货币政策增加流动性刺激产出水平提高，同时相伴而来的是通货膨胀水平上升效应。

在模型 3 中可以发现，利率联动性与政府支出的乘积交互影响项的系数不显著，说明利率的国际联动性增加对财政政策的价格效应没有影响。在模型 4 中，利率同步性与利率变量的当期与滞后一期的乘积交互影响项的系数均不显著，系数之和为负，说明增加利率的国际联动性在一定程度上有利于通过提高利率实行紧缩货币政策以降低物价水平目标的实现。

表 7－6　中国价格方程估计

	模型 1		模型 2		模型 3		模型 4	
π_{t-1}	0.77 (0.04)	0.0000	0.78 (0.05)	0.0000	0.78 (0.05)	0.0000	0.78 (0.05)	0.0000
g_t^y	−0.10 (0.03)	0.0070	−0.10 (0.03)	0.0063	−0.09 (0.03)	0.0061	−0.09 (0.03)	0.0076
g_{t-1}^y	0.11 (0.03)	0.0013	0.11 (0.03)	0.0014	0.11 (0.03)	0.0011	0.11 (0.03)	0.0006
m_t	−9.71 (3.97)	0.0184	−9.71 (4.31)	0.0295	−9.68 (4.41)	0.0335	−9.30 (4.47)	0.0434
m_{t-1}	10.74 (3.91)	0.0085	10.67 (4.23)	0.0154	10.68 (4.35)	0.0180	10.32 (4.40)	0.0236
g_t^e	0.58 (0.21)	0.0080	0.63 (0.22)	0.0059	0.60 (0.22)	0.0096	0.58 (0.23)	0.0171
e_t^r	−0.17 (0.02)	0.0000	−0.17 (0.02)	0.0000	−0.17 (0.02)	0.0000	−0.17 (0.02)	0.0000

续表

chi_t	−0.11 (0.13)	0.3974	−0.04 (0.14)	0.7677	−0.12 (0.14)	0.3952	−0.16 (0.14)	0.2499
chi_{t-1}	0.13 (0.11)	0.2317	0.05 (0.12)	0.7028	0.13 (0.11)	0.2504	0.16 (0.08)	0.0691
$m * sy_t$			0.09 (0.07)	0.2140				
$m_{t-1} * sy_{t-1}$			−0.10 (0.06)	0.0942				
$g_t^e * sy_t$					0.00 (0.06)	0.9680		
$chi_t * sy_t$							−0.14 (0.33)	0.6729
$chi_{t-1} * sy_{t-1}$							0.12 (0.28)	0.6670
R^2	0.97		0.97		0.97		0.97	
D. W.	2.37		2.34		2.38		2.39	

第八章

国际利率联动性的监测应对机制

从前面的分析可知，经济全球化加强了国内外经济联系，国际利率调整会对国内经济与货币政策产生一定程度的冲击，中国利率呈现出独立性与联动性现象。国际利率调整对中国利率政策的制定与实施将会产生影响。因而研究如何构建国际利率联动预警体系，并在此基础上建立相应的反应机制，具有重要意义。本章在前面国际利率传递与影响机制的基础上，构建国际利率联动性的预警与反应机制，以期为央行及时采取更加前瞻性、针对性的政策与措施，防范国际利率联动对中国经济的冲击，规避由此可能产生的风险。本章所建立的国际利率联动预警机制主要由三个相互联系相互作用的子系统组成：一是监测子系统；二是预警子系统；三是应对预案子系统。监测子系统是整个系统的基础；预警子系统是指对国际利率传递机制的识别。它主要包括两个要素：一是预警变量空间的建立；二是预警模型的设计。应对预案子系统是根据预警监测体系监测到可能的国际利率联动冲击信息，建立中国央行应对国际利率联动冲击的政策预案。

第一节　应对机制构建的重要性与可行性

一、监测重要性

近年来，随着中国资本与金融账户开放程度的提高，利率与汇率市场化改革的深入，中国利率与金融管制将适度宽松。另外，中国经济与金融融入国际经济与市场的程度也在加深。这些因素将导致中国利率受国际利率变化的影响加大，进而影响中国央行调控市场利率水平的能力。如何有效地监测国际利率联动对中国市场利率的影响，并对可能产生的风险进行预警，从而采取有效的政策与措施减轻其对中国经济的负面效应，引导其正面效应的发挥，成为中国利率市场化过程中，中国央行要面对的重要问题。从前面的分析可知，国际利率向中国的传递是自发的，并受一定条件的限制。这一传递的完全性主要由跨境资本流动的自由程度、中国外汇储备规模、汇率预期以及中国利率市场化程度决定。当前，世界经济复苏缓慢，中国成为推动世界经济增长的主力军，中国经济转型对全球经济有正向溢出效应。主要经济体货币政策进一步分化，政策溢出负面效应凸显。2016 年 2 月 G20 会议公报指出各国要强化沟通协调以减少政策负面溢出效应。建立利率政策联动性预警机制，为国际经济政策沟通、协调提供支撑。

《中国金融业发展与改革“十二五”规划》中明确指出要完善跨境金融风险监测评估机制，健全跨境资金流动监测预警体系，以此来识别预警可能存在的风险。目前中国已建立了跨境资本流动监测系统及跨境资本双向流动政策预案。① 但针对国际利率联动性监测以及应对机制还未建立，面对国际利率变化，中国央行主要是在事后通过其对中国利率、汇率与跨境资本流动以及中国宏观经济变量的具体反应临时采取措施与政策而加以应对。这无疑会增加央行调控的成本与效率。因此，在中国经济金融融入世界经济体系程度持续提高的情况下，建立中国利率国际联动预警系统与应对机制，通过事前对国际变化可能对中国经济产生的冲击进行预警，根据相应的预案及时调整中国宏观经济变量，以规避国际利率变化对中国经济运行产生的风险，从而提高中国央行调控市场利率水平，稳定国内经济增长有重要现实意义。

二、监测可行性

利率的国际传递有很强的可预测性。首先，国际利率传递与跨境资本流动性以及国际经济宏观与金融变量高度相关，因此，如果用一系列国际宏观经济与金融变量，能构建一个有效的国际利率传递预警系统，即可对国际利率变动对中国市场利率的影响进行预测。其次，利率的国际传递都有一定的过程，如果能及时预测，则央行可根据预测结果及预警信息前瞻性、有针对性地制定应对措施，及时对国内宏观经济变量进行调整，从而防范国际利率联动对经济可能的负面影响，并利用国际利率联动对中国经济可能的正面效应的发挥。中国的资本项目开放在加速，利率、汇率市场化在进一步推进，中国外汇储备总量在可预见的时期内仍将保持较高的规模。

---

① 国家外汇管理局国际收支分析小组. 2012 年中国跨境资金流动监测报告［R/OL］.（2013－02－28）. http：//www. safe. gov. cn.

第二节　监测应对机制的任务描述与概念框架

一、任务描述

利率是宏观与微观经济的重要变量，发挥着一国经济运行状态的“指示器”的作用。各国央行都偏好于根据本国经济运行态势决定利率政策。一国货币政策的独立性很大部分最终要体现在国家央行对本国市场利率的调控水平上。随着中国利率市场化的深化，商业银行与银行机构的存贷款利率的上下限波动幅度将大大扩大，直至完全放开。央行对市场利率的调控水平将成为中国央行利用货币政策进行有效宏观调控所面对的重要问题之一。而开放条件下，由于资本流动程度的增强，中国的市场利率一定程度上受外国利率政策溢出的影响，而出现与国内经济的非合意的变动。这就要求中国央行要及时地、前瞻性地预警市场利率的变动，特别是通过监测外国利率政策对中国市场利率的溢出影响，进而及时做出利率政策调整，以稳定国内经济发展。

近年来，中国人民银行以及国内研究者十分关注货币政策前瞻性的探索与研究。中国人民银行产出缺口测算质量不断提高，为潜在 GDP 增长率的估算提供了重要依据，从而奠定了中国货币政策制定的重要基础，进而增强了中国货币政策的前瞻性。在金融开放持续深入的新形势下，制定货币政策除了要考虑国内经济因素，还要关注国际经济形势的影响。周小川在 2012 年 3 月 12 日十一届全国人大五次会议新闻中心举行的记者会上指出，中国的货币政策制定，在最近这五年与国际经济形势关系非常密切，甚至主要取决于国际经济形势。这其中，就包括国际利率联动性的影响。中国人民银行副行长陈雨露在 2016 年中美央行高端对话闭幕致辞中表示，货币政策的溢出效应是客观存在的、不容轻视的，有关政策出台前应加强前瞻性研究。因此，中国货币政策制定在强化潜在 GDP 增长率基础的同时，要前瞻性地谋划和设计进一步提高调控水平的调控策略和方法。这就是既要根据国内经济运行特征的变化不断修正对产出缺口、潜在增长能力的测算，又要监测国际利率联动性对中国利率的影响，并根据国内金融市场化改革的进展实际，权衡这两方面的影响，以更好地制定和执行货币政策。

然而中国市场利率的变化受国内与国际经济众多因素的综合作用，且这个决定过程是极其复杂的非线性关系，再加上国际经济因素的不确定性，仅依赖传统的统计分析与经验估计将不能有效预测这种变化，以至于影响到央行对国内市场利率水平的调控效率。国内外关于货币政策前瞻性问题的研究主要集中在货币政策反应函数研究与汇率预测上。前者主要是依据泰勒规则通过构造适当的前瞻性货币政策反应函数，① 为货币政策制定提供参考，而后者主要是采用经济模型预测汇率。② 这样一来，线性系统预测问题已经得到比较满意的解决，而对国际利率联动性这样的非线性系统的参数模型估计，在理论研究与实际应用上仍存在不足。相比较而言，人工神经网络在这方面有明显的优越性。人工神经网络是一种数据驱动型的方法，具有通过学习逼近任意非线性映射与很强的模式识别能力。这就决定了它在预警国际利率联动性问题上的有效性。

二、BP 网络

人工神经网络中应用最广泛的网络形式是 BP 网络。因此，本章选择 BP

① 张屹山，张代强．前瞻性货币政策反应函数在我国货币政策中的检验［J］．经济研究，2007（3）：20—32．

② 谢赤，欧阳亮．汇率预测的神经网络方法及其比较［J］．财经科学，2008（5）：47—53．

神经网络研究国际利率联动性预警问题。BP 网络是一种前馈神经网络，名字源于由 Rumelhart 等在 1986 年提出的 BP 学习算法，即网络权重值的调整规则采用后向传播的训练算法。此后，BP 神经网络在许多领域得到广泛的实际运用。BP 网络是单向传播的多层前向网络，包括输入、中间与输出层。当一对训练样本输入网络后，神经元的激活值在网络中传播的基本过程由正向传播与误差逆向传播两个过程组成。正向传播时，神经元激活值从输入层，经隐含层传递到输出层，从而输出层神经元获得输入响应。之后，进入误差逆向传递阶段，若输出层实际输出与期望输出有差异，则以减少误差为目标从输出层经中间层逐层修正连接权重值，最终回到输入层。激活神经元正向传播与误差逆向传播这两个过程不断循环进行，误差得以不断修正，直到输出误差达到所设定的标准。这种网络权重值的不断修正过程即网络训练。为了提高网络的正确性，经济训练的网络还要进行测试。网络测试即是将测试样本输入网络，检验其分类的正确性。①

三、概念框架

国际利率联动性的预警反应机制与中国资本项目开放以及利率、汇率市场化改革是紧密联系的。它不但是资本项目逐步开放过程中，利率、汇率市场化改革的要求，也是利率、汇率市场化改革成功的重要条件。国际利率联动性的预警机制根据监测—预警—应对的逻辑关系，应该包含监测、预警与应对等三个子系统。其中，监测系统的功能是完成与国际利率联动性相关数据的收集、统计与处理，为国际利率联动预警机制提供基本信息资料，为国际利率联动性

① 飞思科技产品研究发中心．神经网络理论与 MATLAB7 实现［M］．北京：电子工业出版社，2005：257—297．

的预警提供工作基础。预警系统的功能是对监测系统提供的基础数据信息进行处理、预测，以发现国际利率变化可能对国内利率产生的冲击的大小、方向、时间，并对央行需要调整政策预警以应对的冲击进行判断识别，发出预警信号，以使央行能前瞻性地、有针对性地采取政策措施，防范国际利率联动可能造成的负面影响，并对可能产生的正面影响进行引导，提高央行调控利率的水平。应对预案是针对预警系统发出的可能预警信号结合国内外经济运行态势通过综合分析，进而做出决策，前瞻性地调整国内宏观经济变量，以稳定国内经济增长，从而提高央行利率政策的调控效率与水平。具体框架见图 8－1。

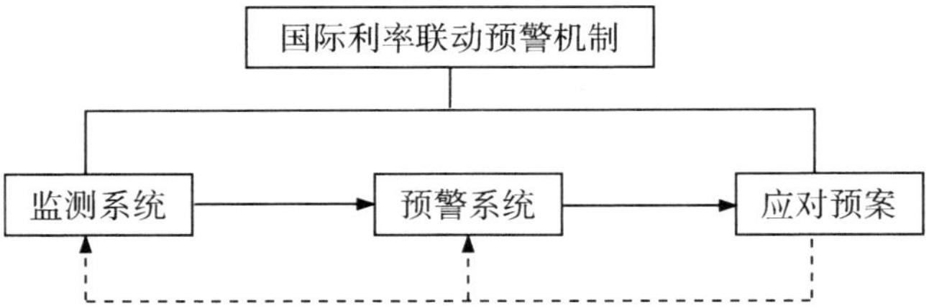

图 8－1　国际利率联动性预警框架

第三节　国际利率联动性监测应对系统指标体系构建

一、变量选择原则

（一）科学性与可操作性原则

科学性是指国际利率联动预警指标要有严密的科学性。能够正确衡量国际利率联动的机制，有助于构建预测模型，提高模型对本国利率国际联动性的预测能力，为利率政策决定提供一定的参考依据。可操作性是指各项变量要可实现量化，方便经济地得到可靠真实完整的数据，在时间上具有连续性，以便相关部门能实时监测和度量。

（二）主导性与灵敏性原则

所选择变量要能够充分反映国际利率运行的基本态势，综合反映国际利率的实际水平与变化趋势，要对国际市场利率有足够的主导性，能引导国际利率的变化，这些数据的变化应对国内市场利率的变化有决定性的作用。这些指标的微小变动能反映国际资本市场及国际经济的经济态势，并且迅速地向国际传递，进而引起国内市场利率发生变化。

（三）综合性与动态性原则

国际利率的传递会因不同的因素作用而出现不同的传递趋势，要能够反映中国国际利率联动的机制。所选指标要能够及时获取并做出分析，以便对中国市场利率的变化做出准确的判断。同时，各指标要灵活可变，要能够对中国与国际金融市场的体制变化和经济运行态势的变化等做出相应调整。

二、预警应对机制的指标体系与目标变量模式

依上述指标体系选择原则，参考已有文献所建立的指标体系，并根据前面国际利率联动性特征、国际利率向中上传递机制与影响因素以及国内利率体系的实际，从国内与国际宏观经济变量中考虑选择指标，初步尝试构建中国国际利率联动的预警指标体系。具体见表 8－1。

表 8－1 国际利率联动性监测预警指标体系

	类别	输入变量	输出变量
国际利率联动性监测预警指标体系	宏观经济指标	中国工业增加值增长率（G1）	中国央行目标利率（R）
		美国工业增加值增长率（G2）	
		中国物价水平（C1）	
		美国物价水平（C2）	
		中国净出口额（X）	
		中国制造业 PMI（P）	
	货币政策指标	中国货币供应量 M1 增长率（CM1）	
		中国货币供应量 M2 增长率（CM2）	
		美国货币供应量 M1 增长率（UM1）	
		美国货币供应量 M2 增长率（UM2）	
		人民币兑换美元汇率（E1）（直接标价）	
		中国实际有效汇率（E2）	
		美国、欧元区、英国、日本央行目标利率（R1、R2、R3、R4）	
		中国、美国、欧元区、英国、日本的同业拆借利率水平（Q1、Q2、Q3、Q4、Q5）	
		中国外汇储备增长率（S）	
	金融指标	中国、美国、欧元区、英国、日本的货币市场利率水平（RM1、RM2、RM3、RM4、RM5）	
		中国资本项目资本流入增长率（K1）	
		中国资本项目资本流出增长率（K2）	
		中国金融项目资本流入增长率（K3）	
		中国金融项目资本流出增长率（K4）	

三、统计监测系统

中国货币政策委员会作为货币政策的咨询机构，其职责是以宏观经济形势综合分析为基础，讨论货币政策的制定和调整等重大事项，并提出建议。① 因此，货币政策委员会要根据国内金融与经济运行特征及经济分析的需要不断改进监测指标体系，增加新的指标。比如中国制造业 PMI 指标。中国人民银行一直非常重视货币政策前瞻性的研究与探索，并且取得了有价值的成果。随着中国资本项目的进一步开放以及利率、汇率市场化程度的提高，要不断完善货币政策的统计监测系统，逐步增加国际利率联动性指标，以增强货币政策决策的科学性与前瞻性。

第四节　国际利率联动性应对机制

对国际利率联动性监测与预警的分析，为中国央行前瞻性地识别与应对可能的国际利率联动性的冲击提供了基础。运用上述国际利率联动预警监测系统，将动态地预测与监测我国市场利率的变化及其国际利率变动的联系，及时发现可能存在的国际利率变动对中国经济的冲击，为中国央行制定与执行货币政策决策提供重要参考。但是，这并不是说只要监测与预测系统发出信号，央行就要机械地采取政策措施加以应对。那么，基于监测与预测系统可能发出的信号，如何利用？采取哪些措施，进行科学的利率政策决策，以提高货币政策的调控水平。众所周知，市场利率的波动影响因素众多，而且国内的经济运行态势与国际经济环境也决定了对市场利率的调整空间。在当前经济金融全球化的环境下，中国利率的调整不但要综合国内的经济政治社会因素的影响，政策

① 国务院．中国人民银行货币政策委员会条例［R/OL］．(1997－04－05)．http：//www.gov.cn.

制定者也要认识到中国利率的调整对世界经济特别是外国其他体经济的溢出效应。这就要求中国央行要在参考预警信号的基础上，不但要考虑国内经济金融的运行态势，也要考虑国际经济运行状况，高瞻远瞩地进行决策方案优化，做出有效的政策利率调整决策。在调控机制上，要加快由直接调控向间接调控方式的转变。在具体调控方式上，要通过前瞻性的科学分析和理性判断，注重正常经济运行环境中的微调与经济异动条件下的逆周期调控相配合，以提高政策利率对市场利率的引导与调整的精准性、针对性与前瞻性。目前，中国人民银行的目标利率实际上有两种，即存贷款基准利率和同业拆借利率。在完全取消利率管制之前，中国人民银行还要权衡两种目标利率的作用与各自的作用范围。在国内利率传递渠道完全疏通之前，这也增加了中国人民银行在利率改革中调控的难度。

一、目标利率的调整要以国内经济运行状况为基础

由于国际利率政策传递的存在，使政策利率对国内市场利率的引导与调控有效性受到弱化。因此，国内利率政策的选择将不再是单方面决定的问题，而是需要综合考虑国内与国际经济态势，这两方面都不可偏废。综合衡量的原则应是以本国经济运行状况为基础，兼顾国际经济发展态势。这是因为，货币政策是对本国宏观经济中通货膨胀与经济增长的一种权衡方式，最根本的目的是要解决本国国内经济运行中存在的或潜在的问题。之所以要考虑国际经济特别是外国的利率政策的影响，是由于经济金融全球化的深化，中国已融入国际市场，忽视国际经济与政策的影响，将会影响到利率政策的宏观调控效果。因此，对于可能的国际利率联动监测预警信号，既要积极关注，又要科学分析，始终要以本国经济运行状况为基础，采取有效措施加以应对。

在开放经济条件下，一国利率政策和外国利率政策的关系有三种，即协

调、冲突或相互独立。同时由于经济金融全球化导致各国经济周期有趋同性，这也导致了各经济体利率政策的联动调整与趋同性。一般地，在本国国内宏观经济运行处于正常发展态势时，通货膨胀水平宽松时，国内央行对国际利率联动预警信号给出的调整预测，采取与国际同向的调整方向是合意的选择，这既有利于保持国际利率的协调性，避免发生国与国之间利率政策冲突，又在稳定国内经济的同时，稳定了国际经济。不然，将会使两国的经济稳定性受到一定程度的破坏，从而降低央行利率政策调控国内利率与经济水平。相反，如果本国与外国经济所处周期不一致，且国内经济运行处于异动态势，受到巨大的冲击，如通货膨胀严重，才不得已采取与外国相冲突的利率调整政策。必要时也可通过国际协调机制进行国际协调，最大限度地减少利率政策的国际冲突。

货币政策目标决策要重视国际货币政策沟通。在当前国际经济增长缓慢疲弱恢复和货币政策分化环境下，要重视国际经济协调与沟通。中国人民银行行长周小川 2016 年 2 月 26 日在上海举行的记者招待会上表示，在全球经济发展高度全球化的情况下，不同经济体出现政策分化会增加全球经济的波动性，影响全球经济复苏回稳的进程。全球主要经济体的货币政策外溢效应凸显，各经济体为国内经济制定实施货币政策时要考虑到外溢效应，要加强国际沟通。经济体中央银行间进行货币政策沟通与协调成为有效实施货币政策、重建全球金融秩序的重要手段。因此，当中国人民银行根据相关监测预警指标做出合理的决策过程中，要加强与主要发达经济体以及经贸关系紧密的发展中经济体的政策沟通。这要根据国内与国外经济政策的的作用机制及影响效应，合理确定责任分摊机制，力争实现各经济体间货币政策目标决策与操作的协调一致性，提高调控效果。

二、目标利率的调整时机：调与否

对于国际利率联动预警中利率政策调整时期的选择问题主要考虑以下因素：

（一）国内经济运行态势

这主要以CPI为指示器进行评判。中国以前主要以经济增长与价格稳定为货币政策目标，但二者常发生冲突，当增加需求促进经济增长时，也导致了价格水平的上涨。而价格稳定目标不会导致紧缩。价格稳定目标优先在工业化国家已积累了许多成功经验。如美联储强调价格稳定优先于经济增长，而且有效地控制了通货膨胀。英国央行在调整利率时，以2.5%左右的通货膨胀率为准则。随着中国经济方式的转变，要不断优化货币政策目标体系，要更加强调维持价格稳定目标。在当前我国利率还未完全市场化的情况下，经济对利率的敏感程度还不高，因此，要把借鉴工业化国家的国际经验与立足国情有机结合，形成一个综合消费价格指数、生产价格指数（PPI）和GDP平减指数的整体价格水平，作为货币政策的目标。如果国内通胀严重，央行要及时做出利率调整决定。这在当前，主要是调整存贷款基准利率，充分发挥存贷款基准利率对国内过热的经济的抑制作用。同时，配合以跨境资本流动的引导、适当的汇率干预维持汇率稳定。而在正常宽松的时期，央行要稳定政策利率而不使市场受到干扰，并对利率的未来调整道路指明方向，可通过公开市场业务调控同业拆借目标利率，进而引导市场利率保持动态平衡。同时通过跨境资本流动的引导等，改变市场升值预期以保持目标利率与市场利率的协调，从而保持本国利率政策的相对独立。2012年6月以来，央行启用公开市场逆回购操作，并作为央行调节市场流动性的常规工具而不调降准备金率的操作实践，也可以看出中国人民银行货币政策操作方式的这种转变。这种转变正是为了增强中国货币政策的独立性。

（二）要考虑国际利率变动的来源

如果利率联动是由世界经济共同的因素引起的，如国际性的大宗货物价格上涨，石油危机或经济危机，以及全球的气候变化等原因引起的国际利率调整传递到中国，这时，单独一国的政策很难达到预期效果。要考虑经济金融全球化下中国国内经济与其他经济体的联系，在以国内经济运行状况为基础的前提下，主动参与国际利率政策协调。尽管全球化加深了世界经济的联系，由于各国资本流动程度、汇率制度、本国经济状况的差异导致了利率传导机制很难在短时期内实现趋同化。因此，各国要强化相互利率政策的协调。通过国际协调等方式，实现各经济体利率政策的协调与一致性，避免相互冲击。同时，通过国际协调一致地利用货币发行等措施来协助利率调控作用的发挥，以熨平本国经济与国际经济的波动。如 2006 年全球通胀压力上升，主要央行如美联储、欧洲中央银行、中国与日本等国央行联动上调目标利率。2008 年的金融危机期间，各主要国家央行频繁地共同协商并协调一致地执行降息与其他货币政策，各国联动向下调整目标利率，使各经济体利率政策更加趋同，成功地应对了这次全球性的金融危机，使世界经济迅速企稳回升，有效缓解了世界经济大幅波动风险。如果不是国际利率协调联动，各经济体利率政策独立甚至冲突，那么，各国货币政策的有效性将大大降低。从这两个例子也可以看出，由于前次国际利率联动较低，主要表现在调整时点与方向上一致性、协调性低，使其效果不太理想，最终导致全球性金融危机的爆发。在共同应对全球性的金融危机中，国际利率调整操作联动程度较高，从而成功应对了这次全球性危机。由此可见，在影响经济的世界共同因素出现时，中国央行要积极主动地参与国际利率政策联动调整，在更高水平上高效调控国内市场利率水平，稳定物价水平与经济运行。党的十八大报告明确指出要稳步推进利率和汇率市场化改革，逐步实现资本项目可兑换。利率市场化与资本账户开放，会使中国的资本流动自由程度提高，中国与国际经济的联系将更加紧密，国际利率联动性对中国的冲击将更加明显。重要的是要转变单边思维的传统偏好，坚持疏堵并举，以疏为主的方针，更加重视用疏的方式解决问题，而不是一味地堵，人为主观地造成国内货币政策与相关国家货币政策的冲突，从而导致调控成本的增加。即使国内经济与国际经济周期不一致，在坚持权利和义务相平衡的前提下，加强同主要经济体宏观经济政策协调，重视通过国际协调解决货币政策的国际协调问题，从而以相对独立的利率政策，提高中国人民银行调控市场利率的水平，稳定国内经济。

因此，中国央行在决定目标利率调整时机时，要立足国内经济运行态势，钉住通货膨胀水平，密切监控国际经济与政策变动趋势，同时，要更加关注外国经济形势与利率政策动态，及时预警并准确研判，从而选择最佳的调整时机，适时地相对独立地调整本国的目标利率，更加注重国际利率协调，尽量避免国内利率政策与主要经济体利率政策的冲突。

三、目标利率调整方向：升与降

对于国际利率联动性监测预警系统可能发出的调整信号：升与降，货币当局要分两种情况对目标利率调整方向加以研判。一是预警信号的指示方向与当前目标利率调整的趋势同向。也就是说，监测信号显示的目标利率调整方向与当前目标利率调整所处的上升或下降的区间相同。这时，只要国内经济运行总体态势没有发生逆转或者仍沿着前期的趋势运行，这时，中国人民银行可以保持货币政策的连续性，通过公开市场业务微调同业拆借利率以应对，从而稳定汇率与平衡跨境资本流动，进而维持经济的内外平衡。二是预警信号的指示方向与当前目标利率调整趋势反向。一般情况下，国际经济形势发生了逆转，而国内经济趋势未改变。这时，中国人民银行要特别关注利率调控的前瞻性，必须重视稳定物价目标，及时调整国内宏观经济变量。中国人民银行要努力寻求利率、汇率、跨境资本流动以及外汇储备之间的平衡，在充分考虑利率政策的时滞性因素后，准确掌握货币政策目标转向的临界点，并通过适当的方式给市场以明确的预期，通过国内存贷款基准利率微调加以应对。这样，中国人民银行通过政策工具的逐步地、连续地同方向的调整，就有充分的空间，对政策进行修正，以减少经济波动。尽量避免国内经济出现逆转时才采取“头痛医头，脚痛医脚”的短期应对政策措施现象的出现，以减小“急转向”对经济产生的负面影响。

四、目标利率调整空间：幅度量化

当前各国央行的利率政策调整普遍采用了微调的操作方式，这种利率操作模式强调小幅多调的原则。针对国际利率联动性预警系统可能发出的调整信号，在国内经济运行正常情况下，也要采取小幅度的调整方式，以顺应经济的发展需求；相反，在经济运行的异动情况下，要采用大幅度调整的操作方式调整目标利率，同时，要做好调整幅度适当协调。美国等工业化国家正常时期普遍将利率调整幅度控制在 50 个基点以内，主要采用 25 个基点的调整幅度，而在经济异动时期则会采用较大幅度的调整，这时主要采用 75 个、100 个、150 个基点的调整幅度，如 2008 年金融危机应对期各主要央行的目标利率联动操作。中国央行在正常期主要采用 25—27 个基点的调整幅度，而在经济异动时期则采用较大的幅度如 100 个、50 个基点的调整。这些具体调控量的选择在经济正常期有利于降低央行判断风险、及时修正政策调整的负向作用，有利于形成稳定的政策预期，确保央行利率政策的持续性以推动社会公众预期的形成。而在经济异动期则有利于及时有效地进行逆向操作以熨平经济的异常波动。此外，与利率目标调整幅度相关的还有一个调整频率的问题。一般而言，利率政策的时滞为2—6个月。由于这种政策时滞的存在，央行在应对国际利率联动性预警系统发出的信号时，还要综合考虑两次目标利率调整的时间间隔，保持适当的调整频率，以便央行能充分观察前期调控的政策效果，从而避免由于两次调控间隔时间短而造成调控效果的累积。

因此，在利率的国际联动调整上，应以现有的国内货币政策反应函数等货币政策决策模型为基础，以国际利率联动性监测预警信号为辅助参考，进行综合分析，从而做出决策。一般情况下，中国央行在经济正常期应采用以25个基点的小幅度微调的利率政策操作模式，而在经济异动时，采用50个、100个基点的大幅度逆周期调整模式进行国际利率联动调整。

第九章

中国利率政策调控机制与经验实证

中国基本实现利率市场化。利率市场化的核心是央行调控下通过市场机制形成利率。要实现央行对市场利率的有效调控，就要以利率走廊制度为保障，并配合以高效的公开市场操作才能完成。因此，中国人民银行 2016 年第一季度货币政策执行报告指出，要探索利率走廊机制，增强利率调控能力，畅通人民银行政策利率实体经济传导的过程。[①] 所谓利率走廊制度，是 20 世纪 90 年代以来，世界主要经济体特别是工业化国家中央银行采用的引导市场利率的货币政策操作框架。利率走廊操作框架采用对各国央行在提高市场利率调控水平与稳定通货膨胀与产出水平方面取得了广泛成功。中国人民银行自 1995 年《中国人民银行法》颁布以来，一直在探索货币政策调控的有效路径。2008 年金融危机以来，政策调控逐渐从以直接与数量调控为主转向以间接、价格调控为主，中国央行通过公开市场操作引导市场利率的政策取向日益显现。目前，Shibor 基本确立了在货币市场的基础地位，其在回购、债券及金融衍生市场上的定价基准作用日益增强。中国人民银行根据市场流动性状况，在利率走廊框架下，通过公开市场操作特别是利用央行票据作为操作工具，已成为对流动性管理以及引导市场利率的重要方式，这方面已积累相当的经验，为中国利率完全市场化下的利率调控奠定了基础。然而，当前关于中国正在实践的利率政策操作及其模式研究少，货币政策操作机制模式是什么？公开市场操作的有效性如何？政策意图是如何传递的？对这些问题的回答是研究的主旨。

公开市场操作有流动性效应与预期公告效应，前者为后者提供基础，二者相互影响，共同构成中央银行引导利率的重要理论基础，但实证结果存在相互矛盾。国内对基准利率的属性如相关性、基础性、稳定性和市场性等属性及选

---

① 中国人民银行货币政策分析小组．中国货币政策执行报告（2016 年第 1 季度）．2016：53—54．

择研究多，基本上认定 Shibor 担当基准利率重任。对于货币政策操作模式以及利率引导机制进行系统考察的有价值成果少。对基准利率、操作目标、目标利率概念区分不清，存在误解。政策目标利率的选择与认识以及系统考察中国货币政策操作的经验需深入。因此，本研究在论述利率走廊作用机理与中国利率走廊实践总结的基础上，直接将 Shibor 作为基准利率，将央票发行利率作为主要公开市场操作工具，探讨中国实施货币政策的运行机制；实证检验中国央行公开市场操作的有效性及利率引导能力。

第一节　中国货币政策操作

货币政策实施包括选择货币政策操作目标、构建货币政策工具（公开市场、准备金、再贴现等）发挥作用并能控制选定的操作目标的货币政策操作架构以及运用政策工具实现利率政策的目的。①

一、货币政策操作目标、目标利率与基准利率

目前相当多的研究没有将货币政策操作目标、目标利率、基准利率进行区分，忽视了它们的异同，造成概念上的混淆与理解上的准确性。基准利率是指由性质相同、不同期限品种的一系列利率组成的利率体系，如联邦基金利率（包括隔夜、7 天、14 天、28 天、3 个月、6 个月与 12 个月等品种）。而操作

① 乌尔里希·宰德塞尔. 货币政策实施理论、沿革与现状［M］. 齐鹰，林山，译. 大连：东北财经大学出版社，2013：7.

目标是指中央银行试图且能够通过运用货币政策工具实现日常干预，并且对基准利率体系产生最广泛影响的具体期限的利率品种，一般就是基准利率体系中最短期限的隔夜品种。目标利率（水平）是指中央银行根据相关反映经济信息的指标变量设定、体现货币政策意图、平衡物价与产出的期望操作目标利率水平。

二、公开市场操作工具

中国人民银行从 1998 年 5 月 26 日开始公开市场操作人民币交易。目前，公开市场操作已成为中央银行通过市场交易有价证券实现货币政策目标的日常操作主要工具之一。中国央行公开市场操作的主要品种包括回购交易（正、逆）、现券交易和发行中央银行票据以及 2013 年 1 月设立的短期流动性调节工具。中国央行的公开市场操作包括利率与数量两种基本的招标方式。前者是指央行明确招标量，竞标形成市场利率，从而发现货币市场利率的过程。而后者是指央行明确招标量与利率，竞争数量按比例分配，从而发现市场资金供求与流动性的过程。央行根据货币政策操作意图，相机选择不同的招标方式，调控货币市场流动性，从而引导市场利率。由于国债规模较小，从 2003 年 4 月 22 日起，中国人民银行开始采用央行票据发行作为主要工具进行公开市场操作，且央行票据发行品种主要有 3 个月、6 个月及 12 个月期。① 此后，人民银行票据发行规模不断扩大，且央行对央行票据发行有独立自主权，可根据市场状况决定发行规模、利率水平等要素。因而央行票据迅速发展成为中国央行最主要的公开市场操作的工具。如 2011 年，全年累计发行中央银行票据约 1.4 万亿元。由于中标利率在中央银行的控制之下，不管采用哪种招标方式发行央行票

① 中国人民银行货币政策分析小组．中国货币政策执行报告（2003 年第 4 季度）．2006：4—6．

据，最终都体现了中央银行的市场利率意图。因此，通过分析央行票据发行三要品种的利率与货币市场利率的关系，可以检验中国央行引导市场利率的水平。①

三、货币政策操作框架

利率走廊制度已成为中国央行货币政策操作的重要模型。在利率走廊制度保障下，中国央行通过公开市场操作实现对市场利率的引导调控。利率走廊系统的典型特征是央行提供了银行机构据以向央行短期贷款与存款短期融资便利，而市场利率被限定在前两种融资便利形成的利率走廊上限与下限中间。利率走廊几何模型见图 9－1。利率走廊几何模型中纵轴 i 表示市场利率，横轴 R 表示存款准备金供给量。以 i^* 表示央行根据货币市场流动性预测、宏观经济系统重要变量如价格水平、产出水平等设定的平衡价格与产出水平的货币政策目标利率。i^l表示央行向银行机构提供短期贷款的高于目标利率 n 个基点的贷款利率，如再贷款利率、再贴现利率以及贷款便利利率等。I^d为央行向银行机构支付的低于目标利率 n 个基点的存款利率，如超额或法定准备金利率、存款便利利率等。显然，以 i^*、i^l、I^d横坐标的水平线组成了以目标利率为中心 i^*，在 i^l、I^d即央行贷款利率与存款利率之间形成了一条“走廊”。在这样的框架下，通过适当设定准备金供应量规模，加以公开市场操作配合，就能将操作目标利率实际利率在目标利率水平上出清。此外，通过公开市场操作，适当调整准备金供应量规模 R^*，比如增加至 R_1，即可通过市场价格（利率）机制，使货币市场的准备金供给 S 与需求 D 形成新的平衡，从而调整政策目标与新

① 相关数据来自中国人民银行网站。

的目标利率水平相适应，进而引导市场利率做出相应调整。①

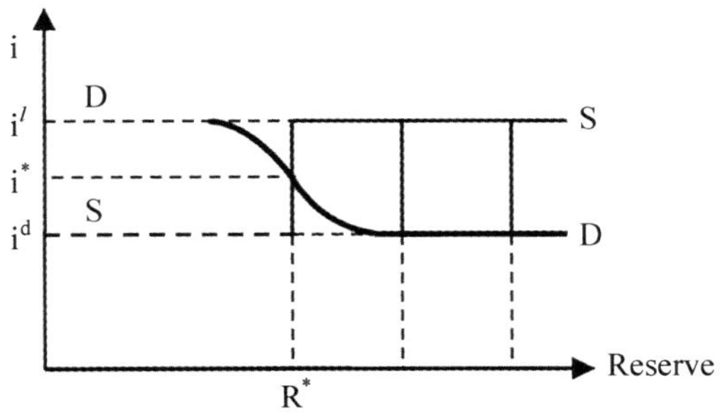

图 9－1　利率走廊示意图

与上框架相对应，可用 Michael Woodford（2001）的简单数理模型分析其作用机理。假设银行 k 以市场利率 i 持有的准备金余额的净利润为 R（$s^k+\varepsilon^k$），则

$$R(s^k+\varepsilon^k)=i^d\max(s^k+\varepsilon^k, 0)+i^l\min(s^k+\varepsilon^k, 0)-i(s^k+\varepsilon^k)$$

其中，ε^k、σ^k 分别指银行 k 在某一营业日的准备金余额的随机波动与收支的不确定性，s^k 为期望准备金余额。F（$-\varepsilon^k/\sigma^k$）为在定义域（$-\infty$，∞）上单调递增、值域为［0，1］的积累分布函数。②

若用 S 代表央行结算余额的总供给，货币市场均衡时有：

$$i=i^d+F\left(-\frac{S}{\sum\sigma^k}\right)(i^l-i^d) \quad (9-1)$$

很明显，市场利率必定位于以 i^l、i^d 为上下限的走廊范围内，特别对于对称利率走廊，中央银行在保持准备金市场中性时，F（$-S/\sum\sigma^k$）＝1/2，可得市场均衡利率等于目标利率 i^* 为：

$$i=i^*=\frac{i^d+i^l}{2} \quad (9-2)$$

① 刘义圣，赵东喜．利率走廊理论述评［J］．经济学动态，2012（7）：122—129．
② 刘义圣，赵东喜．利率走廊理论述评［J］．经济学动态，2012（7）：122—129．

此时，市场利率即被逼近并保持在目标利率水平上，均衡方程（9－1）、（9－2）即构成中央银行通过公开市场操作调控市场利率基本模式。

总之，央行对市场利率的调控引导是通过两个过程来实现的。一是政策二具如央票发行控制操作目标如 Shibor 的最短端。当中国人民银行发行央行票据时，缩减市场流动性，进而减少银行机构的准备金供给，促使其向银行同业拆借市场借入资金，从而拉升 Shibor 水平，如果反向操作，逆回购则导致 Shibor 向下调整。同时，公开市场操作工具如央行票据利率与市场利率存在价差，工具利率的升降会改变其 Shibor 期限升贴水的均衡关系，从而对 Shibor 施加压力，起到调控 Shibor 作用。二是 Shibor 为银行机构资金内外部转移，以及金融市场产品定价提供基准（如企业债券、利率互换），引导金融货币市场利率。

第二节　中国利率政策调控经验实证

一、变量说明与数据准备

（一）变量说明与数据来源

央行 2007 年 1 月起正式公布 Shibor 数据，因此本研究选择 2007 年 1 月到 2014 年 6 月为研究区间的月度数据为样本。根据前面的文献回顾可知，Shibor 目前基本上具备基准利率功能，而存贷款利率是法定利率不是市场形成的利率，因此，选取中国人民银行央行票据作为货币政策工具，选取 Shibor 为货币市场基准利率，记为SH；在利率市场化环境下，中央银行调控将主要通过价格、间接、市场方式调控市场利率，而央行票据利率既是央行间接影响货币市场利率的重要工具，又是政策利率，其适合作为政策工具的代表，因此选择3个月央票利率作为公开市场操作工具变量，记为MT；将中国隔夜银行间同业拆借利率与银行债券回购利率作为主要市场利率，分别记为IN与HG；再贷款利率与超额准备金利率分别记为IL与ID。Shibor的月度值为当月最后一天的隔夜报价值，央行票据利率除2012年由于停止发行央票，用91天正回购利率代替外均为当月最后一个发行收益率值，变量IN、HG均为月度平均值。Shibor数据来自Shibor官方网站，其他数据均来自中国人民银行网站统计数据库。

（二）数据准备

研究采用经验总结与实证检验配合方法，用相关性分析、格兰杰因果关系检验与向量自回归模型等计量经济学方法考察公开市场业务操作对市场利率的引导机制。相关数据处理均采用EViews5工具进行。

1. 平稳性检验

由于格兰杰因果关系检验对时间序列的平稳性较高，为了进一步确定变量序列间是的因果关系，首先要检验时间数据序列的平稳性，平稳性检验结果见表9－1。从DFG单位根检验表上可以看出，中国人民银行票据利率MT、上海同业拆借利率SH、银行间同业拆借利率IN与银行间债券回购利率HG均在10%统计水平上平稳，即相关时间变量序列均为I（0）序列。

表9－1 单位根DFG检验结果表

变　量	检验形式	统计量t值	结　论
MT	（c，0，2）	－1.7561 *	平稳

续表

SH	(c，0，2)	－2.0004 ＊＊	平稳
IN	(c，0，0)	－3.3177 ＊＊＊	平稳
HG	(c，0，0)	－3.4440 ＊＊＊	平稳
检验临界值		1% level	－2.5918
		5% level	－1.9446
		10% level	－1.6143

注：1. 检验形式（C，T，L）中的 C、T 、L 分别代表常数项、时间趋势项和滞后阶数。
2. 滞后项的选择以 SIC 准则为依据。
3. ＊＊＊表示统计显著水平 1%，＊＊表示统计显著水平 5%，＊表示统计显著水平 10%。

2. 相关性检验

相关性检验结果见表 9－2。从表上可以看出，变量 MT、SH、市场利率 IN、HG 的相关系数为 1，也就是说二者的变动趋势有极高的同步性。基准利率 SH 同市场利率 IN、HG 的相关程度高于二者与公开市场操作政策工具利率 MT 的相关程度，这和前述分析的预期相符合。SH 起到货币政策意图传导的中介作用。总之，相关变量间高的相关性，适宜进一步分析。

表 9－2　相关性检验结果表

变　量	MT	SH	IN	HG
MT	1.00	0.60	0.68	0.66
SH		1.00	0.82	0.82
IN			1.00	1.00
HG				1.00

二、利率引导经验实证

（一）央行货币政策操作实践

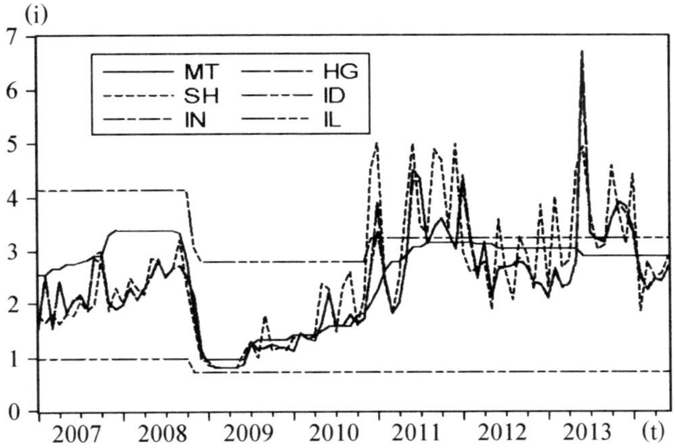

图 9－2　人民银行货币政策操作利率走廊制度实践

中国人民银行利率调控的操作框架的上下限分别是再贷款利率与超额准备金利率。中国存款准备金（法定准备金与超额准备金）一直执行付息制度，且对银行机构结存的超额准备金没有数量限制。因此，超额准备金利率 ID 实际上就成了中国利率理论上的下限。ID 与再贷款利率 IL 理论上利率的上限结合，就形成了中国利率走廊制度的雏形，具体见图 9－2。2012 年以来，中国人民银行又尝试设置常备借贷便利以完善利率走廊制度。从图 9－2 可以看出，中国人民银行票据利率 MT、上海同业拆借利率 SH、银行间同业拆借利率 IN 与银行间债券回购利率 HG 四种利率的变动态势基本相同。很明显，市场化的利率 SH、IN、HG 的波动幅度显著大于 MT，这正是 SH、IN、HG 市场形成机制的体现，而 MT 是政策工具，有相对稳定性与连续性。2007 年 1 月到 2014 年，在超过一半时期内 MT、SH、IN 与 HG 都位于再贷款利率 IL、超额存款准备金利率ID这两条线构成的走廊内，初步反映了中国人民银行利用利率走廊机制调控市场利率的有效性。而在2011—2013年，SH、IN与HG的利率不断突破再贷款利率即走廊上限，且波动幅度明显增大。这是因为央行没有明确其再贷款制度或者是短期融资贷款便利制度，并且央行对这种规定的执行存在随机设限，不能坚持执行下去，大大降低了利率走廊制度对稳定市场利率的保障功能。说明中国利率调控的走廊机制还需完善，这也正是2012年以来，中国人民银行正在探索的关键点。①

（二）利率引导机制实证

1. 因果关系检验

从前面的分析我们明确了中国人民银行货币政策操作框架初步具备利率走廊功能，相关性检验也初步验证了我们对公开市场操作对利率引导机制的预期。接下来，利用Granger因果关系检验相关变量间的相互影响关系，具体检

表9－3　Granger因果检验结果表

原假设	变量数	F统计量	P值
SH不是MT的Granger原因	88	1.2036	0.3053
MT不是SH的Granger原因		3.9434	0.0231
IN不是MT的Granger原因	88	1.0759	0.3457
MT不是IN的Granger原因		6.6619	0.0021
HG不是MT的Granger原因	88	1.3686	0.2602
MT不是HG的Granger原因		6.6780	0.0021
IN不是SH的Granger原因	88	0.6265	0.5370

① 中国人民银行网站。

续表

SH 不是 IN 的 Granger 原因		16.4451	0.0000
HG 不是 SH 的 Granger 原因	88	0.2471	0.7817
SH 不是 HG 的 Granger 原因		18.0967	0.0000
HG 不是 IN 的 Granger 原因	88	5.2109	0.0074
IN 不是 HG 的 Granger 原因		6.2054	0.0031

验结果见表 9－3。从表 9－3 可以看出，中央银行票据利率在 5％的统计显著水平上，都是货币市场基准利率、银行间同业拆借利率与回购利率的 Granger 原因，相反，货币市场基准利率、银行间同业拆借利率与回购利率都不是央行基准利率的 Granger 原因；货币市场基准利率都是银行间同业拆借利率与回购利率的 Granger 原因，反之则不是这种因果关系；而同业拆借利率与回购利率互为 Granger 原因。从以上检验结果可以得出如下因果关系：从央行票据利率 MT 到基准利率 SH、市场利率 IN 与 HG 的单向因果关系；从基准利率 SH 到市场利率 IN 与 HG 的单向因果关系；市场利率 IN、HG 之间的双向因果关系。也就是说央行票据利率 MT 的变动会引起 SH 的相应变动，反之，则不然。同样，基准利率 SH 能导致市场利率同步产生一致的调整，但反过来没有，这种现象不存在。而市场利率 IN、HG 则相互作用，相互依存。基本上体现出中国人民银行利率引导的机制，即央行通过货币政策工具中央银行票据利率操作影响货币市场基准利率，市场基准利率的变动作用于各种市场利率，而各种市场利率又相互影响。这意味着，人们可以用央行票据利率来预测货币市场基准利率，以及市场利率，同时，通过基准利率也可以有效预测市场利率，这种预测比以历史数据进行预测要更准确。央行票据已发展成为重要的货币政策工具，作为公开市场操作利率确实能有效引导货币市场基准利率，进而引导市场利率。与此同时，也显示了中央银行票据作为货币政策工具对货币市

场基准利率有强的控制作用。其呈现市场性与政策性两种相互联系的特点。前者指央行通过央行票据招投决定价格而非由央行指令确定。央行票据交易量增大及交易市场机制的不断完善支撑了其货币市场定价基准的能力。与此同时，作为货币政策操作工具，中国人民银行依据货币政策意图与目的进行操作。央行利率不但反映了货币市场流动性，而且反映了中国人民银行的货币政策意图。即使央票发行能对 SH 产生有效控制，也使其对市场基准利率 SH 有强的引导作用。Shibor 作为中国货币市场基准利率具有优良的基准性质，其在市场利率体系中的基准地位基本确定。因此，在当前中国利率未完全市场化的环境下，中国人民银行的公开市场操作调控市场利率水平的探索是有效的，中国货币政策传导是通畅的。

2. 脉冲响应函数分析

为了从本质上分析公开市场操作对货币市场基准利率的作用，以及货币政策的传导路径，来发现货币政策信息在利率体系内传导的方式与特征，这需要在 Granger 因果关系检验的基础上，用 VAR 模型进行脉冲响应分析。VAR 模型作为非理论性模型，可通过脉冲响应分析，识别某种冲击对模型代表的经济系统的动态影响。如果货币政策操作有效，传导顺畅，对于给定的一个中央银行票据利率的外部冲击，一定会引起其货币市场基准利率的反应，进而传导给市场利率，并且这种冲击效果也一定会被脉冲响应函数捕捉到。因此，通过脉冲响应函数分析，可以考察中国货币政策操作对基准利率的调控效果，以及基准利率发挥的引导水平。

根据 AIC 准则选择了滞后阶数为 2 的四变量（MT、IN、SH、HG）VAR 模型。经 AR 根检验，所有单位根的模都小于 1，所建立的 VAR 模型符合稳定性条件，其结果是有效的，可以进一步分析。相关估计结果见图 9－3。对图 9－3 分析发现：

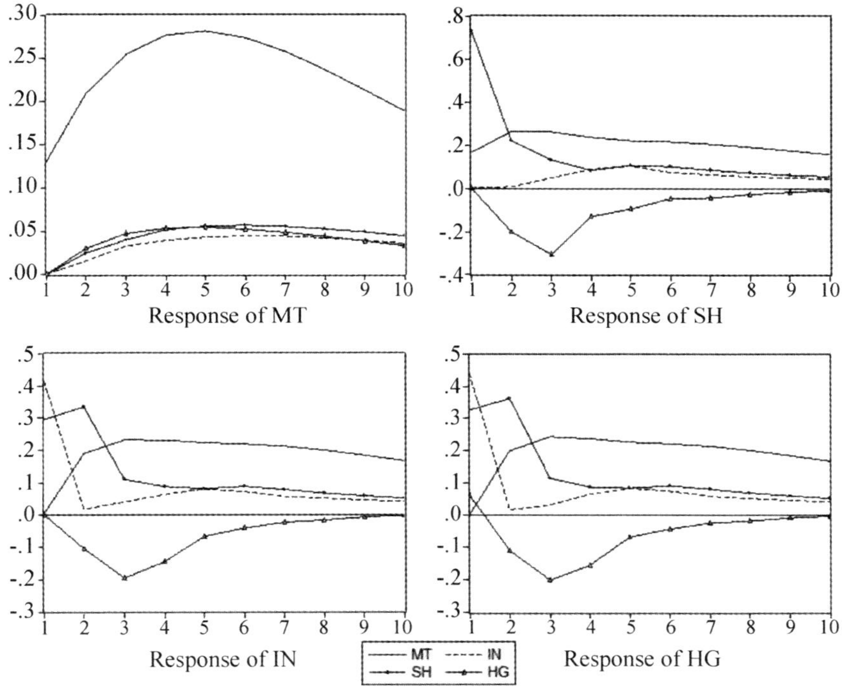

图 9－3　变量脉冲响应

（1）公开市场操作有强的连续性

中国人民银行央票利率对其自身的一个标准差冲击，短期内有持久的正向影响。说明中国公开市场操作有较强的连续性，这与近年来中国人民银行货币政策利率操作微调、平滑操作相符合。与此同时，变量 SH、IN 与 HG 对央票利率的冲击都明显小。说明，货币市场利率以及基准利率受到外部条件的某一冲击后，虽然也会传递给央票利率的确定，给政策利率带来同向的冲击，但这种作用较小，央票利率调整更多的是体现货币政策意图。

（2）基准利率 SH 可控性高

货币市场基准利率 SH 对央票利率的冲击在本期即产生正向效应，在第 2

期即达到最大值，此后经历一个持续缓慢衰减过程后趋于稳定。而货币市场利率 IN 的冲击向基准利率传导较慢，在本期没有影响，从第 2 期缓慢产生正向影响至第 5 期达到最大值后逐渐衰减为零而趋于平衡。而市场利率 HG 则在第 2 期对其产生了负向冲击，第 3 期达到最大值后，迅速衰减为零。此外，货币市场基准利率 SH 对其自身的一个冲击即期就产生最大正向效应，但迅速减小，不具有长期影响，自身稳定性强。说明，中央银行公开市场操作通过发行央票这种货币政策工具很好地控制货币市场基准利率 SH，货币政策的流动性效应与预期效应明显，灵敏度高，Shibor 作为基准利率可控性好，货币政策意图能迅速传导到基准利率，而且其本身稳定性强，基础性好。

（3）基准利率对市场利率有好的引导性，基准效应明显

货币市场利率 IN、HG 对基准利率的冲击在本期均产生强的反应，都在第 2 期迅速达到最大值，接着经历 1 期的急剧回调，第 3 期后，缓慢衰减至零，达到均衡水平。与此相反，二者对央行票据利率冲击的反应则缓慢得多，且没有产生即期反应，经历 2 期在第 3 期冲击效应达到最高点后，缓慢回调而趋于均衡。说明，市场利率对基准利率 SH 的冲击反应比对央行票据利率的冲击反应大且迅速。基准利率的变化很快就能将货币政策信息传递并反映在市场利率上，足以证明基准利率对市场利率有强的引导作用。这也说明，2007 年以来，中国货币市场有效性已达相当高的程度。

此外，中国银行同业拆借利率 IN 对给予其自身的一个冲击，即期即产生冲击效应，影响大且迅速，但经历 1 期即急剧大幅回调至第 2 期的低水平，此后缓慢波动趋于均衡。市场利率 HG 对 IN 的冲击反应与此类似。说明货币市场利率 IN 作为中国同业拆借利率有强的内在稳定性，自身受到的来自外部环境的冲击而产生的波动会迅速消退，货币市场利率系统稳定性高。

第三节　提高中国利率政策实施的有效性

运用数理分析、计量经济学因果关系检验与 VAR 模型脉冲响应分析等方法，论述了中国利率政策操作的走廊理论机理与实践，考察了 2007 年 1 月至 2014 年 6 月中国利率政策操作传导机制。结果表明，中国货币政策操作框架初步具备利率走廊功能。中央银行票据利率都是货币市场基准利率、银行间同业拆借利率与回购利率的单向 Granger 原因；货币市场基准利率都是银行间同业拆借利率与回购利率的单向 Granger 原因；同业拆借利率与回购利率则互为 Granger 原因。说明，央行票据已发展成为重要的货币政策工具，能有效引导与控制货币市场基准利率，Shibor 作为中国货币市场基准利率具有优良的基准性质。在中国利率未完全市场化的环境下，中国货币政策传导是通畅的。以上发现在 VAR 模型的脉冲响应分析中也得到验证。公开市场操作的流动性效应与预期效应明显，灵敏度高，货币政策意图能迅速传导到基准利率。基准利率的变化很快就能将货币政策信息传递并反映在市场利率上。但货币政策操作框架建设以及基准利率的培育还需进一步完善与强化。央行利率政策目标还不明确，影响到政策公布效应的发挥。基于以上发现，提出以下几点政策建议：

第一，明确操作目标。利率市场化后，在市场机制形成利率信号配置资源的同时，官定政策利率将不再适应高度市场化的金融市场发展，凸显央行通过市场化价格杠杆有效引导市场利率水平的重要性。货币政策调控机制要顺应利率完全市场化后的变化。确定 Shibor 为基准利率，明确选择 Shibor 的最短端隔夜利率为利率政策操作目标，及时公布目标利率。充分发挥公开市场操作的流动效应与公布效应，增强金融改革后多层次的资本市场、民营金融的市场化定价能力，提高央行调控市场利率的水平与效果。

第二，进一步巩固 Shibor 的基准利率地位。大力推动市场创新，丰富以 Shibor 为基准的浮息产品，鼓励金融机构积极以 Shibor 基准利率为基础进行内外部资金转移，促进银行机构更多的市场化产品以 Shibor 为定价基准，逐步减少官定政策利率的种类，渐进增加 Shibor 在存款定价上的基础性作用。提高债券市场流动性，为培育有效的收益率曲线夯实基础。

第三，构建明确透明的利率走廊操作制度。利率走廊货币政策操作框架在完全市场化金融条件下，央行有效调控市场利率的内在要求，是利率市场化后央行有效引导市场的基本模式。利率、汇率市场化势必增大银行体系短期流动性的波动幅度，大大增加了金融机构对流动性的管理难度，对央行日常公开市场操作管控货币市场要求更高。目前中国的利率走廊只具备了基本功能，走廊边界利率特别是上限利率尚不明确。应尽快建立、明确常备借贷便利利率的货币市场利率上限的作用，向市场传递稳定的预期，强化价格型调控和传导机制，为基准利率的基础性发挥及政策操作效果的增强以及避免市场利率出现大幅波动，提供制度保障。

第十章

应对国际利率联动性趋势的制度思考

随着经济全球化与金融一体化的深度演进，国际利率变化出现了一定程度的联动性调整新趋势。中国资本项目、利率与汇率市场化的稳步协调推进，中国的利率政策的独立性与有效性面临诸多新挑战。国际利率向中国传递受到中国跨境资本的流动程度、汇率波动、中国外汇储备的变化等因素的影响。国际利率联动性对中国经济产生了重要影响。为了适应这种新挑战，有必要在现有的制度框架的基础上，在制度层面、政策制定与实施等层面进行相应的制度配套与完善，从而在新的国际利率变动新趋势下，增强中国利率政策的相对独立性与有效性，提高中央银行市场利率的调控水平。

一、逐步建立利率走廊系统的利率政策操作框架

人民银行在2016年第一季度的货币政策执行报告中指出，要探索利率走廊机制，增强利率调控能力，理顺央行政策利率向金融市场乃至实体经济传导的机制。利率走廊操作框架与传统的准备制度相比有效率高与伸缩性强的优势。利率走廊包含短期贷款与存款两个短期融资工具。利用走廊的上、下限，央行严格地将政策利率控制在走廊宽度波动范围内，而且还活跃了银行间同业拆借市场。此外，央行不但可以不改变准备金供给量，只需通过移动利率走廊就能调整目标利率实施相应的货币政策，而且还能不改变均衡利率（目标利率）即不调整利率政策，实现准备金供给量改变，从而实现流动性操作。利率走廊通过分离利率政策与央行流动性政策，使央行有能力在向市场提供巨量的流动性的同时，将政策利率稳定在其目标利率附近。由此可见，利率走廊系统实现了利率政策与流动性政策的分离，不但解决了传统准备金制度下，均衡利率（目标利率）面临的零利率下限问题，而且为实行量化宽松政策增加流动性提供了操作技术上的支持。这也正是2008年金融危机以来，较多国家央行货币政策执行框架从对称走廊移向地板系统的原因。利率走廊不但为央行使用常规的低利率、零利率政策提供了实施基础，而且，为央行在面临低利率、零利率政策宏观调控效果边际政策效用递减，调控经济的水平降低的情况下，提供了实施极度宽松货币政策，执行非常规货币操作的工具与可行性。目前，人民银行的货币政策工具主要有公开市场操作、法定准备金利率、超额准备金利率、再贷款利率、再贴现利率、常备借贷便利等，这些工具的合理组合应用在一定程度上具备了利率走廊的基本功能。人民银行利用“利率走廊”，通过公开市场操作，合理安排正回购和逆回购操作期限品种、操作规模和频率，即可实现对基准利率的间接调控与管理。人民银行进行的公开市场操作以及进行的

"利率走廊操作框架"探索，是中国金融改革深入的环境下，宏观调控由数量型向价格型转变，由直接调控向间接调控转变的必要步骤。更重要的是，在利率市场化后、汇率市场化程度日益提高，资本项目持续开放的条件下，通过利率走廊货币政策操作框架，可以有效地调控基准利率，引导市场利率，提高调控市场利率的水平。这将更有利于人民银行保持利率政策的独立性与有效性。①

加快探索利率走廊要素建设。合理的走廊宽度与走廊上下限设定是利率走廊框架功能有效发挥的核心要素。当前，急需合理选择、积极构建利率走廊基本框架。在公开市场操作中，相机选择使用以 7 天期逆回购为主要品种、14 天期和 28 天期逆回购作为辅助品种的公开市场操作的同时，逐步丰富操作工具和期限品种，提高操作的前瞻性、针对性和有效性。中国人民银行在以中期借贷便利（Medium－term Lending Facility，简称 MLF）作为基础货币供给的重要渠道的同时，要不断扩大合格抵押品的范围，发展常备借贷便利市场，积极发挥常备借贷便利利率作为利率走廊上限的作用，将短期存贷便利建设作为重要的走廊上下限。利率目标可以上海同业拆借市场利率为参照设定，以较窄的走廊为宽度设定原则，在经济异动期可适当放宽走廊宽度。

二、逐步由货币政策的多目标制向稳定物价单一目标制转变

（一）货币政策目标的演进

货币政策目标应随着社会、政治、经济等为标志的社会发展阶段的演进变化而相应转变。从现代经济发展过程史上看，各经济体的货币政策目标一般经

① 中国人民银行，中国货币政策执行报告（2015 年第 4 季度）［R/OL］.（2016－02－06）. http：//www.pbc.gov.cn.

历了从多目标如经济增长、就业水平、稳定物价与国际收支平衡等向单一的稳定物价目标转变的过程。一般认为，随着社会的发展，货币政策制定者应更加关注经济中的物价水平波动的社会与经济成本，物价水平的稳定越来越被认为是经济政策特别是货币政策的首要目标。货币当局一般把物价稳定描述为经济中通货膨胀在低水平的稳定。通胀水平上升快或波动较大将会增大经济系统的不确定性，这种不确定性所引起的直接结果就是市场信号的扭曲，增强消费者、生产者与政府决策的难度，降低社会资源的配制效率，加剧经济社会动荡，增加经济社会健康发展的成本。世界经济历史上不断发生的严重通货膨胀所导致的社会经济悲剧不断重演，也证实了物价水平剧烈波动的社会破坏性，从而也说明了稳定物价的重要意义。

正是由于物价稳定对经济全面协调可持续发展的重要性，各经济体一般把通货膨胀水平视为货币政策的关键因素。如果能将通货膨胀水平维持在较低的水平并控制其在一个狭窄的范围内波动，即可实现经济社会的物价稳定。

（二）中国货币政策目标向单一目标转变的必要性

时至今日，中国货币政策目标基本上仍是经济增长、充分就业、物价稳定和国际收支平衡相协调的多目标制。这与中国所处的发展阶段密切相关。由于中国目前基本上还处在并长期处在社会主义发展的初级阶段，这一基本国情决定了这一发展中的大国，面临复杂多变的经济形势，因此，在实践中采取了灵活多样的货币政策目标。中国的货币政策既要关注通胀，又要考虑经济增长、国际收支平衡、就业等问题。但是，中国在当前经济全球化与金融一体化的形势下，国际经贸关系持续加强，国际资本流动日益自由化，通货膨胀与经济周期的国际传递日趋加速，国际货币政策在国际上的传递也对中国经济产生了一定程度的影响，这为中国宏观经济的稳定运行带来了新的挑战。中国货币政策的不同目标之间会面临不协调、甚至是相互冲突的局面。中国宏观经济调控时而出现的两难或多难的情形正是这一挑战的反映。这会增加中国经济可持续发展的运行成本与宏观调控有效性，增加货币政策的制定和执行的困难。

胡锦涛总书记在党的十八大报告中明确指出，要加快完善社会主义市场经济体制和加快转变经济发展方式，要以经济持续健康发展解决我国所有问题。这就要求中国适应国内外经济形势新变化，稳步推进利率和汇率市场化改革，逐步放松资本项目管制程度。随着中国与世界经济一体化的逐步深入，必将增强中国与国际经济的相互依存性，中国现行货币政策体制所面临的两难或多难将会加剧。中国的货币政策目标必须逐步由多目标制向单一目标制转变，即以稳定物价为货币政策的单一目标。

（三）可行的转变路径

中国货币政策目标向稳定物价单一目标制转向在马克思经济理论的指导下，批判性地参考西方工业化国家在货币政策目标转变实践中取得的经验，并根据国情加以调整，创造性地建立中国的单一货币政策目标制度。马克思在《资本论》第三卷中的资本主义生产的总过程（下）第五篇的第三十二与三十三章中明确提出了中央银行利用货币政策进行宏观调控的论述。马克思指出，中央银行的信用制度总枢纽作用，它会对社会经济发生重大影响。中国要以马克思的中央银行对宏观经济调控的相关论述为指导，充分保证中央银行的独立性，并建立适应中国现实的货币政策单一目标制。此外，工业化国家如欧洲中央银行以物价稳定作为基本目标，在欧盟的总体经济政策不与稳定物价目标相冲突时才给以支持。说明欧盟的货币政策将物价稳定放在优先地位，在基本的物价稳定目标基本实现的前提下，才能追求其他目标如经济增长、充分就业等。这就是所谓的阶梯目标。新西兰、日本以及美国中央银行也都是以保持物价水平的总体稳定为货币政策的目标，并以此保持经济的良性运转。

中国可先以阶梯目标作为货币政策单一目标制的初期阶段，在实践中逐步增强中国人民银行的独立性，充分积累经验。首先在物价稳定时，要为中国加快经济方式转变过程中的资源配置优化引起的价格改革空间。其次，要解决优化双顺差所带来的货币供应增发及其所引起的通货膨胀水平向上行走的压力。最后，要深入分析国际金融危机以来，以物价稳定为单一目标的工业化国家倾向政策框架下经济出现的问题。在条件成熟时，把单一目标的货币政策目标制推向高级阶段，让具有高度独立性的中央银行将物价稳定作为货币政策的首要长期目标，从而形成完全的以稳定物价为单一目标的货币政策目标制度。在这种制度下，独立的中央银行可将长期物价水平维持在低水平，从而保持经济的长期可持续发展。

三、建立高透明度的利率决策机制

一个国家的利率政策决策制度是和这个国家的经济发展阶段、开放程度、金融管理体制等因素紧密相关的。一般而言，一个国家的金融体制越完善、开放程度越高、经济发展水平越高，其利率政策的决策机制越透明，从而央行对经济的调控水平也越高，调控政策越有效。工业化国家在利率决策与操作的长期实践中，普遍选择了集体决策的方式。这种集体的利率决策制度一个明显的优势就是有利于集思广益，避免出现极端行为，从而保证利率政策的稳定性和连续性。如金融体系较完善的美国即是采用这种利率决策机制的代表。中国在协调推进资本项目开放、利率汇率市场化的同时，也应及时提高央行的独立性，认真研究其利率集体决策机制对中国的借鉴意义，同时反思 2008 年金融危机的爆发所暴露出的这种制度的弱点与不足。在全面分析利率集体决策机制的基础上，吸收其合理成分，逐步在中国的渐进性改革、货币政策由数量型向以价格型为主转换的过程中，构建适合中国国情的高透明度的利率政策决策制度。

在货币政策调控从数量型为主向价格型为主逐步转型过程中，需要重视引导市场预期，明确货币政策以稳定物价为货币政策的主要目标，从量价两个方面保持货币政策的稳健和连续。一方面注重稳定短期利率，完善调控模式，探索构建利率走廊，培育市场基准利率和收益率曲线，强化价格型调节和传导机制，疏通货币政策向实体经济的传导渠道，稳定市场预期；另一方面在一定区间内保持利率弹性，发挥价格调节和引导作用。

四、加强对国内与国际宏观经济周期的监测

对宏观经济周期科学监测，是保持中国利率政策相对独立与有效的基础与前提。对中国宏观经济与世界经济周期进行科学测量与影响评估，才能及时有效地准确把握本国的经济周期与运行趋势，并根据国际经济周期的变动与动态影响制定与实施利率政策，做到准确地、适时地、适量地、以正确的方向调整中国的利率。这样既能保证以中国国内经济为基础对利率政策独立地、前瞻性地进行调整，又能避免在国内与国际经济宏观周期基本同步的情况下，国内利率政策与国际同步性较强的利率调整政策不协调甚至相冲突，从而与国际利率调整在幅度、方向与时机上保持一定程度的协调同步。

中国在20世纪80年代中期就开始进行经济周期监测工作，但发展至今，监测技术水平仍不高，这主要是因为，监测是通过定性分析和专家预测来实现的，而且监测的对象主要是国内经济的运行。在经济国际化与金融一体化深度发展的今天，国际经济运行的周期也应成为中国经济周期预警监测对象的重要组成部分。针对国内与国际经济的监测，首先，要提高中国的统计指标体系的科学性。当前，我国统计指标多是同比与环比指标，缺乏与国际经济比较的基础。随着中国经济与世界经济联系的日益加深，中国经济的国际联动性逐步增强，现有的统计体系会阻碍准确地比较分析与掌握国内与国际宏观经济的运行

态势的异同。其次，中国的统计数据报告频率低，从而制约了对国内宏观经济运行态势的把握与研究水平。结合中国经济运行的特点，适当地参考与借鉴国际上通行的统计指标体系，对中国的统计指标体系进行完善与发展甚为必要。这样可以提高国内外经济周期与金融形式发展变化监测的及时性与准确性，从而增强利率政策调控经济的针对性、灵活性和前瞻性，使利率政策的调整更适时、适度，不发生方向的突变，提高货币政策调控经济的有效性。

第十一章

应对国际利率联动性趋势的政策建议

经济全球化环境下，中国与外国经济的依存性在增强，国际利率联动性对中国经济产生了重要影响。我国在制度层面进行相应的配套与完善的同时，需要制定与完善相关政策以应对国际利率联动性对我国经济产生的影响，从而增强中国利率政策调控经济的水平与有效性。

一、加快供给侧结构性改革

利率政策独立性弱化与有效性降低，一定程度被动地随国际利率的变化而调整主要原因就是国内经济容易受国际经济波动冲击，而这种冲击最深层次的原因即来自国内有待调整的经济结构问题。一国利率政策的独立要以国内经济全面协调可持续发展为基础。因为国内利率政策调整主要取决于国内的经济金融运行态势，如货币当局政策利率的传导、经济增长、通货膨胀预期及金融资源配置效率等。如果国内经济的外部依存度高、经济增长的稳定性弱，容易受到外部经济波动冲击的影响，这势必影响国内利率政策的独立性。经济的弱稳定性与高外部依存度必然导致国内经济随国际经济周期的波动而波动。为了平衡国内经济增长与通货膨胀水平，国内央行的利率政策将不得不被动地随外部主要经济体的利率政策的变化而做出相应调整，这种情况的直接结果就是国内利率政策表现为弱的独立性，进而会降低国内利率政策的有效性与调控水平。针对当前国内经济的不协调、不平衡与不可持续性局面，一定要认真贯彻党的十八大精神，切实有效地加快转变国内经济发展方式，实现科学发展。加快调整国内的经济结构，加速经济增长，依靠消费、投资、出口协调拉动转变。建立长效机制进一步释放国内居民消费潜力，扩大社会总消费需求，尽快扩大中国国内市场总体规模，逐步实现国内市场规模与中国大的经济总量规模的协调平衡。与此同时，大幅度提高经济增长的科技含量，降低中国经济增长的能源成本与生态环境成本。这样，既降低了中国经济的外部高的依存度，提高了中国国内经济抵御国际经济波动的冲击能力，又实现了人民生活质量与水平的提高即民生的不断改善这一社会经济发展的根本目的。经济全面协调可持续发展奠定了利率政策独立有效的坚实经济基础。

要在适度扩大总需求的同时，加快推进供给侧结构性改革，抓好去产能、去库存、去杠杆、降成本、补短板五大任务，充分发挥市场在资源配置中的决定性作用，把顶层设计和基层创新结合起来，在新形势下运用新机制发挥好地方的积极性和主动性，加快培育和强化新的经济增长点，提高增长的质量和效益，完善金融机构的激励约束机制，保持融资的可持续性，拓展金融资源有效配置的领域和空间。

二、加强资本项目开放与利率汇率政策协调

中国当前经济总量与贸易总量均居世界第二位，且发展速度强劲，居世界前列。如国内生产总值 2012 年已达 51.9 万亿元人民币。2008 年世界性的金融危机，极大地削弱了美元和欧元的国际储备货币地位，人民币将成为自由使用货币，人民币国际化进程持续推进。中国的外汇储备 2015 年年末累计达 33303.62 亿美元。①② 这都进一步提升了中国经济在全球经济格局中的地位，为中国协调推进资本项目开放与进一步推进汇率利率市场化提供了坚实的基础。

（一）进一步探索完善利率市场形成机制的有效途径

中国人民银行 2015 年 10 月 24 日宣布放开存款利率浮动上限，基本实现了利率完全市场化，这也是中国金融改革乃至经济体制改革新的重大进展。利率是中国特色社会主义市场经济中金融市场资源有效配置的基础信号，作为金融资源的价格的市场化也是中国社会主义市场经济体制的重要内容。利率市场化有利于中国货币政策传导机制的完善与健全，有利于中国利率政策独立调整提高央行调控市场利率的水平与调控经济的有效性。利率市场化主要包括放宽

---

① 中国人民银行，中国货币政策执行报告（2015 年第 4 季度）[R/OL].（2016－02－06）. http://www.pbc.gov.cn.

② 相关数据来自中国人民银行、中国外汇管理局、中国国家统计局与 IMF 等统计数据库。

利率管制、培育基准利率体系、形成市场化利率调控和传导机制等内容。中国通过近年来利率市场化改革的逐步探索，基本实现利率市场化。

利率市场化，是发挥市场配置资源决定性作用的重要前提。中国的利率市场化进程从1996年放开货币市场利率管制开始，2012年6月首次放开了银行存款利率的上限，允许10%的上浮，贷款利率下浮宽度也调整为基准利率的30%，这些利率市场化改革实质性步伐的迈出，进一步提高了中国利率市场化的程度。到2013年完全放开贷款利率，对活期存款和一年以内（含一年）定期存款利率，逐步扩大基准利率上限，至基准利率1.5倍的上限管理，中国人民银行2015年10月24日宣布放开存款利率浮动上限，标志着中国的存贷款利率管制终于基本放开。与此同时，央行引导和调节市场利率的能力不断提升，形成了央行调整存贷款基准利率与引导市场利率并行的利率调控体系。但是，利率形成机制的改革与中国市场经济体制改革的最终目标还有一定差距。在符合我国金融市场发展现状的国情上，仍要结合工业化国家实现利率市场化的经验，在中国宏观审慎管理框架下，综合协调资本项目开放、汇率市场化与外汇储备制度优化，进一步探索完善利率市场形成机制。

利率行政管制取消后，仍需进一步推进利率市场化改革，以提高央行调控市场利率的有效性。在前述利率形成与调控机制的基础上，人民银行还需完善央行利率调控机制，优化利率传导机制，引导金融机构科学合理定价。一是完善利率调控机制。对于短期利率，人民银行需要运用短期回购利率和常备借贷便利利率，培育和引导短期市场利率的形成。对于中长期利率，人民银行要利用再贷款、中期借贷便利、抵押补充贷款（Pledged Supplementary Lending，简称PSL）等工具引导和稳定中长期市场利率。二是提高金融机构自主定价能力。在利率的行政管制取消后，央行公布的存贷款基准利率仍是金融机构利率定价的基础。金融机构需要综合考虑宏观经济形势、货币政策调控导向、自身流动性以及客户需求等因素科学定价，更好地适应利率市场化环境。货币市场、债券市场等市场利率可以依 Shibor、短期回购利率、国债收益率等来确定。信贷市场可以参考的定价基准包括贷款基础利率（Loan Prime Rate，简称 LPR）、Shibor、国债收益率曲线等。三是中国人民银行需要进一步优化从央行政策利率到各类市场基准利率，进而向其他市场乃至实体经济的传导机制。①

经济全球化与金融一体化的发展，使我国融入世界市场的程度提高，加上我国国内经济结构问题，导致了我国央行的利率政策调整在向市场利率的传导过程中受到阻碍，降低了利率对市场的反应，不能有效地平衡国内经济与通胀，不利于利率政策的有效实施，使中国利率政策对市场利率以及经济的调控的有效性在一定程度弱化。中国人民银行行长周小川在 2012 年 3 月 12 日十一届全国人大五次会议新闻中心举行的记者会上，就“货币政策及金融改革”回答中外记者的提问时所指出的：根据传统的货币政策理论，各国的货币政策通常都是以国内经济形势变化为基础进行操作的。但是，全球金融危机以来，中国货币政策的制定与实施，与国际经济形势变化关系紧密，有时甚至主要决定于国际经济形势的发展与变化。要增加利率独立与有效性，则需央行进一步加大间接调控市场利率的手段，降低利率管制程度。

在国际利率调整的同步性趋势增强的背景下，根据监测及预警机制，政策利率要及时微调。而且中央银行利率政策的每一次小幅度调整，都能及时地、顺畅地传递至市场，进而及时地影响国内经济运行。为此，下一步要继续扩大存贷款利率的浮动宽度，这种浮动宽度的逐步扩大就是利率市场化的渐进改革过程。

---

① 中国人民银行金融稳定分析小组．中国金融稳定报告（2016）[R/OL]．(2016－06－27)．http：//www.pbc.gov.cn.

（二）逐步放松资本项目管制

胡锦涛总书记在十八大报告中已明确指出，逐步实现资本项目的自由兑换。虽然1994年和1996年的中国汇率制度改革使人民币在经常项目下实现了自由兑换，但是目前对资本与金融项目的管制仍然较严。当前中国资本项目开放的条件已基本形成，资本进出中国的自由程度在不断增加。资本与金融项目的开放与国内金融市场的开放紧密相关。金融市场开放既包括外国的金融机构，如商业银行、投资银行等都可以接受中国境内的金融市场服务，又包括资本能够自由跨境移动。目前，随着中国金融开放程度的提高以及大量外汇储备的积累，资本项目限制日益减少。合格境外机构投资者、合格境内机构投资者（QDII）的推出、个人用汇出入境额度的增大，都说明资本与金融项目的开放在增强。高的资本与金融开放会增加跨境资本流动的控制难度。美国QE3实施后，2012年11月8日，人民币对美元即期汇率（最低价显示为6.2428）连续8个交易日触及涨停上限，这是最近11个交易日内第10次触及涨停。说明资本流动的规模已相当高，中国资本管制的有效性在减弱。另外，资本管制的经济和社会成本较大，因为它会歪曲资本的有效配置，增加腐败。这说明中国资本管制是难以为继的。实现人民币完全自由兑换是必要选择。要做好以下工作：一是资本项目开放要以党的十八大精神为指导，以促进实体经济的稳定和发展为根本宗旨；二是要大幅简化外商直接投资外汇管理，除了必要统计管理程序外，最大限度减少行政审批项目，实现直接投资可兑换；三是扩大合格境外机构投资者制度、合格境内机构投资者制度以及人民币合格境外机构投资者的数量与投资规模；四是要优先放开私人对外汇的使用，逐步放松有真实贸易背景的商业信贷管制。

（三）努力寻求资本流动、利率、汇率与外汇储备之间的动态平衡

无论是利率平价理论还是蒙代尔“不可能三角形”模型都要在严格的假设

下才能成立。蒙代尔“不可能三角形”模型说明的是固定汇率、资本自由流动和货币政策有效性三者只能选其二。但对于大国如经济规模大的中国与美国，其利率政策的高独立性与外部性，会对其他国家的利率政策的选择产生较大影响。如果大国货币已成为储备货币或在国际贸易与国际交往中已作为资本计价、结算货币，其他货币只能紧盯大国货币，那么大国独立实施利率政策时，其他国家利率政策就缺少独立性。此外，固定汇率、资本自由流动和货币政策有效性只是一种极端的情形，对于中间道路，如汇率有管理的浮动、资本管制一定程度的放松以及利率政策一定程度的独立，加上国家的大量的外汇储备，都将产生新的组合。正如克鲁格曼指出，“不可能三角形并不意味着不存在中间状态”，只不过在资本不完全流动下，会增加央行维持利率和汇率稳定的成本，从而增大汇率干预力度。中国资本项目开放、汇率利率市场化的渐进改革，基本上是这样一种中间状态的情形。中国要在宏观审慎管理框架下，对这种中间道路进行研究分析，明确汇率有管理的浮动、资本管制一定程度的放松以及利率政策一定程度的独立与外汇储备四者之间的相互作用机制，寻求四者之间的长期动态平衡关系，努力探索出一条有中国特色的人民币自由兑换道路。

三、进一步推进人民币国际化

2015 年 12 月 1 日，国际货币基金组织宣布，批准人民币加入特别提款权货币篮子，并于 2016 年 10 月 1 日起生效，这将使更多国家将人民币纳入自己的外汇储备。这是人民币迈向成为国际储备货币的新台阶，人民币可以在国际自由使用，有利于提升人民币的国际货币地位。金融危机以来，全球经济格局出现新的变化，工业化国家经济地位相对衰落。同时，中国经济强劲增长，经济实力大幅上升，人民币国际化进程稳步推进。2011 年以来，人民币在跨境贸易、投资中使用规模急剧扩大，人民币“走出去”步伐明显加快。人民币境外直接投资结算试点启动、中国银行面向美国客户开放人民币交易、世行首次发行人民币计价债券。2011 年 8 月 17 日，时任国务院副总理李克强在香港宣布包括允许香港企业以 RQFII 方式投资内地证券市场以及在内地推出港股组合交易所交易基金（ETF）等多项支持香港的金融贸易措施，将内地赴港发债主体范围扩展至境内企业，人民币回流机制取得突破。至 2012 年年末，在境内使用人民币进行实际收付的境外企业所在国家和地区达到 206 个。伦敦等境外市场人民币业务渐次展开。2012 年 8 月，两岸货币管理机构签署《海峡两岸货币清算合作备忘录》。人民币“走出去”不仅是中国由经济大国向经济强国转变的重要战略，而且是国际货币体系改革的重要方面。人民币“走出去”可为我国带来大量国际铸币税，促进我国金融市场的发展，降低我国对外经济交易中的汇率风险与交易成本。同时，人民币国际化还会提高中国在世界经济与世界政治中的影响力。

英镑、美元、日元以及欧元的国际化经验表明，货币国际化主要是由市场力量决定的，而不是以人的意志为转移的。中国目前要通过加快经济结构调整与金融体制改革，创造人民币国际化的条件，而不能以人民币国际化作为政策目标，单方面推进。同时，积极参与区域货币合作与推动现行国际货币体系改革。

2015 年 8 月 11 日，中国人民银行进行人民币兑换美元汇率中间价报价机制改革，以增强人民币兑换美元汇率中间价的市场化程度和基准性。即在每日银行间外汇市场开盘前，参考上一日银行间外汇市场收盘汇率，综合考虑外汇供求情况以及国际主要货币汇率变化向中国外汇交易中心提供中间价报价。优化做市商报价，有利于提高中间价形成的市场化程度，扩大市场汇率的实际运行空间，更好地发挥汇率对外汇供求的调节作用。

进一步完善人民币汇率市场化形成机制，加大市场决定汇率的力度，增强人民币汇率双向浮动弹性，保持人民币汇率在合理、均衡水平上的基本稳定。继续培育市场基准利率和收益率曲线，不断健全市场化的利率形成机制。探索实施利率走廊机制，增强利率调控水平①。

四、完善基准利率体系

2015 年 10 月 23 日，中国人民银行决定对商业银行和农村合作金融机构等不再设置利率浮动上限，是利率市场化实现的标志。但要让利率市场化机制真正发挥作用，就要建立和完善我国的基准利率体系。基准利率体系是不同期限起基准作用的利率构成的有机整体。基准利率体系期限长短不同，分为短端与长端基准利率，前者也称货币市场基准利率。当前，中国市场基准利率主要有 Shibor、回购定盘利率、一年期定期存款利率、中国银行间同业拆借利率(China Interbank Offered Rate，简称 Chibor)、贷款基础利率等。

基准利率形成是利率市场化改革的关键。党的十八大报告明确提出“稳步推进利率和汇率市场化改革，逐步实现人民币资本项目可兑换”。而金融市场基准利率是实现这一目标的一项重要基础设施。利率市场化改革就是要中央银行放开对存款利率上限、贷款利率下限的管制，通过基准利率指示与传递央行利率政策、引导市场利率。金融机构则依据金融市场的基准利率自行定价。金融业发展和改革“十二五”规划明确指出，要依托上海银行间同业拆借利率建立健全利率定价自律机制。同时，基准利率形成也是人民币“走出去”与人民币资本项目可兑换的基本要求与重要标志。这就要进一步提高上海银行间同业

① 中国人民银行，中国货币政策执行报告（2015 年第 4 季度）[R/OL].（2016－02－06）. http：//www. pbc. gov. cn.

拆借利率基准利率地位。

当前中国利率市场化基本实现，基准利率的培育虽然已取得重要进展，但仍存在一些问题。中国基准利率已经从计划经济时的单一固定利率发展到今天的包括中国存贷款利率、银行间债券回购利率、银行同业拆借利率以及 Shibor 在内的利率体系。基准利率必须能反映金融市场资金供求状况，能主导金融市场上其他利率的交易量最大的资金利率。目前中国由于国债交易规模小、央行票据与一年期存贷利率交易规模大但市场化程度低均不能担当基准利率的重任。而 2007 年 1 月 4 日推出的 Shibor 与利率体系中其他利率的相关性高，且具有可控性和可测性的优势，其作为基准利率的属性在逐步上升，为金融机构的拆借与短期融资券、浮动利率债券以及衍生产品定价产生了定价参考与基准作用。但是，当前 Shibor 要真正成为中国利率体系的核心，其基准利率的属性仍有待加强，最终的基准利率要由金融市场来决定。因此，中国应全面提高成为基准利率可能性大的 Shibor 的金融市场基准利率地位。全面提高 Shibor 基准利率，有利于在利率市场化改革中，发挥央行货币政策的“利率走廊”操作框架功能，从而实现宏观调控由数量型向价格型转变，提高央行利率政策对市场利率的调控水平。

全面提高 Shibor 的基准利率地位。当前，Shibor 的报价质量、同其他利率的相关度以及应用范围逐步提高与扩大，其在货币政策传导渠道中的作用也在增强。Shibor 初步奠定了其在中国金融市场上的基准利率地位。但其基准利率的属性仍存在进一步改善的空间。一要进一步提高报价质量。央行既要推动 Shibor 报价银行开展报价质量自我评估，增强报价能力，又要综合评估金融机构定价能力，加强对各金融机构的利率定价行为的监管，强化金融机构自我约束，从而提高其利率定价水平。二要进一步扩大 Shibor 在金融市场上的影响力。央行应为金融机构提供必要的经济及制度环境，通过 Shibor 的宣传增强其市场影响力，在促进金融机构发行、承销和投资以 Shibor 为基准的浮息产品的同时，增加 Shibor 产品品种。大力发展同业拆借市场，增加报价行种类，促进同业拆借交易中金融机构积极使用 Shibor 基准利率。三要均衡短、中与长端货币市场交易，优化 Shibor 定价的期限分布。当前，中、短端货币市场交易量大而长端货币市场交易数量小，这不利于提高长端 Shibor 报价质量，甚至会导致 Shibor 在金融市场中的基准属性降低。因此，未来要提高长端货币市场交易数量，为长端 Shibor 定价提供重要参考。

加快中央银行货币政策调控方式的转型。随着管制利率向市场化利率的转变，中央银行货币政策相应需要从数量型调控向价格型调控转变。中央银行必须有清晰的货币政策作为中间目标和操作目标，且货币政策操作目标通常包括货币市场基准利率。要逐步以利率货币政策作为中间目标，同时，逐步将回购利率和 Shibor 作为货币政策操作目标。

五、加强国际利率沟通与协调

当前全球经济增长仍较为疲弱，中国经济进入新常态下的稳定增长，成为带动全球经济增长的生力军，但结构性矛盾仍较突出。要在适度扩大总需求的同时，加快推进供给侧结构性改革，培育新的发展动能。李克强总理（2016）指出，要加强宏观经济政策协调，G20 成员国在制定实施经济政策时，既要考虑促进自身增长，也要考虑外溢性影响，加强相互的沟通和协调。① 货币政策要主动适应经济发展新常态，为结构调整和转型升级营造适宜的货币环境，促进经济增长新动能形成。在这种形势下，中国经济必然会进一步开放，不断提高资本项目可兑换程度，2016 年 10 月 1 日人民币纳入 SDR 货币篮子将正式生

① 李克强，G20 财长和央行行长会议发表视频讲话，2016-02-26.

效，人民币将成为自由使用货币。中国经济与世界经济的相互溢出效应会增大，中国经济应该学会在新常态下转型发展，必须重视货币政策的制定如何去和发达国家的政策协调。在短期，在当前国际货币体系下，中国人民银行要积极参与国际货币政策的协调与沟通。政策当局要研究货币政策溢出效应演变趋势与机理，有针对性地采取措施，减缓全球负向溢出效应冲击，提高货币政策的前瞻性。同时，加强与主要经济体政策沟通，维护开放利益。这关系全球经济的复苏增长与中国开放宏观政策的效果提升。在长期，要主张国际货币体系改革，要根据货币政策溢出效应大小进行责任划分。比如美国要实行负责任的货币政策，这就需要一定的机制相互监督和协调。

建立国际宏观政策沟通协调机制。当前，要积极利用各种途径增强国际货币协调组织的广泛性和代表性，实现货币政策的有效协调。短期内与发达经济体建立沟通机制更重要。与主要经济体间可通过双边或多边的货币沟通机制与协调机制。货币政策决策与操作方面，要关注本国货币政策的溢出效应，制定实施负责任的政策。推动国际货币组织协调机制的改革与重建，建立监督机制，促使均衡协调格局的实现。

参考文献

一、中文参考文献

[1] 李克强．政府工作报告：2015 年 3 月 5 日在第十二届全国人民代表大会第三次会议上［M］．北京：人民出版社，2015.

[2] 中华人民共和国国民经济和社会发展第十二个五年规划纲要［M］．北京：人民出版社，2011.

[3] 中国共产党第十七次全国代表大会．中国共产党第十七次全国代表大会文件汇编［M］．北京：人民出版社，2007.

[4] 中国人民银行货币政策分析小组．中国货币政策执行报告（2006 年第 2 季度）［M］．北京：中国金融出版社，2006：16—44.

[5] 马克思．资本论：第一—三卷［M］．北京：人民出版社，2004.

[6] 亚当·斯密．国富论：Ⅱ卷［M］．谢宗林，译．北京：中央编译出版社，2010.

[7] 凯恩斯．就业、利息和货币通论［M］．北京：商务印书馆，2011.

[8] 陈征．资本论解说：第三卷［M］．福州：福建人民出版社，1997.

[9] 陈征，李建平，郭铁民．政治经济学［M］．北京：经济科学出版社，2001.

[10] 陈征．劳动和劳动价值论的运用与发展［M］．北京：高等教育出版

社，2005.

[11] 陈征，李建平，李建建.《资本论》与当代中国经济 [M]. 北京：社会科学文献出版社，2008.

[12] 李建平.《资本论》第一卷辩证法探索 [M]. 北京：社会科学文献出版社，2006.

[13] 吴宣恭. 产权理论比较：马克思主义与西方现代产权学派 [M]. 北京：经济科学出版社，2000.

[14] 胡培兆. 经济学本质论：三论三别 [M]. 北京：经济科学出版社，2006.

[15] 吴易风. 马克思主义经济学与西方经济学比较研究：第 2 卷[M]. 北京：中国人民大学出版社，2008.

[16] 蒋中一，凯尔文·温赖特. 数理经济学的基本方法 [M]. 4 版. 刘学，顾佳峰，译. 北京：北京大学出版社，2006.

[17] 克鲁格曼，奥伯斯法尔德. 国际经济学：理论与政策 [M]. 8 版. 黄卫平，等译. 北京：中国人民大学出版社，2010.

[18] 米什金. 货币金融学 [M]. 9 版. 郑艳文，荆国勇，译. 北京：中国人民大学出版社，2010.

[19] 陈雨露. 国际金融 [M]. 5 版. 北京：中国人民大学出版社，2015.

[20] 刘义圣. 利率理论的深度比较与中国应用 [M]. 长春：长春出版社，2010.

[21] 闫素仙. 利息理论与利率政策研究 [M]. 北京：中国经济出版社，2002.

[22] 王弟海. 宏观经济学数理模型基础 [M]. 上海：上海人民出版

社，2010.

[23] 杰格迪什·汉达. 货币经济学 [M]. 2版. 郭庆旺，等译. 北京：中国人民大学出版社，2005.

[24] 刘仁伍. 全球化背景下的货币政策调控 [M]. 北京：社会科学文献出版社，2007.

[25] 胡维熊. 利率理论与政策 [M]. 上海：上海财经大学出版社，2001.

[26] 高铁梅. 计量经济分析方法与建模——EViews应用及实例 [M]. 2版. 北京：清华大学出版社，2009.

[27] 曾宪久. 货币政策传导机制 [M]. 北京：中国金融出版社，2004.

[28] 胡海鸥，贾德奎. “利率走廊”调控的理论与实践 [M]. 上海：上海人民出版社，2006.

[29] 威肯斯. 宏观经济理论：动态一般均衡方法 [M]. 段鹏飞，刘安禹，吴德燚，译. 大连：东北财经大学出版社，2011.

[30] 多恩布什，费希尔，斯塔兹. 宏观经济学 [M]. 10版. 王志伟，译. 北京：中国人民大学出版社，2009.

[31] 巴罗. 经济增长的决定因素：跨国经验研究 [M]. 李剑，译. 北京：中国人民大学出版社，2004.

[32] 罗纳德·麦金农. 经济发展中的货币与资本 [M]. 上海：上海人民出版社，1997.

[33] 迈克尔·伍德福德. 利息与价格：货币政策理论基础 [M]. 北京：中国人民大学出版社，2010.

[34] 孙敬水. 计量经济学教程 [M]. 北京：清华大学出版社，2005.

[35] 格里高利·曼昆. 宏观经济学 [M]. 6版. 张帆，等译. 北京：中

国人民大学出版社，2009.

[36] 田素华. 国际资本流动与货币政策效应 [M]. 上海：复旦大学出版社，2008.

[37] 爱德华·肖. 经济发展中的金融深化 [M]. 上海：上海三联书店，1988.

[38] 凯伯. 国际经济学 [M]. 刘兴坤，刘志彬，李朝气，译. 北京：中国人民大学出版社，2010.

[39] 李建平，黄茂兴. 国家创新竞争力：重塑 G20 集团经济增长的战略基石 [J]. 福建师范大学学报（哲学社会科学版），2012 (5).

[40] 李建平. 新自由主义市场拜物教批判——马克思《资本论》的当代启示 [J]. 当代经济研究，2012 (9).

[41] 李建建. 马克思利息理论的二重性与当代利率实践 [J]. 当代经济研究，2008 (11).

[42] 尹继志. 经济全球化与金融危机背景下的货币政策国际协调 [J]. 云南财经大学学报，2012 (2).

[43] 李建建. 马克思利息理论与中国利率市场化的改革实践 [J]. 当代经济研究，2006 (10).

[44] 巴曙松. 全球复苏分化下中国金融政策的基调 [J]. 财经问题研究，2010 (8).

[45] 巴曙松. 开放经济条件下中国金融调控的有效性问题 [J]. 中国金融，2001 (2).

[46] 吴宣恭. 关于"生产要素按贡献分配的理论" [J]. 当代经济研究，2003 (12).

[47] 戴金，杨迁，邓郁凡. 国际货币体系变革中的人民币国际化 [J].

南开学报（社会科学版），2011（3）.

[48] 杜甲，康芮. 资本渐进开放下我国与国际利率的联动分析——基于中国和美国的比较 [J]. 产业经济研究，2007（6）.

[49] 王三兴，王永中. 本渐进开放、外汇储备累积与货币政策独立性——中国数据的实证研究 [J]. 国际金融研究，2011（3）.

[50] 李成，王彬，黎克俊. 次贷危机前后中美利率联动机制的实证研究 [J]. 国际金融研究，2010（9）.

[51] 林霞，秦磊. 中国利率波动对美国利率政策的镜像效应：特征、成因与政策 [J]. 现代管理科学，2009（10）.

[52] 肖娱. 美国货币政策冲击的国际传导研究——针对亚洲经济体的实证分析 [J]. 国际金融研究，2011（9）.

[53] 张会清，王剑. 全球流动性冲击对中国经济影响的实证研究 [J]. 金融研究，2011（3）.

[54] 周小川. 人民币资本项目可兑换的前景与路径 [J]. 金融研究，2012（1）.

[55] 周小川. 金融政策对金融危机的响应 [J]. 金融研究，2011（1）.

[56] 周小川. 新世纪以来中国货币政策的主要特点 [J]. 中国金融，2013（2）.

[57] 陈秋玲，薛玉春，肖璐. 金融风险预警：评价指标、预警机制与实证研究 [J]. 上海大学学报（社会科学版），2009，16（5）.

[58] 冯科. 中国宏观金融风险预警系统构建研究 [J]. 南方金融，2010（12）.

[59] 中国人民银行调查统计司课题组. 协调推进利率汇率改革和资本账户开放 [J]. 中国金融，2012（9）.

[60] 易纲，汤弦. 汇率制度“角点解假设”的一个理论基础 [J]. 金融研究，2001 (8).

[61] 薛宏立. 浅析利率平价模型在中国的演变 [J]. 财经研究，2002，28 (2).

[62] 贺卉. 关于中央银行独立性问题的研究 [J]. 上海金融，2009 (6).

[63] 方先明，裴平，张谊浩. 外汇储备增加的通货膨胀效应和货币冲销政策的有效性——基于中国统计数据的实证检验 [J]. 金融研究，2006 (7).

[64] 张礼卿. 量化宽松冲击和中国的政策选择 [J]. 国际经济评论，2011 (1).

[65] 彭红枫，鲁维洁. 我国金融市场中基准利率的选择研究 [J]. 管理世界，2010 (11).

[66] 朱均均. 中国利率政策的不对称行为研究 [J]. 上海经济研究，2009 (12).

[67] 贾俊雪，郭庆旺. 经济开放、外部冲击与宏观经济稳定——基于美国经济冲击的影响分析 [J]. 中国人民大学学报，2006 (6).

[68] 彭小泉. 关于利率水平合理性的理论分析 [J]. 中国经济问题，1997 (6).

[69] 中国人民银行调查统计司课题组. 我国利率市场化的历史、现状与政策思考 [J]. 中国金融，2011 (15).

[70] 金中夏，陈浩. 利率平价理论在中国的实现形式 [J]. 金融研究，2012 (7).

[71] 彭兴韵. 金融危机管理中的货币政策操作——美联储的若干工具创新及货币政策的国际协调 [J]. 金融研究，2009 (4).

[72] 中国人民银行营业管理部课题组. 中央银行利率引导——理论、经

验分析与中国的政策选择 [J]. 金融研究，2013 (9).

[73] 王晋忠，赵杰强，王茜. Shibor 作为中国基准利率有效性的市场属性分析 [J]. 经济理论与经济管理，2014 (2).

[74] 刘澜飚，文艺. 美国量化宽松货币政策退出对亚太经济体的影响 [J]. 南开学报 (哲学社会科学版)，2014 (2).

[75] 李自磊，张云. 美国量化宽松政策对金砖四国溢出效应的比较研究——基于 SVAR 模型的跨国分析 [J]. 财经科学，2014 (4).

[76] 王胜. 国际货币、汇率传递与货币政策 [J]. 金融研究，2015 (3).

[77] 陈桂军. 国际货币政策动态合作和中国的选择——基于新开放宏观经济学理论 [J]. 现代管理科学，2015 (3).

[78] 张理安，周心怡，胡昌生. 基于两国 DSGE 模型的中美间货币政策的传导机制 [J]. 亚太经济，2015 (2).

[79] 马理，余慧娟. 美国量化宽松货币政策对金砖国家的溢出效应研究 [J]. 国际金融研究，2015 (3).

[80] 黄武俊. 开放条件下中国货币政策有效性研究 [D]. 南京：南开大学，2010.

[81] 庄佳. 美国货币政策对中国产出溢出效应的实证研究 [D]. 上海：复旦大学，2009.

[82] 贺锢漩. 国际协调框架下的中国货币政策选择 [D]. 大连：东北财经大学，2011.

[83] 胡成根. 国际资本流动问题之研究 [D]. 北京：清华大学，2010.

[84] 陈安全. 中国利率政策的传导机制研究 [D]. 厦门：厦门大学，2009.

[85] 王春丽. 我国宏观经济调控中的利率微调问题研究 [D]. 福州：福

建师范大学，2009.

二、英文参考文献

[1]Arouri M., Jawadi F., Nguyen D. K. What can we tell about monetary policy synchronization and interdependence over the 2007—2009 global financial crisis? [J]. Journal of Macroeconomics, 2013 (36): 175—187.

[2]Anthony J. Mancuso, Barry K. Goodwin, Thomas J. Grennes. Nonlinear aspects of capital market integration and real interest rate equalization [J]. International Review of Economics and Finance, 2003, 12 (3): 283—303.

[3] Bartosz Maćkowiak. External Shocks, U. S. Monetary Policy and Macroeconomic Fluctuations in Emerging Markets [J]. Journal of Monetary Economics, 2007, 54 (8): 2512—2520.

[4]Bacchetta, Philippe, Eric Van Wincoop. Random Walk Ex－pectations and the Forward Discount Puzzle [J]. American Economic Review, 2007 (97): 346—350.

[5]Bacchetta, Philippe, Eric Van Wincoop. Infrequent Portfolio Decisions: A Solution to the Forward Discount Puzzle [J]. American Economic Review, 2010 (100): 837—869.

[6]Cetin Ciner. Eurocurrency interest rate linkages: A frequency domain analysis [J]. International Review of Economics and Finance, 2011, 20 (4): 498—505.

[7]Daniel Wai－Wah Cheung, Bill Wan－Sing Hung. The international transmission of US, Eurodollar and Asian dollar interest rates: some empirical evidence [J]. Pacific－Basin finance journal, 1998 (6): 77—86.

[8] Frank S. Skinner, Andrew Mason. Covered interest rate parity in

emerging markets [J]. International Review of Financial Analysis, 2011, 20 (5): 355—363.

[9] Georgios Georgiadis. Determinants of global spillovers from US monetary policy [J]. Journal of International Money and Finance. 2015 (6).

[10]G. M. Katsimbris, S. M. Miller. Interest rate linkages within the European Monetary System: further analysis [J]. Journal of Money, Credit and Banking, 1993, 25 (4): 771—779.

[11] Hung - Gay Fung, Hoyoon Jang, Wai Lee. International Interest Rate Transmission and Volatility Spillover [J]. International Review of Economics and Finance, 1997, 6 (1): 67—75.

[12]Hiroshi Yamada. On the linkage of real interest rates between the US and Canada: some additional empirical evidence [J]. Journal of International Financial Markets, Institutions and Money, 2002 (12): 279—289.

[13] Jeffrey Frankel, Sergio L. Schmukler, Luis Serven. Global transmission of interest rates: monetary independence and currency regime [J]. Journal of International Money and Finance, 2004 (23): 701—733.

[14]Aizenman J., Glick R. Sterilization, monetary policy and global financial integration [J]. Review of International Economics, 2009, 17 (4): 816—840.

[15] Aizenman J., Menzie D. Chinn, Hiro Ito. The emerging global financial Architecture: Tracing and evaluating new patterns of the trilemma configuration [J]. Journal of International Money and Finance, 2010 (29): 615—641.

[16]Jay C. Shambaugh. The effect of fixed exchange rates on monetary policy [J]. The Quarterly Journal of Economics, 2004, 119 (1): 301—352.

[17] Jacques Miniane, John H. Rogers. Capital controls and the

international transmission of U. S. money shocks [J]. Journal of Money, Credit and Banking, 2007, 39 (5): 1003—1035.

[18]Jae H. Kim, Philip Inyeob Ji. Mean - reversion in international real interest rates [J]. Economic Modelling, 2011, 28 (4): 1959—1966.

[19]Julian di Giovanni, Jay C. Shambaugh. The impact of foreign interest rates on the economy: The role of the exchange rate regim [J]. Journal of International Economics, 2008, 74 (2): 341—361.

[20]Joseph P. Byrne, Giorgio Fazio, Norbert Fiess. Interest rate co - movements, global factors and the long end of the term spread [J]. Journal of Banking and Finance. 2012, 36 (1): 183—192.

[21]James R. Lothian, Liuren Wu. Uncovered interest - rate parity over the past two centuries [J]. Journal of International Money and Finance, 2011, 30 (3): 448—473.

[22]Karfakis C. J., Moschos D. M. Interest rate linkages within the European Monetary System: a time series analysis [J]. Journal of Money, Credit and Banking, 1990, (22): 388—394.

[23] Kate Phylaktis. Capital market integration in the Pacific - Basin region: An analysis of real interest rate linkages [J]. Pacific - Basin Finance Journal, 1997, 5 (2): 195—213.

[24]Luis Oscar Herrera, Rodrigo O. Valdés. The effect of capital controls on interest rate differentials [J]. Journal of International Economics, 2001, 53 (2): 385—398.

[25]Maurice Obstfeld, Jay C. Shambaugh, Alan M. Taylor. The trilemma in history: tradeoffs among exchange rates, monetary policies and capital mobility [J]. The Review of Economics and Statistics, 2005, 87 (3):

423—438.

[26]Michael G. Arghyrou, Andros Gregoriou, Alexandros Kontonikas. Do real interest rates converge? Evidence from the European union [J]. Journal of International Financial Markets, Institutions and Money, 2009, 19 (3): 447—460.

[27] M. Fleming. Domestic financial policies under fixed and under floating exchange rates [C]. International Monetary Funds Staff Papers, 1962, (9): 369—319.

[28]Michael D. Bordo, Ronald MacDonald. Interest rate interactions in the classical gold standard, 1880—1914: was there any monetary independence? [J]. Journal of Monetary Economics, 2005, 52 (2): 307—327.

[29] Marco R. Barassi, Guglielmo Maria Caporale, Stephen G. Hall. Interest rate linkages: a Kalman filter approach to detecting structural change [J]. Economic Modelling, 2005, 22 (2): 253—284.

[30]Mouawiya Al Awad, Barry K. Goodwin. Dynamic linkages among real interest rates in international capital markets [J]. Journal of International Money and Finance, 1998, 17 (6): 881—907.

[31]Michael M. Hutchison, Nirvikar Singh. Equilibrium Real Interest Rate Linkages: The United States and Japan [J]. Journal of the Japanese and International Economies, 1997, 11 (2): 208—227.

[32]Mathias Hoffmann, Ronald MacDonald. Real exchange rates and real interest rate differentials: A present value interpretation [J]. European Economic Review, 2009, 53 (8): 952—970.

[33] Pami Dua, B. L Pandit. Interest rate determination in India: domestic and external factors [J]. Journal of Policy Modeling, 2002, 24

(9): 853—875.

[34] Pablo A. Neumeyer, Fabrizio Perri. Business cycles in emerging economies: the role of interest rates [J]. Journal of Monetary Economics, 2005, 52 (2): 345—380.

[35] Paul R. Krugma, Maurice Obstfeld, Marc J. Melitz. International economics: theory and policy [M]. 9th ed. London: Pearson Education, 2010: 509—510.

[36] Peggy E. Swanson. The international transmission of interest rates: a note on causal relationships between hort - term external and domestic US dollar return [J]. Journal of Banking and Finance, 1988, 12 (4): 563—573.

[37] Roger A Fujihara, Mbodja Mougoué. International Linkages between Short - Term Real Interest Rates [J]. The Quarterly Review of Economics and Finance, 1996, 36 (4): 451—473.

[38] Ronald I. McKinnon. Beggar - thy - neighbor interest rate policies [J]. Journal of Policy Modeling, 2011, 33 (5): 759—775.

[39] R. Mundell. Capital mobility and stabilization policy under fixed and under flexible exchange rates [J]. Canadian Journal of Economics and Political Science, 1963, 29: 475—485.

[40] S. Johansen. Statistical analysis of cointegration vectors [J]. Journal of Economic Dynamics and Control, 1988, 12 (2 - 3): 231—254.

[41] Sebastian Edwards. The international transmission of interest rate shocks: The Federal Reserve and emerging markets in Latin America and Asia [J]. Journal of International Money and Finance, 2010, 29 (4): 685—703.

[42] Sebastian Edwards, Roberto Rigobon. Capital controls on inflows, exchange rate volatility and external vulnerability [J]. Journal of International

Economics, 2009, 78 (2): 56—267.

[43]Soyoung Kim. International transmission of U. S. monetary policy shocks: evidence from VAR's [J]. Journal of Monetary Economics, 2001, 48 (2): 339—372.

[44]Wai - Chung Lo, Hung - Gay Fung, Joel N. Morse. A note on Euroyen and domestic yen interest rates [J]. Journal of Banking and Finance, 1995, 19 (7): 1309—1321.

[45]William D. Craighead, George K. Davis, Norman C. Miller. Interest differentials and extreme support for uncovered interest rate parity [J]. International Review of Economics and Finance, 2010, 19 (4): 723—732.

[46]Zijun Wang, Jian Yang, Qi Li. Interest rate linkages in the Eurocurrency market: Contemporaneous and out - of - sample Granger causality tests [J]. Journal of International Money and Finance, 2007 (26): 86—103.

[47]Irfan Akbar Kazi, Hakimzadi Wagan, Farhan Akbar. The changing international transmission of U. S. monetary policy shocks: Is there evidence of contagion effect on OECD countries [J]. Economic Modelling, 2013 (30): 90—116.